国家自然科学基金重点项目
（项目编号：72233001）资助
21世纪经济管理新形态教材·工商管理系列

管理哲学

杜运周　贾旭东　胡国栋
尹　俊　刘书博　王　岚 ◎ 编著

清华大学出版社
北京

内 容 简 介

哲学是具体学科的基础。《管理哲学》试图帮助读者理解什么是知识、知识的类型以及知识产生和发展的逻辑，掌握主要的科学哲学思想和因果关系等哲学知识，并结合管理学科分析管理学应该建立在哪些科学哲学之上，理解管理理论与实践的关系、中西方人性理论与未来的融合趋势，了解传统科学管理的不足和后现代管理的兴起背景，理解中华优秀传统文化中的管理思想精华，以洞察未来东西方管理智慧的融合发展方向。

本书既可以满足读者对一些重要哲学思想的求知需求，也为读者从哲学视角理解管理实践、学习和创新管理理论提供了基础框架。本书可作为高等院校管理学专业的教学用书，也可作为管理哲学的自学用书。

本书封面贴有清华大学出版社防伪标签，无标签者不得销售。
版权所有，侵权必究。举报：010-62782989，beiqinquan@tup.tsinghua.edu.cn。

图书在版编目（CIP）数据

管理哲学 / 杜运周等编著 . —北京：清华大学出版社，2022.8
21世纪经济管理新形态教材 . 工商管理系列
ISBN 978-7-302-61581-1

Ⅰ．①管… Ⅱ．①杜… Ⅲ．①管理学—哲学—高等学校—教材 Ⅳ．① C93-02

中国版本图书馆 CIP 数据核字（2022）第 142066 号

责任编辑：徐永杰
封面设计：汉风唐韵
责任校对：宋玉莲
责任印制：沈　露

出版发行：清华大学出版社
网　　址：http://www.tup.com.cn, http://www.wqbook.com
地　　址：北京清华大学学研大厦A座　　邮　编：100084
社 总 机：010-83470000　　邮　购：010-62786544
投稿与读者服务：010-62776969, c-service@tup.tsinghua.edu.cn
质量反馈：010-62772015, zhiliang@tup.tsinghua.edu.cn

印 装 者：三河市龙大印装有限公司
经　　销：全国新华书店
开　　本：185mm×260mm　　印　张：13　　字　数：218千字
版　　次：2022年10月第1版　　印　次：2022年10月第1次印刷
定　　价：56.00元

产品编号：090897-01

序

2017年,我参加了管理研究哲学师资培训,这激起了我的求知欲,也验证了亚里士多德所言——求知是人的本性。于是,一系列以前从未深思过的问题开始浮现于脑海:知识有什么价值?为什么基础研究是科技创新的源头?为什么兴趣对知识原创非常重要?如何理解爱因斯坦的名言"理论决定看到的世界"?我们为什么要做有贡献的人而不是成功的人?自然科学与社会科学有什么不同?为什么需要关注因果关系?管理的复杂性和系统性给还原论带来哪些挑战?管理理论与实践有什么关系?把人看作机器的科学管理遭遇了什么挑战?中西方管理思想未来会走向融合吗?如何管理"看不到的世界"?等等。

改革开放以来,中国学习西方先进的科学和管理模式,实现了高效率追赶。当下和未来的中国在一些领域将超越追赶,需要国人"领跑"甚至开创新方向,夯实哲学基础虽然不是产生"领跑"思维和原创能力的充分条件,但却是必不可少的条件。为扎根中国管理实践、促进基础研究,2019年4月,多位管理学者共同发起并在东南大学举办了中国首届"管理哲学、研究方法与中国管理实践"学术研讨会。同年10月,中国企业管理研究会同意设立国内第一个"管理哲学"专业委员会。在这些管理哲学学术交流活动中,与会专家逐渐形成了共识,推动管理基础研究需要加强学生的哲学基础,因此,我们启动了《管理哲学》的编写工作。2020年8月,国家自然科学基金委员会管理科学部首次提出"管理与经济科学新理论、新方法和新范式"的原创探索项目。2021年3月,"中国案例研究期刊联盟成立大会"在清华大学举行,大会得到教育部的大力支持,致力于推进中国哲学社会科学研究范式变革,强调发展具有主体性、原创性的理论观点,加快构建具有中国特色、中国风格、中国气派的管理学体系。2021年8月,东南大学管理哲学与方法论研究所成立。

本书共设计了 8 章内容。第 1 章介绍了知识是什么，如何获得知识，认识知识的类型并掌握科学推理的有效形式。第 2 章介绍了主要的科学哲学思想，证明与证伪，还原论与整体论，管理知识的来源。第 3 章介绍了质化研究方法背后的诠释主义哲学观，诠释主义的认识论通过对差异性和特殊性的强调来理解世界，用整体视角尽量展示出世界的复杂性。第 4 章介绍了因果关系，区分预测与因果关系，掌握因果关系类型，理解因果关系中主观意志的作用，理解不同的因果关系理论等。第 5 章阐述了什么是理论、理论的要素、理论的演进规律、理论的开发过程、实践第一性等基本问题，并进一步分析了管理理论的特征和管理实践的范畴。第 6 章介绍了经济人、社会人、自我实现人等西方人性理论，并展示了中国传统文化中的性善论、性恶论、人性可塑论等人性理论，以期读者能明辨中西方人性理论差异，理解中西方人性理论未来的融合趋势，树立人性化管理思想。第 7 章介绍了后现代管理的兴起背景及其主要观点。第 8 章介绍了中华优秀传统文化中的管理思想，以及东方管理、和谐管理等具有中华文化智慧的管理理论和数智时代的新型组织管理理论，以期读者能够融合东西方文化之精华，洞察未来东西方管理智慧的融合发展趋势。

本书能够顺利编写完成要感谢编写团队集体的努力和付出。杜运周负责第 1、2、4 章的编写；刘书博负责第 3 章的编写；尹俊负责第 5 章的编写；贾旭东负责第 6、8 章的编写；胡国栋负责第 7 章的编写。杜运周负责全书的整体设计、审稿和定稿工作，王岚负责全书的校对工作，孙宁、陈凯薇、许志燕也参与了部分章节的校对工作，李文昊绘制了全书的思维导图。

我很荣幸和感恩于 2017 年 11 月在南京大学商学院参加了徐淑英老师等学者发起的管理研究哲学师资培训（第二届）。自此，我开始对管理哲学产生了浓厚的兴趣，并且，我认为中国管理学的发展需要系统学习和研究管理哲学。感谢李志军社长、白长虹主编、宋澄宇主任和多位专家持续支持"管理哲学、研究方法与中国管理实践"年会。感谢黄速建会长和黄群慧理事长支持在中国企业管理研究会设立"管理哲学"专业委员会。感谢孙新波、贾旭东、李东、胡汉辉等教授的支持。感谢几位编委共同完成了这本书。感谢导师张玉利教授、贾良定教授，他们总是激励着我不断地学习。感谢清华大学出版社编辑的辛勤工作，感谢长期以来各界朋友的鼓励。感谢国家自然科学基金面上项目（72072030）的资助。

我们正处在一个大变局的时代，动态复杂的管理现象日益普遍，创新驱动成为时代主题，管理学者需要从底层逻辑出发发展新的研究范式，把脉新的管理实践。我们吸收国内外经典哲学知识，努力编好这本书，希望有助于读者夯实哲学基础，把握复杂管理现象的底层逻辑。最后，竭诚希望广大读者对本书提出宝贵意见，以帮助我们不断改进。由于时间和编者水平有限，书中的疏漏之处在所难免，敬请广大读者批评指正。

杜运周

2022 年 8 月

目　录

第 1 章　知识的来源 ··· 001
　1.1　什么是知识 ··· 004
　1.2　知识的价值 ··· 007
　1.3　知识的类型和来源 ······································· 008

第 2 章　科学哲学与管理知识 ································· 026
　2.1　主要科学哲学思想 ······································· 030
　2.2　人工科学、设计思维与管理知识 ··························· 042
　2.3　非此即彼、人性假设与管理知识 ··························· 045

第 3 章　诠释主义 ··· 051
　3.1　诠释主义概述——"补充科学"的哲学观 ··················· 055
　3.2　诠释主义的研究范式特点 ································· 059

第 4 章　因果关系与管理机制 ································· 074
　4.1　原因及其复杂性 ··· 076
　4.2　预测的对称性与因果的非对称性 ··························· 080
　4.3　不同的因果关系理论 ····································· 081
　4.4　解释与预测的组合观 ····································· 087
　4.5　不相关性问题与虚假相关 ································· 088

第 5 章　管理理论与实践 ····································· 094
　5.1　理论及理论开发 ··· 096
　5.2　实践及实践第一性 ······································· 103
　5.3　管理理论与管理实践：知行合一观 ························· 106

第 6 章 管理中的人性 ... 115
6.1 西方人性假设理论 ... 118
6.2 中国传统文化中的人性假设理论 ... 125
6.3 马克思的人性观 ... 133
6.4 中西方人性观的融合与人性化的管理 ... 135

第 7 章 后现代管理 ... 142
7.1 后现代管理的兴起 ... 144
7.2 后现代管理的人性观：非理性解放 ... 146
7.3 后现代管理的权力观：主体间性与微观权力 ... 149
7.4 后现代管理的环境观：差异性与混沌管理 ... 152
7.5 后现代管理评价 ... 155

第 8 章 东西方智慧与管理的未来 ... 162
8.1 中华优秀传统文化中的管理智慧 ... 165
8.2 具有中华文化智慧的管理思想和理论 ... 175
8.3 未来的中西方管理 ... 180

参考文献 ... 193

第 1 章　知识的来源

【学习目标】

1. 了解什么是知识，以及如何获得知识。

2. 熟悉知识的类型。

3. 掌握科学推理的有效形式。

【能力目标】

1. 了解知识的本质和产生新知识的方式。

2. 熟悉先验知识和经验知识的概念与区别。

3. 掌握演绎、归纳、溯因等知识推理形式的内在逻辑，能够对不同推理形式进行区分和评价。

【思政目标】

1. 了解知识发展如何促进社会的进步。

2. 熟悉知识探索如何为人类认识世界、改造世界提供指导。

3. 掌握知识发展如何影响管理实践。

【思维导图】

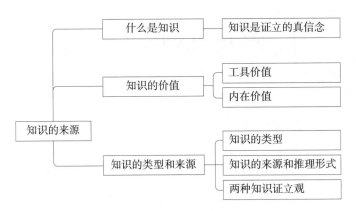

【开篇引例】

科学家的好奇心

2021年2月11日科学国际日，中国联合国协会的黄莉玲采访了知名分子生物学家、普林斯顿大学教授颜宁，请她就相关问题畅谈自己的看法。

问：在你眼中，一个科学家应该具有的最关键的素养是什么？

颜宁：我们总是试图去总结出一些职业特性，但我接触的从事科研的很多人，包括诺贝尔奖得主、非常知名的教授，多种多样，而且不同的学科对于一个人的素养的要求也是不一样的。如果非要让我总结，那么就是我们经常说的好奇，这确实是因为所谓科学就是我们不断去扩展人类知识的边界。你必须要能够不断地提出问题，而不是想当然。但是，仅仅有好奇心是不够的。还有其他的，比如说我自己觉得有一点天真会比较好，天真，或者说保持你童年时候对于万事万物的好奇。特别是实验科学，你在做的过程中，可能会有一些枯燥，你会不断地重复，这个时候如果有一些童趣在里面，让你整个人始终处于一种比较乐观、比较开心的状态，我觉得这种心理也是挺重要的。还有记忆力要强，因为科学有些时候需要一种联系，需要你看到一些数据能很快地想到一些东西。虽然说网络非常发达，你可以从网上调取这些信息，但是有些时候知识存储在脑子里，你可以快速地调动出来，这种能力要比你什么都在网上搜来得重要得多。还有一个对各行各业都重要的是身体素质要好。

问：你的童年和少年时代是怎么度过的？你小的时候是不是就是一个有着非常强烈的好奇心的女孩子？

颜宁：还真不是。我可能会有一些漫无边际的遐想，我小时候没有想过我要做科学家，因为我更感兴趣的是读小说，童话、神话、古典小说、中外的小说我都读。所以我一直以为我将来会从事的是跟文科相关的工作，或者去做记者，甚至去做作家，那是我小时候的理想。但是现在回头想，其实我小时候读那么多书，它会把我的想象力给激发出来，然后就会忍不住去想，为什么会这样？为什么会那样？有没有那种可能？读《西游记》，我自己就会想，孙悟空会七十二变，他如果能把自己不断变小，如果变成了一纳米高、十纳米高，这么大的一个他看到的世界是什么样子？现在回头想想，那个时候这种好奇心，可能奠定了我今天做结构生物学的一个最原始的基础。小时候我总是盯着夜空想，宇宙到底为什么没有边际？我到现在也没有搞明白。其实，当你带着问题去仰望星空的时候，那时候就会想想这些是不是我心里的科学萌芽。

问：你能具体跟我们讲讲做科研有什么好玩的、有什么有趣的呢？

颜宁：做科研你会是世界上第一个。作为人类的一员，有些时候会想我这一辈子如何度过。我从小就很羡慕李白、杜甫、苏轼、李清照、屈原，他们可以把他们的工作流传下来，然后你会觉得这是人类文明的一个高峰、人类文明的瑰宝。我觉得这真是一件太浪漫的事了，你变成了人类的一个代表。你做科学研究的时候，你是把人类的知识边界不断地往前推动。当你能够得到一个答案，只要别人没有发表，你就是第一个知道答案的人，就会有一种我是在代表人类的观念。这是我很喜欢的成就感。当然也是有点好玩，你有一个问题，你去解决它，你解决了它，你又找到新的问题，不断地就跟打怪升级一样，或者说跟登山一样，你会觉得无穷无尽，前面就很有意思。

资料来源：联合国新闻专访颜宁——勇敢做自己 [EB/OL].（2021-02-13）. http://news.sciencenet.cn/htmlnews/2021/2/453145.shtm. 有删改。

1.1 什么是知识

人类的进步毫无疑问建立在知识创造的巨大成就之上。在古代中国，老子、孔子等思想家对于世界的本质进行了思考，深刻地影响了中国的社会发展。在西方，苏格拉底（Socrates）、柏拉图（Plato）、亚里士多德（Aristotle）、牛顿（Newton）、爱因斯坦（Einstein）等哲学家或科学家对于世界本质规律的探索，为人类认识世界、改造世界提供了指导。哲学与科学作为认识世界的两大知识体系，其关系密不可分。爱因斯坦喜欢阅读哲学著作，并从哲学著作中吸收思想营养，他相信世界的统一性和逻辑的一致性。他相信相对性原理应该普遍成立，并投入相对性原理的研究中。对知识的探索和利用改变了人类的生存与发展状况，同时也极大地满足了人类自身的好奇心。我们乘坐的高铁、飞机，以及可以预见的无人驾驶交通工具，使用的现代化通信技术、人工智能（AI）、大数据技术等，无不反映出知识工作，特别是专业知识对改善我们的生活有着极大的贡献。

某种程度上可以说，知识对社会发展的贡献在不断增加，我们对知识和知识工作者的依赖也日益增强。对知识的探索，在中西方都有着悠久的历史，而且中西方在传统智慧上有很多相通的地方，如中国人讲出世，西方人讲先验；中国人讲入世，西方人讲经验。历史上，认识论在中国并未得到充分发展。冯友兰在《中国哲学简史》中将其归因于中西方生活环境的不同。中华民族传统上是一个生活在大陆上的民族，中国古代思想家也大多生活在内陆，或者重视陆地而轻视海洋，鲜有古代思想家出海探险的经历。不同的地理背景造成了不同的经济背景，作为大陆国家，中国历史上历来重视农业，因而土地构成了中国传统经济、社会和政府决策最依赖的生产要素。在这种大陆背景下，中国古代思想家自然也就围绕农业和土地这类非常直观的对象展开思考，直觉构成了中国古代思想家认识世界的基本方式。古希腊人生活在海洋国家，他们依赖贸易，出海也是他们生活必不可少的部分。古希腊人对经商的需求，促使他们很早就开始思考主观与客观、抽象与具体的边界，超越直觉的抽象推理成为他们生活不可缺少的部分。古希腊哲学家发展了精准和抽象的数学，清晰和明确的数学思维成为他们自然而然的认知模式。古希腊哲学家柏拉图及其徒弟亚里士多德是西方最早讨论知识的哲学家。在西方哲学中，研究知识的学问叫知识论也即认识论，英文为 epistemology，它来自两个希腊词，一个是 episteme，意为"知识"或者"认识"；另一个是 logos，意思是"逻辑""推理""论述"等。什么是知识呢？知识有什么价值呢？知识有哪些来源呢？

认识论传统上接受柏拉图的观点，认为知识是证立的真信念。在这一定义中，一个命题可以被称为知识需要同时满足三个条件：命题为真、相信命题为真、充分证立。

当我们认识世界的时候，我们提出关于一个现象的命题，根据知识的定义，当这个命题为真，我们相信它为真（真信念），并且可以充分证立我们的相信是合理的，我们才拥有针对该现象的某种知识。

用 S 代表认知主体，P 代表命题，S 在 T 时拥有 P 的知识是指：

（1）命题 P 为真；

（2）在 T 时，S 相信或判断 P 为真；

（3）S 关于 P 的信念是被证立的。

具体来讲，知识有以下三个要件。

（1）命题为真，或者说知识蕴含真理。我们需要明确区分知识与命题。命题是指对某现象或问题提出的一个主张、观点或立场。一些命题可能是假的或者并不符合事实。因此，声称拥有某项知识并不代表拥有该现象的真知识。例如，在古希腊天文学家托勒密（Ptolemy）的地心说中，地球是静止不动的，是宇宙的中心，太阳和其他行星围绕地球旋转。这一学说也是亚里士多德世界观的核心，公众对此命题深信不疑，直到 1800 年后，哥白尼（Kopernik）提出日心说，主张太阳是宇宙中心，地球与其他行星一样围绕太阳旋转。地心说后来被伽利略（Galileo）进一步否证，他用望远镜发现了太阳黑子、恒星等，它们均不符合地心说的主张。因此地心说和亚里士多德的宇宙观在信念上被动摇了。但是，大众对哥白尼日心说的信任，并不是一帆风顺的，历经近百年才被接受为科学。首先，天主教会认为哥白尼学说极大地背叛了《圣经》，对其采取激烈的对抗措施，禁止与日心说有关的书籍的传播。其次，当时的人也需要足够的时间去理解和接受日心说。因此，知识还需要第二个要件，就是被认知主体所相信。

（2）认知主体必须相信其知道的命题，即拥有对所知道命题的信念。爱因斯坦喜欢阅读哲学著作，他相信世界的统一性和逻辑的一致性。爱因斯坦所处的时代，相对性原理在力学中已经被广泛证明，但在电动力学中却无法成立，这两个物理学理论体系在逻辑上的不一致，引起了爱因斯坦的怀疑。爱因斯坦坚信相对性原理，他认为相对性原理应该普遍成立。他对牛顿的绝对空间、绝对时间和绝对运动理论提出了质疑，并依据相对性原理和光速不变原理发展出狭义相对论。信念这一认知活动具有两个特点：①信念的决定性。信念的产生与改变并不受认知主体自由意志的决定或改变。例如，你看到了一个人在向你走来，你不能不相信这是真的。②信念的能动性。认知活动具有能动性。在认识世界的过程中，我们经常会主动探索、思辨各种信息，进行推理和判断，判断其真假，然后再决定是否接受。

因此，也有哲学家认为，信念要件过强，应该采用"接受"或"判断"等概念取代信念，以更好地反映人们能动性的认知。从真理命题的提出到其被相信和接受，这个过程充满各种干扰。例如，1859年达尔文（Darwin）发表了《物种起源》，提出地球上各种物种（包括人类），与大猩猩起源于共同的祖先。进化论学说受到了"神创论"的长期抵制。20世纪20年代，美国还出现了"猴子审判"，美国田纳西州一位老师因为在课堂上讲授达尔文进化论而被判违反了州法。进化论一度被禁止在课堂上讲授长达数十年，直到该州法律被美国联邦法院推翻。甚至20世纪80年代，美国阿肯色州还通过法律，要求在生物课上教授神创论。虽然这一法律被美国联邦法官依照宪法否决，但这些事件说明，一个命题被提出与被信任和接受并不是一回事，被接受的过程往往复杂而漫长。部分哲学家认为满足命题为真并对此拥有信念还不够，需要对真信念进行证立。

（3）证立。要求对真命题的信念进行证立，就是要求我们在相信或者接受一件事时，信念不能是随意的、盲从的、缺乏根据的、碰运气的、武断的、迷信权威的。认知主体需要拥有相信、接受或判断命题为真的依据、理由或其他足以证立的条件。

【案例】

某女士为了健康和保持好的身材，需要维持体重，假设她理想的体重是维持目前的50千克，上下波动1千克以内。经过一天的运动后，她想看看自己的运动效果，于是买了一个电子秤。称重后发现恰好是50千克。她非常满意自己的训练效果，也很相信自己维持了理想体重。但是碰巧的是，她买了一个出厂就有故障的电子秤，因为故障该电子秤最大的显示数就是50千克。所以，在体重超过50千克的时候，它总是显示50千克。请问：她知道她处于理想的体重范围吗？

在这个案例中，一天内的体重变化通常不会很大，她仍处于理想的体重范围，并且由于此时电子秤显示50千克碰巧与她的真实体重接近，她也因此相信她处于理想体重范围，但是我们不能将基于巧合的结论当作可靠的知识。

从上述讨论中，我们可以发现知识并不会自然产生。知识是人类出于生活需要或者好奇心，在认识世界的求知过程中所证立的真信念。

在获得知识的过程中，我们是可能犯错的，普通人会犯错，科学家也如此。正如亚里士多德的宇宙观被证立是错的，牛顿力学也在被社会广泛信任后，在20世纪初被相对论和量子力学动摇。例如，爱因斯坦发现牛顿力学在解释巨大的物体或速度极快的运动物体时不准确。量子力学则发现牛顿力学在解释亚原子微粒时不正确。因此，波普尔（Popper）认为我们没有办法充分证明一个理论，但是可以证伪一个理论。人类正是在求真和去伪的过程中，不断地拓展和深化对世界的认识，并使得知识的价值不断增加。下面我们来探讨哲学角度的"知识的价值"。

1.2 知识的价值

知识具有工具价值和内在价值。古人常说："书中自有黄金屋，书中自有颜如玉。"读书求知显然是古代人追求飞黄腾达、入仕为官、衣锦还乡的重要手段，或是经世济民、报效祖国的重要路径，也是当今学子获得专业知识、找到理想工作的重要途径。不可否认的是，大多数人通过求学等方式获取人生中大部分的新知，并实现了知识的工具价值。

知识的工具价值是指知识具有实现其他目的的价值。马克思（Marx）指出：我们认识世界是为了改造世界，改造世界需要更好地认识世界。这反映出知识对于改造世界的工具价值，对研究对象科学的解释和预测为我们采取干涉措施以更好地改造世界提供了科学手段。

在社会科学中，认知人性可以帮助我们在制度设计时奖惩分明，激励人性善的一面，遏制不好的一面。我们知道人的需要的层次性，即从低到高分为生理、安全、社交、自尊和自我实现。而且，针对高层次需要，首先需要满足低层次需要，然后还要提供高层次激励，不能仅依赖低层次激励来满足高层次需要。例如，对于专家型人才，在学术激励制度设计上，既要满足其基本的生理需要，还需要注意到其具有探索世界的好奇心和自我实现的需要，过度地诉诸功利激励，可能不仅不能满足他们内在的高层次需要，反而可能忽略其内在驱动力和好奇心，甚至扭曲了其对知识的真正爱好，导致学术研究功利化。

知识的内在价值是指该知识的价值不是来自实现其他目的，而是它本身就具有价值。人们可能出于好奇心去探求对世界的科学解释。正如颜宁所言，出于好奇心解释世界本身就是知识的价值所在，而非为了实现其他目的。拥有知识使得我们可以了解大自然和人类运行的机制、规律和真相，形成一种真信念，这种信念降低了人类的不确定性，增强了信心，正如培根（Bacon）所述"知识就是力量"。这就如酷爱钓鱼的人并不是为了吃鱼，他们享受的是钓鱼活动本身。笔者就曾观察到，大年初一晚上，一些钓鱼者不畏严寒在河边垂钓。可以想象，在万众团圆的春节，这些钓鱼者受到了多大的内在"兴趣"的驱动，钓鱼本身的价值和力量有多大！

从我们对知识追求的本能来看，追求知识以掌握世界以及人类本身的真相，是人类求知本能的体现。我们终其一生不断地进行求真、去伪的知识活动，将人类从无知的状态中解放出来。因而，哲学家认为，知识的内在价值就在于减少人类的无知。

【观点】

什么是知识？我们从出生就开始以各种方式认识这个大千世界，追根溯源，当我们问自己这样一个问题时，可能并没有明确的答案。但是我们已经开始认真思考一些问题，我们可能出于好奇心或者某种目的，去思考知识、学习知识，去追求更多的真理和人生的意义。乔布斯（Jobs）曾说过："我愿意用我一生的成就与财富，去换取与苏格拉底相处的一个下午。"亚里士多德曾指出："求知是所有人的本性""人是理性的动物"。亚里士多德为此解释说，人出于本性的求知是为知而知、为智慧而求智慧的思辨活动，不服从任何工具目的，因此是最自由的学问。了解哲学有什么意义呢？有人曾给出这样的答案："你将拥有最理性的逻辑与独立思考的能力，突破思维定式，拥有不一样的视角。"从思考"什么是知识"这个问题开始，走进哲学，可以提升思维高度，看到更广阔的世界。

1.3 知识的类型和来源

1.3.1 知识的类型

哲学家把知识分为能力知识、命题知识等。能力知识是关于如何做的知识。命题知识是指通过陈述表达一个清晰的命题。这个命题的内容涉及主体（who）、事物（what）、时间（when）、地点（where）、关系（how）、为什么（why）等。本节主要讨论命题知识。

一个命题就是用语句表达内容或意义。命题具有真、假值，要么为真，要么为假，即所谓的排中律。例如，命题：狗是哺乳动物。经验和观察告诉我们这一命题是真的。但是还有很多命题，我们终其一生也未必可以观察到，如达尔文进化论认为：我们与大猩猩曾经有共同的祖先。从认识论的角度，知识应该是经过检验并获得确信的真命题。那么，我们如何发展命题，包括一些匪夷所思的命题，以产生可信的知识呢？这就需要通过科学推理。命题知识又可以分为过去、现在与未来的知识，可观察与不可观察的知识，道德、伦理和规范知识等；根据其是否依赖经验来源，进一步可以分为先验知识和后验知识（经验知识）。

先验/逻辑知识。哲学家关于知识的来源具有两种截然相反的观点，即先验知识和后验知识。任何不经经验获得的知识都是先验知识，包括数学、逻辑等形式科学。先验知识来源于理性主义，认为知识来源于理性推理，这些知识不通过感官经验而获得。先验知识的代表性人物包括笛卡尔（Descartes）和莱布尼兹（Leibniz）。笛卡尔认为来源于感官知觉的知识是不可靠的，因为我们的记忆、感觉、观察、听觉都有可能出错，是不清晰、不明确的，因而是不确定的。笛卡尔认为只有依赖数学和逻辑的理性推理才可以建立确定的、普遍的知识体系。莱布尼兹则区分了推论的真理和事实的真理。推论的真理是必然的真理，也即它们是必然成立的，对于推论的真理，我们只需要依据矛盾律和排中律这些理性推理即可以确定其真理性。事实的真理是偶然的、权变的真理，依据充足理由律，其成立至少需要一个充足理由。

矛盾律和排中律。矛盾律是指每一个逻辑命题不可既真也假，即一个命题（P）与其矛盾的反面（~P）不能同时为真，它们均采取了真假二值逻辑。真假二值逻辑的历史可以追溯到中国的"阴阳"概念，它描述了自然界中的二元性。与中国哲学相似，哲学家、数学家莱布尼兹相信世界是一个善与恶之间的持续的斗争，并相信二进制数学有着神圣的起源。后来，莱布尼兹采用了与"阴阳"类似的思路发明了二进制数学。但是莱布尼兹的二进制数学被忽略了一个半世纪，直到19世纪中叶，数学家布尔（Boole）发展了二进制，才使之成为逻辑学和数学的有用工具。伟大的科学研究往往远远超越了所处的时代，他们同时代的科学界还未认识到这一研究成果的价值。布尔的研究成果在几十年后才被美国麻省理工学院首次应用。排中律是指每一个逻辑命题要么为真，要么为假。也即任何命题要么自身（P）为真，要么它的否定（~P）为真，见表1-1。例如，企业要么盈利为真，要么盈利为假（即没有盈利为真）。再如，校内二手书店A做推广活动，宣称：今天所有书都是免费的，每本只需付费5元。根据矛盾律和排中律，店家显然在说谎。因为店家一方面宣称书是免费的，另一方面又给出价格信息（需要 5 元）。店家让我们处于矛盾之中，即不能确定是付费还是免费。矛盾律与排中律的区别是：矛盾律强调矛盾的命题（P 和 ~P）不能同时为真，排中律强调矛盾的命题有一个为真。

表 1-1 排中律

P	~P
真	假
假	真

事实真理。在实际生活中，我们很多事实真理不能仅靠逻辑法则。判断任何一个事件或陈述是否为真，根据充足理由律，如果它是真的，就必须有一个充足的理由。这就要求我们的结论基于有效的论证。例如，三段论的演绎推演，就是要求前提成立，结论必然成立。

大前提：所有鸟是哺乳动物；

小前提：所有鸽子是鸟；

结论：所有鸽子是哺乳动物。

事实真理并不排除其矛盾反面存在的可能。例如，校内二手书店 B 今天所有书都是免费的。事实上你却发现书店老板收到了很多书的进账钱。这矛盾吗？

想象一下如下情形：

大前提：校内所有书店在免费日都接受捐赠；

小前提：书店 B 今日宣称所有书免费；

结论：书店 B 在免费日收到进账。

应该没人会认为上述情况违反了矛盾律，因为书免费，意味着其反面付费是假命题。但是这并不意味着你不可以自愿付费，如捐赠。这个推理的例子也说明，在现实中，仅靠矛盾律和排中律并不足以判断命题的真理性。

【观点】

"白板说"。洛克（Locke）在《人类悟性论》中指出，假设心灵是一张白纸，没有任何文字，没有任何思想。它是如何被布置的？人们无限的想象在它上面描绘了无穷的变化，这些都是从哪来的？它的所有理性和知识的材料从何而来？对此，用一个词来回答："经验。"简言之，心灵在人出生时是空白，我们的经验就如一支笔，在白板上描绘出各种观念。

后验/经验知识。经验知识是指基于经验事实的知识。经验主义认为所有的知识均源自人的感官等知觉活动或者经验实证。人类借助五官获得经验知识，除此之外不可能获得更多的认识，也不可能获得更确定的知识。各种自然科学、社会科学在一定程度上都依赖于人类的经验来检验其真理性，属于经验知识。科学哲学家库恩（Kuhn）认为真理是相对的[①]。这种相对真理观在人文社会科学领域产生了文化相对主义——真理是相对于其文化而言的。不同的社会文化背景，具有不同的判断合理行为的标准。这些伦理和文化规范也属于经验知识。

对于逻辑知识和经验知识，休谟（Hume）认为逻辑知识是先验的，描述的是概念间关系，而非经验世界。经验知识来源于知觉，也即经验是知识的基础。休谟认为我们只能认知所感知的世界，也即知识来源于经验，我们对于未来是没有感知的，对于现在也是不完全感知的。因此，对于因果关系，休谟也认为它是一种存在于脑海中的观念，我们无从感知它，也就无从知道它。举个例子，我们观察两个球的冲击运动，发现用球 A 冲击静止的球 B，会引起球 B 的运动。重复这个实验，我们反复发现这一规律。我们可否得出下一次球 A 以同样的方式冲击球 B，必然会导致球 B 运动呢？问题在于我们可以反复观察、感知这种撞击运动，但是我们却没有看到、听到这种因果关系，对于未来，我们更是没有对这种因果关系的观察或者经验。我们因此无从知道这种因果关系。

我们是否可以获得不可观察世界的知识？

哲学上工具论或反实在论与实在论对于可以认知的世界存在争论。逻辑上，我们可以将世界分为可观察世界和不可观察世界。我们面对大量的可能世界，是没有办法对所有可能都进行直接观察和提供经验数据的。逻辑上这样定义可能世界：假设我们用 n 个条件描述世界，每个条件都有真和假两种状态，那么逻辑上就有 2^n 个可能的世界。通俗地说，现实世界是可能世界的一个非常有限的子集，我们把尚未观察或不可观察世界叫逻辑余项。

工具论者认为我们只能对可观察世界提供正确描述。观察能力设定了科学知识的界限。我们不能对不可观察世界产生知识。对不可观察世界进行真假描述并

---

① 库恩认为真理是相对于范式而言的，不同范式下关于如何产生知识的标准和方法等具有不可通约性。

无实质意义,因为我们没有办法判断其真假。例如,工具论者会去怀疑原子、电子等微观粒子的存在。即便我们可以提出电子带负电荷的命题,但是我们不能观察到电子是否带负电荷,因此也就无从判断其真假。按照工具论,这就意味着人类对不可观察世界无法提供科学解释,科学家对于不可观察世界的解释都是虚构的。人类的科技史也说明,关于不可观察世界的解释即便在一些时期在经验上取得了很大的成功,被深信不疑,最后也可能被证明是错误的。例如,我们曾经接受过一种解释:物体在燃烧时,会向空气中释放"燃素"。现代化学关于燃烧原理的发现证伪了这一理论解释:燃烧是因为物体接触空气中的氧气而发生的一种化学反应,并非因为"燃素"。因此,工具论者对于人类认识不可观察世界,进而认识所有可能世界的能力是悲观的。

替代性解释和不充分论证。科学知识需要被经验数据检验以获得支持或者被证伪。对于不可观察世界,我们是不能直接获得观察数据以检验理论的。这就意味着我们必须从理论推导出可以获得观察数据的命题。用直观现象作为检验不可观察世界的理论的数据。例如,我们没有办法观察微粒子分子的运动,通过转换,我们用分子运动导致的扩散现象来间接认识它。气体动理论于19世纪中叶发展起来,是从分子出发阐明热现象规律的理论。该理论认为气体由大量的分子组成,分子做无规则的热运动。根据气体动理论,气体受热时,如果压强不变,受热的气体必然膨胀,我们就可以把不可观察的分子运动转化为可观察的膨胀现象。但是工具论认为这只是一种不充分论证。不能排除存在可以解释这一现象的其他替代理论,而且替代解释之间可能相互冲突。如果不充分论证逻辑成立,那么我们不仅不可以拥有不可观察世界的知识,也无法拥有可观察但尚无观察数据的知识。对于没有经验观察的世界,也是不能充分论证的。

实在论者认为我们可以认识不可观察世界,而且认为好的科学知识恰恰在于解释了不可观察世界。实在论者认为科学的目的是提供世界的正确描述。基于不可观察世界的理论大大改进了我们的经验世界。我们已经在享受激光矫正视力的福利,这些技术正是基于不可观察的激光的理论。如果我们不接受这些理论解释,就难以解释这些经验上的成功。按照实在论的观点,这些基于不可观察实在的假设发展出来的理论在经验上的成功,恰恰说明了这些理论是满足最佳解释推论的。反事实分析的出现也在一定程度上为分析不可观察世界或者可观察尚无观察数据的现象提供了分析方法。

【思考与争鸣】

薛定谔的猫①是由奥地利物理学家薛定谔于1935年提出的有关猫生死叠加的著名思想实验,把微观领域的量子行为扩展到宏观世界的推演。设想将一只活猫关在装有少量镭和一瓶氰化物的密闭容器里。按照常识,猫可能死去,也可能活着。氰化物瓶上有一个锤子,锤子由一个电子开关控制,电子开关由放射性原子控制。如果镭原子核衰变,则放出阿尔法粒子,触动电子开关,锤子落下,砸碎氰化物瓶,释放出里面的氰化物气体,将毒死猫。原子核的衰变是随机事件,发生的概率为50%,如果镭不发生衰变,猫就存活。根据量子力学理论,由于放射性的镭处于衰变和没有衰变两种状态的叠加之中,猫就理应处于死猫和活猫的叠加态。我们只有在揭开盖子的一瞬间,才能确切地知道猫是死是活。此时,猫构成的波函数由叠加态立即收缩到某一个本征态(生或者死)。这只既死又活的猫就是"薛定谔的猫"。但是,不可能存在既死又活的猫。

量子理论认为,如果没有揭开盖子进行观察,我们永远也不知道猫是死是活,它将永远处于既死又活的叠加态,可这使微观不确定原理变成了宏观不确定原理,客观规律不以人的意志为转移,猫既死又活违背了逻辑思维。该实验试图从宏观尺度阐述微观尺度的量子叠加原理的问题,巧妙地把微观物质在观测后是粒子还是波的存在形式和宏观的猫联系起来,以此求证观测介入时量子的存在形式。量子力学告诉我们,存在一个中间态,猫既不死也不活,直到进行观察看看发生了什么。爱因斯坦认为,量子力学只不过是对原子及亚原子粒子行为的一个合理描述,这是一种唯象理论,它本身不是终极真理。他说过一句名言"上帝不会掷骰子",他不承认薛定谔的猫的非本征态之说,认为一定有一个内在机制组成了事物的真实本性。

问题:微观世界是不可观察的,薛定谔的思想实验,通过将微观(粒子)与宏观(猫)结合,实现了不可观察粒子的衰变现象在猫身上的可观察。那我们是不是因此可以科学描述不可观察世界呢?

我们可以有未来的知识吗?

【观点】

亚里士多德提出了一个关于未来的命题:"明天将有一场海战。"这一命题就

---

① https://baike.baidu.com/item/薛定谔的猫/554903?fr=aladdin.

是著名的"海战悖论"。由于当下我们不具有关于未来的数据,因此无法证立该命题是真的,同样也没有数据能够否证它。按照传统二值形式逻辑和排中律,任何命题要么为真,要么为假。但是在"海战悖论"中,出现了真假皆有可能,即既非真也非假的逻辑悖论。在今天来看,"明天将有一场海战,明天将没有一场海战"皆有可能,因此违背了排中律。如果按照传统二值形式逻辑和排中律,我们没有办法证立命题的真假,也将不能拥有关于未来的知识。好在,波兰哲学家卢卡西维茨(Jan Łukasiewic)在1920年提出了一个逻辑系统,该逻辑系统超越了传统的二元逻辑。卢卡西维茨提出逻辑判断具有三个而非两个真值,第三个真值表示既不是真也不是假。因此为亚里士多德"未来海战"命题的真值悖论提供了一个解决方案。将卢卡西维茨第三真值逻辑推广到具有 n 个值的多值系统,就形成了模糊逻辑。今天科学界也已经接受不确定性的存在。模糊逻辑已经成为今天社会科学研究中正在兴起的新范式。例如,在模糊集合中,我们可以把企业的变量值(如创新)校准为0~1间的模糊集隶属度,表示企业隶属于高创新集合的隶属程度。

1.3.2 知识的来源和推理形式

直觉和推理是获得知识的两种方式。直觉知识来源于人类对事物的直接感觉。例如,我们可以立即识别红色物体的颜色,这是直觉知识。在知识论中,我们更关注的是通过科学推理获得的知识。因此一个核心议题就是逻辑和基于逻辑去评价命题或主张。爱因斯坦1953年在给朋友的信中写道,形式逻辑体系的发展是现代自然科学产生的必要条件之一。传统上,逻辑学家将推理形式分为归纳和演绎,后来又提出了溯因(abduction)推理形式。推理在结构上是由一系列陈述或命题组成的,其中一个为结论,其余为前提。推理就是从一部分陈述或命题的真值,推理出结论陈述的真值的逻辑思维过程。其中,归纳推理和溯因推理描述的是一种可能关系,而演绎推理描述的是一种必然关系。

(1)归纳推理。归纳推理是从某种类部分对象的属性陈述,推理出该属性陈述适用于同类整体。在归纳推理中,前提是产生结论的很好的理由,但是前提并不保证结论一定成立,结论中的信息可能超过前提所包含的信息。例如,第一次我们观察到天鹅是白色的,第二次也是白色,如果到目前为止观察到的所有天鹅都是白色的,我们归纳推断出所有天鹅都是白色的。这种推理似乎是合理的,我们也经常依赖归纳推理得出很重大的科学发现。但是在逻辑上，归纳推理是基于观察对象的已知前提推论到同类现象未被考察的结论。回忆"尚未观察世界"和"海战悖论"的讨论，我们便立马明白我们并不能保障下一次观察的天鹅还是白色的，也不知道未来的天鹅就是白色的。我们下一次观察的天鹅为什么不会是黑色的呢？白色的天鹅将永远保持白色吗？休谟认为，我们对有限观察对象归纳的规律，推理到普遍规律时，依赖于一种假设：自然的齐一性（uniformity of nature），即未观察的对象与已观察的同类对象，在有关方面是相似的。但是我们并没有未观察对象的信息，非齐一的世界是可能存在的，我们也没办法证明自然的齐一性，那我们如何知晓未感知的世界呢？我们又如何有理由相信在过去经验中总结的模式在未来还会发生呢？这就是著名的"休谟归纳问题"，或归纳怀疑论（inductive skepticism）。

归纳推理的一种形式如下：

第一次观察天鹅，发现是白色的；

第二次观察天鹅，发现是白色的；

……

第 n 次观察天鹅，发现是白色的；

第 $n+1$ 次观察天鹅，则天鹅是白色的。

当然，这里的天鹅可以是同一只天鹅的反复观察，也可以是不同天鹅的依次观察。推理的形式是一样的。

在科学研究中，科学家经常从有限现象去归纳普遍的结论，并开创出重要的知识。牛顿就从有限的观察中，发现了物体间的引力作用，并把它提炼归纳为普遍的万有引力定律。

（2）乌鸦悖论。逻辑经验学者通过实例观察确证归纳概括，更多证据支持假设，对命题的信心就更足了。那么是不是持续观察到黑乌鸦就能确证概括："所有乌鸦是黑的？"德国逻辑学家亨普尔（Hempel）在20世纪40年代提出了"乌鸦悖论"，至今无解。

根据逻辑等价原理，命题"所有乌鸦是黑色的"等价于"所有非黑色的事物不是乌鸦"。我们观察到一个红苹果，因而它不是乌鸦，就支持了命题"所有非黑色的事物不是乌鸦"。依次类推，我们观察到一个绿色的苹果、黄色的黄桃等都可以增加我们对于"所有非黑色的事物不是乌鸦"的信心。同样根据逻辑等价原理，对任何一个命题的证立,都是对它等价命题的证立。因此,观察到一个红苹果也是对"所有乌鸦是黑色的"的支持。这看起来有些荒唐。似乎我们不需要走出门,只要待在家里吃着水果就可以证立"所有乌鸦是黑色的"。乌鸦悖论提醒人们思考:证据是否对等价命题具有同等的效力以及证据的相关性问题。红苹果虽然符合解释逻辑,但是它似乎与被解释现象无关。

(3)演绎推理。演绎推理是一种从一组前提(陈述、命题)通过确定的形式逻辑,得出特定结论的推理结构。前提成立,结论必然成立。换句话说,有效的演绎是一种必然性的推理结构。相较于归纳推理,演绎推理是可靠和确定的。一些科学哲学家认为,只有演绎才是科学应该采用的推理。因为只有演绎可以确定地证立命题,而证立是传统认识论中知识的三要件之一。

三段论演绎推理的一般形式如下:

所有猫都抓老鼠;

小张家有只猫;

小张家的猫会抓老鼠。

(4)命题逻辑。三段论是有效的、简单的演绎推理(propositional logic),但是命题往往是复杂丰富的,现代符号逻辑的发展为更复杂的命题推理提供了有效的支撑。命题逻辑是处理命题之间逻辑关系的一种形式逻辑。命题分为原子命题和复合命题。原子命题是不包括真值函数连接词(truth-functional connective)的简单命题。复合命题是原子命题通过真值函数连接词组合而成的命题。基本的真值函数连接词有三种:与[合取(conjunction)]、非和或[析取(disjunction)]。将它们进一步组合则可以构成更复杂的命题。原子命题只需要对命题本身进行真假判断,如,

天鹅是白色的。

逻辑与连接组成的复合命题的真假判断取决于其原子命题的真假。仅当所有原子命题为真时,复合命题为真。例如,

天鹅是白色的,乌鸦是黑色的。

仅当天鹅是白色并且乌鸦是黑色都为真,这个命题为真。在符号表达中,逻辑与用圆点"·"表示。命题 A 和 B 通过"与"构成复合命题:A·B。对于复合命题的真假判断,可以借助真值表。在表 1-2 中可以发现 A·B 真值与 A、B 命题的关系。

表 1-2　真值表与复合命题检验

A	B	A·B	~A	AvB[a]	~A·B	~(A·B)
T	T	T	F	T	F	F
T	F	F	F	T	F	T
F	T	F	T	T	T	T
F	F	F	T	F	F	T

[a] 注：这里是针对同或（inclusive or）逻辑。异或（exclusive or）命题中，A 或 B 为真，且 A 与 B 不同时为真，则 AvB 为真，即（AvB）·~（A·B）。

逻辑非将一个命题从真转换为假，或从假转换为真。例如，天鹅是白色的为假值命题，我们可以通过逻辑非，把它转为真值命题。例如，

天鹅不是白色的。

在符号表达中，逻辑非用波浪线"~"表示，命题 A 和 ~A 的关系，如表 1-2 所示。

逻辑或连接的复合命题中，其中一个原子命题为真，复合命题即为真，当所有原子命题为假时，复合命题为假。例如，

天鹅是白色的或乌鸦是黑色的。

天鹅是白色的为真，或者乌鸦是黑色的为真，前述复合命题就为真。天鹅是白色的为假，并且乌鸦是黑色的为假，前述复合命题就为假。

在符号表达中，逻辑或用符号"v"或"+"表示，命题 A 和 B 通过"或"构成复合命题：AvB，或者 A+B。在表 1-2 中可以发现 AvB 真值与 A、B 命题的关系。表 1-2 中第 5 列是"同或"逻辑。或分为两种："同或"与"异或"。在同或命题中，A 与 B 同时为真时，AvB 也为真。在异或命题中，A 或其他命题（如 B）为真，且 A 与 B 不同时为真，则 AvB 为真。

括号与逻辑连接词的组合使用。有的时候我们会面临更复杂的命题，这个时候就需要同时使用"与、非、或"。例如，

天鹅不是白色的，但是乌鸦是黑色的。

在这个复合命题中，第一个命题是一个非命题："天鹅是白色的"的非命题。用符号逻辑，该复合命题可以表示为 ~A·B。

有的时候，需要借助括号来清晰地表示一些复合命题。例如 A 或者 B 的非集：~（A·B）。

在更复杂的复合命题中，括号用于把原子命题分组，然后才是括号内命题与括号外命题的逻辑关系。例如，要么李白和杜甫在写诗，要么杜牧和李商隐在写诗。

这个命题是由四个原子命题组成的：

李白在写诗（E）；

杜甫在写诗（F）；

杜牧在写诗（G）；

李商隐在写诗（H）。

用符号逻辑表达：（E·F）∨（G·H）。对于复杂逻辑的命题，需要清楚复合命题的含义，然后依次明确原子命题，对原子命题赋予字母表示（如用 E 表示"李白在写诗"），决定原子命题的组合方式并用括号明确，然后再明确组间命题的逻辑。为了确保符号逻辑表达的准确性，最佳实践是对照符号表达与语句表达，检查一致性。

如何用真值表做命题检验？首先，在真值表中，规律地把原子命题的可能组合排列出来。每个命题有真假两个值，所以可能组合数为 2^n 个，n 为原子命题个数。注意：符号逻辑有效性的判断与命题的具体内容无关，只与命题的真假有关。在排列真值表时，从右至左，采取依次重复 1 次 T，2 次 T，4 次 T，8 次 T，……2^{n-1} 次 T，然后对应地排列 F，这样交替进行，可以轻松地排列出所有组合。例如，表 1-2 中，对于右侧的 B，重复 1 次 T 即排列 1 次 F，对于左侧的 A，重复 2 次 T 再排列 1–2 次 F，交替进行，就可以排列出所有组合。其次，有效的论证是前提为真，结论必为真；前提为真结论为假的论证是无效论证。对照真值表，如果发现前提为真，结论为假，就是无效论证。

思考下面论证的有效性：

如果 A 为真，A ∨ B 为真，则 B 为真。

对照表 1-2，我们可以发现第 2 行，2 个前提为真，但是 B 为假，因此是无效论证。

（5）假言推理。演绎推理常借助条件句进行假言推理。充分条件与必要条件是两种基本的假言推理。假言推理是根据假言命题的充分或必要性逻辑关系进行的推理。

充分条件假言推理中，条件句的表述形式为："如果……那么……"。P 是 C 的充分条件，P 为真时，C 也为真。

充分条件假言推理的有效形式：

①肯定前件式。

如果 P，那么 C；

P；

——————————

因此，C。

——————————

②否定后件式。

如果 P，那么 C；

非 C；

——————————

因此，非 P。

——————————

充分条件假言推理的无效形式：

①否定前件式。

如果 P，那么 C；

非 P；

——————————

因此，非 C。

②肯定后件式。

如果 P，那么 C；

C；

——————————

因此，P。

必要条件假言推理中，命题的表述形式为"只有……才……"。P 是 C 的必要条件，P 为假时，C 必然为假。

必要条件假言推理的有效形式：

①否定前件式。

只有 P，才 C；

非 P；

因此，非 C。
②肯定后件式。
只有 P，才 C；
C；

因此，P。

演绎可以产生新知识吗？从演绎的推理结构中，我们发现结论实质上已经蕴含在前提之中，相对于前提并无新的知识。例如，如果我们在涉及全称陈述的大前提中，断定所有猫都抓老鼠，那么包括小张家的猫在内的所有猫，已经被确证会抓老鼠。因此推出结论"小张家的猫会抓老鼠"并未产生新知识。

归纳与演绎的两难困境。通过对归纳与演绎的比较，我们可以发现：一方面，演绎推理更加确定，这种确定性是知识获得证立所需要的，但是演绎似乎难以产生新知识。另一方面，"休谟归纳问题"的存在说明，归纳并不能证明所有天鹅是白色的。休谟甚至认为归纳是一种与理性无关的推理，人类没有办法基于理性证明归纳的合理性。由于"休谟归纳问题"，一些哲学家如波普尔就认为科学可以不采用归纳推理，仅采用演绎推理来确保知识的可靠性，这就是科学的证伪观。

波普尔认为我们没有办法依赖有限的数据证明命题，但是可以证伪。例如，我们观察了 n 次白天鹅，仍然无法证明所有的天鹅是白色的。但是我们只要观察到一只黑天鹅或者其他非白色的天鹅，即可以证伪"所有天鹅都是白色的"这一命题。因为证伪依赖的是演绎逻辑：

所有天鹅是白色的；
发现一只天鹅是黑色的；

不是所有天鹅都是白色的。

波普尔的证伪主义，解决了理论的普遍性主张与数据的有限性之间的矛盾。但是证伪观也被一些哲学家质疑太悲观。因为知识工作者显然不乐意只是证伪现有的理论。人类认识世界，不只是想论证什么是假的，更希望提出新主张，并说明其是真的。归纳与演绎的两难困境，让人类陷入了确定性与新知的两难之中：

演绎具有确定性，但似乎难以提出新的知识命题；归纳可以提出新的知识命题，但却无法确证。本质上，演绎推理依赖的前提（如规律）也是没法证明的。如果无限倒推，演绎依赖的前提也是归纳出来的。

溯因与最佳解释的推理是美国哲学家查尔斯·桑德斯·皮尔斯（Charles Sanders Peirce）在19世纪最后30年提出的逻辑推理形式。它从观察开始，然后力求从这些观察中找到最简单、最有可能的结论。溯因推理也已成为贝叶斯统计中先验的有用来源。不同于演绎推理，溯因推理过程产生的是合理结论，但不能肯定地验证它。因此，溯因结论总是残余不确定性或疑问，通常用"最佳可得"或"最有可能"等结论来表示。我们可以把溯因推理理解为最佳解释的推理（inference to the best explanation，IBE）。溯因推理的推理结构为：

现象：已观察到的乌鸦是黑色的（O）；

规律：如果所有乌鸦是黑色的（P），那么观察到的乌鸦都是黑色的（O）；

因此，所有乌鸦都是黑色的（P）。

溯因推理允许从观察结果（O）中追溯前提条件（溯因P）。这是一种肯定后件式的逻辑错误——在逻辑上，同一个结果可能有多种前因，我们从结果中并不能必然确定前提成立。尽管存在这种逻辑上的缺陷，我们仍然可以通过这一推理过程，推断出简要的最佳解释，以期望能更好地认识世界。

1.3.3　两种知识证立观："知识金字塔"与融贯论

证立是指提供理由和依据支持主张或命题。有两种主要的知识证立观：基础主义（foundationalism）和融贯论（coherentism）。两者对知识结构的主张不同。

基础主义认为知识是有层级关系的，上层信念建立在基础信念之上，层层累积形成一个知识金字塔（图1-1）。基础主义把信念区分为基础信念和上层信念。基础信念是自明的、直接被确信的信念，而无须经由其他信念推理而来，它处于知识金字塔的最底层。上层信念是由其他信念推论而来。基础主义通过区分基础信念和上层信念，解决了演绎推理中无限倒退的难题。笛卡尔是最彻底的基础主义者，他认为知识就是确定性的真信念。因此知识发展必须发现确定性的基础信念（如自明的公理），并采用确定性的逻辑推理，来保障上层信念的确定性。所以，彻底的基础主义主张采用演绎逻辑实现确定性的知识金字塔。

图 1-1　知识金字塔

融贯论。融贯主义者不认同信念分为基础信念和上层信念，他们认为信念之间组成一个整体性的动态系统。他们主张信念的证立应从信念之间的关系着手。任何信念是否被证立取决于它与整个信念系统的融贯性。在融贯主义者看来，一个信念系统就好比各种信念组合而成的积木。这种知识积木依赖于信念相互之间的支撑，每个信念被其他信念证立，也为其他信念提供证立，因此不存在哪个是基础信念的问题。基于整体性知识结构，融贯论也解决了演绎推理中无限倒退的难题。可以从三个方面来判断是否融贯。一是逻辑一致性。判断某个信念与整个信念是否融贯，在逻辑上首先要判断该信念纳入信念系统后，逻辑上是否会产生不一致的问题。二是从最佳解释的推理角度判断解释项与被解释项是否融贯。因为在信念系统中，被解释项的原因不是只有一个，根据最佳解释的推理，我们需要论证 A 对 B 是最佳解释，这样 A 与 B 是融贯的：B 获得了解释而 A 提供了合理解释。三是概率考虑。近些年，一些学者根据贝叶斯定理，也提出信念与主体信念系统需要满足概率一致性。

总之，两种知识证立各有优缺点。基础主义试图在信念结构之外寻找独立的基础信念，并直接与外部世界联系，但其面临的挑战是如何发现不证自明的基础信念。融贯论注意到信念之间的相互联系，试图从信念结构的融贯出发找到证立。但其面临的挑战是如何在逻辑融贯之余，对世界提供直接的认识。将两种观点的优势进行互补，是一个有前景的方向。

【本章要点】

社会的发展建立在知识发展的巨大成就之上。对什么是知识、如何产生知识进行本质思考，将深刻地影响知识的发展和管理实践。对于世界本质规律知识的探索活动，将为我们认识世界、改造世界提供指导，同时也将满足人类自己的好奇心。

【关键概念】

知识；先验知识、经验知识；演绎、归纳、溯因、逻辑、真值表

【思考题】

1. 演绎与归纳的两难：确定性方式难以产生新知识，产生新知识的方式又不确定。请思考：解决什么样的问题，实现什么样的目的，更需要什么样的知识推理？

2. 一种观点指出，当下，我国在一些关键领域"卡脖子"问题突出，因此迫切需要加强基础原创研究。而且美国也越来越重视科技应用，说明我们重视科技应用的研究是对的。另一种观点认为中国在很多产品上已经实现了世界领先，如手机终端，很多学者在世界顶级期刊也发表了论文，因此我们已经很领先了。从功利主义出发，其实基础知识研究也是耗时耗力且花费巨大，还远离终端，难以直接看到经济价值。从知识证立和知识结构的角度出发，你对上述不同的立场和观点有何评价？你的立场是什么？

3. 知识来源于观察吗？

4. 我们可以对未观察的世界产生知识吗？

5. 我们可以拥有未来的知识吗？

【案例分析】

爱因斯坦因为什么获得诺贝尔奖？

爱因斯坦是幸运的，也是不幸。爱因斯坦一生获得了好几项可以获得诺贝尔奖的成就，最后因为光电效应的研究成果获得诺贝尔物理学奖。这让人很意外，因为他最广为人知的科学成就是相对论。1922年，爱因斯坦补缺获得了1921年的诺贝尔物理学奖。委员会秘书给爱因斯坦的获奖通知是这么说的："在昨天的会议上，皇家科学院决定把去年（1921年）的诺贝尔物理学奖授予您，理由是您在理论物理学方面的研究，尤其是您发现了光电效应定律，但是没有考虑您的相对论和引力理论的价值，将来在这些理论得到确认之后再考虑。"

很多人会认为爱因斯坦应该因为相对论而获得诺贝尔奖。实际上1905年爱因斯坦发表狭义相对论后，德国著名化学家、诺贝尔奖得主奥斯特瓦尔德（Ostwald）便在1909年提名爱因斯坦为1910年度诺贝尔物理学奖候选人。但在当时，相对论仍然被主流物理学界所怀疑。美国首位诺贝尔物理学奖获得者迈克尔逊（Michelson）甚至直至逝世都坚持认为"相对论站不住脚"。因此，尽管奥斯特瓦尔德后来又连续在1912年和1913年两度提名狭义相对论，但都以失败告终。1915年，爱因斯坦又发展出广义相对论。

1919年，著名物理学家普朗克（Planck）提名爱因斯坦为物理学诺奖的候选人，理由是广义相对论的成就已经超越牛顿力学。1919年5月，爱丁顿（Eddington）和戴森（Dyson）率领科学考察队考察验证了广义相对论的某些内容，并将结果于当年9月公之于世。同年11月，英国皇家学会会长汤姆逊（Thomson）宣布：爱因斯坦的理论是继牛顿之后最重要的进展，是人类思想史上最高的成就之一。

一场针对爱因斯坦及其相对论的恶意攻击也随即展开。1919年，诺贝尔物理学奖得主斯塔克（Stark）公开质疑了相对论。1920年8月24日，一场反相对论的公开演讲在柏林最大的音乐厅登场，主讲者是德国实验物理学家格尔克（Gehrcke）和铁杆反相对论人士魏兰德（Wieland）。一个月后，德国中部旅游胜地巴德瑙海姆上演了第二场反相对论公开演讲，主讲者包括著名的德国实验物理学家、1905年诺贝尔物理学奖得主勒纳德（Lenard）。

爱因斯坦亲身去听了反相对论的演说，结果他发现那些演讲中没有任何有分量的反对意见，有的只是含糊其词、捕风捉影的指控和抨击。例如，魏兰德和格尔克指控爱因斯坦的某些广义相对论计算剽窃一位名不见经传的"真正的德国人"的工作，而事实上，那位"真正的德国人"的论文无论是前提还是推理都是错误的。勒纳德的反相对论理由则是相对论有违常识，因而必定是错误的。事实上，无论勒纳德还是斯塔克，都是忠实的纳粹信徒，主张推进所谓的"德意志物理学"，清除"犹太物理学"，而广受关注的相对论则被视为"犹太物理学"的范例——因为爱因斯坦是犹太人。

然而，这些"物理学界泰斗"的态度给诺贝尔奖委员会造成了压力。1921年，要求爱因斯坦获取诺贝尔奖的呼声几乎达到顶峰。就在当年，诺贝尔奖委员会找了一位很有权威的瑞典专家——古尔斯德兰德（Gullstrand），让他写关于广义相对论的评价报告。但古尔斯德兰德在他所写的评价报告中严厉抨击了相对论，称其是"臆想出来的假说"，没有得到实验证立。瑞典皇家科学院院士、诺贝尔物理学奖评委会成员哈瑟伯格（Hasselberg）也提出抗议，他在写给评委会的信中说："相对论仅是一个猜想，将猜想放在授奖的考虑之列，极不可取。"1921年，诺贝尔奖委员会选择让当年的诺贝尔物理学奖空缺，未颁奖给爱因斯坦。

然而此时，爱因斯坦在物理学界的威望之高，已经让诺贝尔奖委员会不能忽视他。几经考虑，诺贝尔奖委员会想出一个折中方案——1922年，他们决定把1921年的诺贝尔物理学奖补发给爱因斯坦，但爱因斯坦的获奖理由不是相对论，而是他在1905年，也就是他提出狭义相对论之前所发现的光电效应定律。

1922年12月10日，爱因斯坦正乘火车在日本旅行，错过了颁奖典礼。次年7月，爱因斯坦在一次瑞典科学会议上发表了正式获奖演说。他没有谈及光电效应定律，而是讨论了相对论。

资料来源：并非因为相对论——爱因斯坦的诺贝尔奖是后来补发的[EB/OL].（2017-09-28）. http：//book.sina.com.cn/excerpt/rwws/2017-09-28/1556/doc-ifymmiwm0402935.shtml；董洁林. 爱因斯坦和诺贝尔奖的"恩怨"[EB/OL].（2019-04-18）.https://mp.weixin.qq.com/s/1tPlMki1ahCSkUbAceuzeg.

讨论题：

1. 爱因斯坦为什么没能因相对论获得物理学诺贝尔奖？你认为诺贝尔奖是否就代表知识贡献？为什么？

2. 爱因斯坦的最大成就"相对论"，很多年都得不到同时代物理学家的认可，因此没有获得诺贝尔奖。莱布尼兹发明的"二值"数学，150年后才被布尔重视，发展为布尔代数。这些都说明客观准确的知识评价存在滞后性。对于科学知识的评价，你有什么好的建议吗？投票评价知识创新是可靠的吗？请分析其利弊。

第 2 章　科学哲学与管理知识

【学习目标】

1. 了解主要的科学哲学思想。

2. 熟悉人工科学与设计思维。

3. 掌握管理知识的来源。

【能力目标】

1. 了解主要科学哲学思想的产生和发展。

2. 熟悉如何采用人工科学与设计思维探索管理知识和复杂管理系统。

3. 掌握逻辑实证主义、证明与证伪、还原论与整体论以及理论负载的核心思想。

【思政目标】

1. 了解主要的科学哲学观,以此认识世界。

2. 熟悉科学评价和知识判断的标准。

3. 掌握自然科学知识涉及的关于"是"的问题,以及管理学知识涉及的"应该"的问题。

【思维导图】

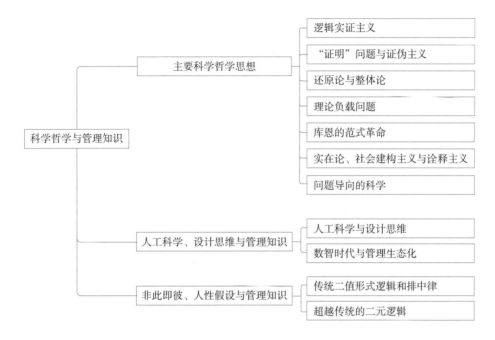

【开篇引例】

黑 海 战 略

2020年9月20日，在人单合一大会上，海尔CEO（首席执行官）张瑞敏提出了一个全新概念："黑海战略"。黑海是相对于红海、蓝海而言的概念，黑海战略是海尔集团提出的一种生态发展战略。如果说红海是产品的世界，蓝海是服务的世界，那么黑海就是体验的世界。

在红海中，企业追求低成本的同质化，实行降价竞争；在蓝海中，企业以差异化回避同质竞争。而在黑海中，企业要做的是在低成本差异化基础上，做出高附加值产品和服务，其办法就是通过差异化的体验云，打造因人而异、不可模仿的生态，以场景品牌、生态品牌实现并保持可持续发展价值。生态与体验的关系，就像大海与鱼，既广大，又独特。广大到，相比一切"大批量"，大海的容量更大，可以容纳所有的鱼；独特到，每条鱼都是"定制"的，各不相同。

海尔衣联网、海尔食联网、生物医疗等众多场景，都仅仅是海尔构建用户体验场景的冰山一角，除此之外，还有海纳云、海创汇、卡奥斯等其他领域的场景打造。围绕用户的衣、食、住、行、康、养、医、教等全方位生活体验，乃至创业等工作方面的体验，海尔都在布局不断迭代的场景方案。

从线性管理到生态管理，海尔颠覆行业边界，打造共创共享的生态。传统线性管理模式下，企业各种产品相互独立，部门之间条块分割。企业主要参与行业内竞争，行业之间壁垒清晰。物联网（IoT）、大数据、云计算、人工智能等信息技术，促使许多传统产业打破了行业之间的壁垒。业界专家认为，未来的经济是生态圈的经济，没有任何一个人或者一个企业可以包揽一切，必须在共创共赢的过程中成就彼此。

此外，用户对美好生活的需求也不可能只聚焦在某一个产品或某一个行业，而是涉及很多行业，这就倒逼企业要联合涉及不同场景的多个行业打造生态。通过打造跨行业、跨地区的开放生态，企业要以用户需求为中心，在高度、速度和广度上实现与生态伙伴的共创共赢，在共同进化的过程中不断孵化新物种。

在智慧家庭端，海尔智家生态依托体验云，已建成衣联网、食联网、空气网、水联网等能够连接用户、资源方的7大生态圈，覆盖40多个行业，满足用户对家庭生活的个性化需求。以海尔探索的衣联网为例，在衣联网1号店里，记者们直观地感受到洗、护、存、搭、购一站式服务场景，感受到衣联网1号店为用户打造的无缝体验。同时，衣联网1号店也在强化门店与用户的交互，在为用户带来增值体验的同时，也为服装行业的转型升级提供支持。

在工业互联网端，海尔卡奥斯是全球唯一的工业互联网生态品牌。在海尔工业智能研究院的展示厅，可以看到卡奥斯赋能各行业的案例：威海房车企业康派斯房车实现了产品溢价63%，并带动了房车产业集群，创立了智慧出行新生态；建陶子平台上聚集了2 000家拥有建筑陶瓷行业资源的企业，逐步形成面向全国的建陶行业全产业链生态；农业子平台赋能多家农企，实现农产品从田间地头到餐桌的零距离，创新了智慧农业新生态。

海尔要实现的就是以生态品牌为核心的黑海战略的引领。而在这其中，人的价值最大化是其必要条件。2005年，张瑞敏提出"人单合一"模式，解决了"两个人"的问题："一个人"是用户，海尔紧紧围绕用户需求，提供用户对美好生活需求的解决方案；另"一个人"是员工，海尔赋予每位员工成为自己的CEO的权利，从而可达成更佳用户体验，创造更高用户价值。

从那时起，传统科层制、筒仓式的线性管理被颠覆，传统的行业边界在海尔便逐步消失，一切布局都围绕用户需求迭代而展开。每位创客、每个链群都时刻关注和捕捉并最终引导用户体验迭代。海尔逐步形成了去中心化的自驱生态体系，以链群合约的形式，协同链群创造用户最佳体验，让所有为创造用户最佳体验作出贡献的员工、资源合作方等，都能从中收获增值、分享体验，实现生态的共赢进化。海尔以家电为始，却不以之为终。如今走进物联网时代，35岁的海尔已经进化为一个充满无限可能的"生态系统"，其生态品牌战略仍在提速，生态边界仍在不断延伸，并将为物联网时代的生态品牌进化领路。

企业生态化转型，作为一个系统的复杂性在增加，正在为传统以还原论和"可分性"逻辑之上的管理带来挑战。那么，新的复杂系统管理背景下的管理知识又会如何产生呢？

资料来源：海尔．张瑞敏提出黑海战略[EB/OL]．（2020-09-22）. https://t.cj.sina.com.cn/articles/view/1663315964/63242ffc01900r1rx；海尔生态品牌背后的黑海战略[EB/OL]．（2020-09-04）. http://business.china.com.cn/2020-09/04/content_41282141.html?f=pad.

管理学是研究人类管理活动及其规律的学科。管理是管理者和被管理者在一定的时空中，为了实现组织的共同目标和价值创造，通过方案设计进行互动并对资源、活动和行为进行协调的过程。管理的基本职能包括计划、组织、领导、控制和创新等。从认识论的角度来说，一方面，产生有效的管理知识对于优化管理实践、促进组织发展将发挥重要的工具价值；另一方面，更深入地探索管理知识也是管理研究者满足研究好奇心的内在需要。在第1章中，我们讨论了知识的含义、类型和来源等。这些讨论涉及知识产生的一般推理逻辑。但是不同学科的发展历史不同，既要考虑适用于不同学科的普遍性知识，也要关注到管理学科内知识的特殊性。

管理是一个系统，它涉及主体与两类不同对象（人和物）的互动。因此，管理是一门科学，也是一门艺术。首先，管理涉及对物体的有效利用，因此涉及自然科学知识的运用。自然科学的发展，可以为管理知识的产生提供借鉴和指导。例如，量子管理就是起源于量子物理，管理的生态化转型则受到生态学的影响等。其次，人作为管理者或被管理者，是管理活动的主体和对象，自然而然地就涉及行为适当性、规范和价值观等"应该"类的社会科学问题。而自然科学知识是关于"是"的问题，这可能意味着管理学知识难以完全还原为物理等自然科学知识。

最后，管理学更加重视实践和结果导向，而结果取决于集体活动和人的设计思维。因此，管理知识既要从知识论中吸收一般科学的普遍性知识，也需要考虑学科特殊性，结合自然科学知识、社会科学知识和人文学科的知识，探索自身知识规律。

本章我们将介绍主要科学哲学思想及其争论，读者可以从这些不同的科学哲学思想中找到共鸣、启发或者开启自己新的反思。由于科学哲学试图发现科学产生的规律，所以了解科学哲学将有助于揭示管理知识产生的规律。

2.1 主要科学哲学思想

2.1.1 逻辑实证主义

1. 逻辑实证主义的核心思想

20 世纪以来，科学哲学思想经历了几次大的变迁，从逻辑实证主义主导进入后逻辑实证主义阶段，各种哲学思潮涌现：证伪思想、整体论、理论负载、社会建构主义与诠释主义、问题导向的科学等。

20 世纪 20 年代，逻辑实证主义出现，并成为 20 世纪 20 年代至 50 年代科学哲学的主导流派。逻辑实证主义主要由德国的柏林学派、奥地利的维也纳学派以及波兰的一些哲学家发起，包括：柏林学派的赖兴巴赫（Reichenbach）、亨普尔，维也纳学派的卡尔纳普（Carnap）、费格尔（Feigl）等著名哲学家。他们大多是物理学家和数学家，也是科学特别是新物理学的崇拜者，他们意识到了当时新出现的相对论和量子力学对经典物理学的冲击，因此试图从逻辑实证主义角度回答科学的本质，以及如何产生可靠的知识。

逻辑实证主义是逻辑和实证两个核心词汇的组合，这反映出逻辑实证主义希望把知识的两个类型加以整合。在第 1 章中，我们介绍了基于逻辑的形式科学如何产生先验知识以及基于经验的知识。逻辑实证主义把形式科学的符号逻辑纳入，主要是为了使用形式语言实现类似于符号逻辑的精确分析。实证这个词来源于孔德（Comte），孔德对形而上的传统哲学持怀疑态度，他认为知识来源于经验，其观点继承了休谟的经验主义。因此逻辑实证主义旨在实现科学的精确性表述，同时坚持一切知识来源于经验。

逻辑实证主义区分了科学活动的"发现语境"和"证立语境"（context of justification），前者是科学假设发展和提出的过程，这种发现活动涉及非逻辑性的思考；后者是科学假设评价和检验的过程，依赖于逻辑推理。实际的科学发现活动常常并不满足逻辑推理的严谨性要求。逻辑实证主义把科学研究活动的范围局限于科学证立活动。因此，他们并不试图解释科学发现是如何产生的。

逻辑实证主义认为科学中的模糊性和不确定性源于语言的不清晰。因为使用了不清晰的语言，很多陈述的意义变得难以被准确理解，因此也就难以检验和证立。好的科学提供解释世界的可靠知识，而后者依赖于好的证立标准。为了使科学活动符合逻辑思维，逻辑实证主义提出好的证立推理标准应该可以重构为满足现代形式逻辑的科学推理标准。实证主义与经验主义一样，认为知识来源于经验。但是实证主义不同意经验主义把源于经验感知的观念作为思维的单位。实证主义认为语句才是意义的基本载体，词的意义必须在语句中去理解，语句才是具有真假检验意义的陈述。因此实证主义对意义的解释，就是所谓的"意义的可检验理论"。

逻辑实证主义区分了两类陈述。一是可直接由经验检验真假的陈述。例如，我看到了蓝色的天空。二是不可直接由经验检验的陈述。例如，对抽象的理论概念的陈述。对于这些理论概念，逻辑实证主义提出通过其他替代的可观察的经验陈述来间接检验。这种把理论陈述转化为观察性的经验陈述的过程，主要依赖于形式逻辑。因此，逻辑分析变得非常重要，科学家需要严谨的逻辑推理来建立经验陈述与理论陈述间的关系，并确保当且仅当观察的经验陈述为真时，理论陈述为真。这样才能确保，通过对经验陈述的检验，来推断理论陈述是否为真。这类建立理论陈述与经验陈述间形式逻辑关系的陈述，是分析命题，它们的真假只取决于逻辑，而不是经验。在这里，逻辑实证主义区分了分析命题与综合命题。分析命题的意义是语句自身的结构[①]就能确定的，其真假判断仅依赖语句的逻辑。而综合命题的意义及其真假依赖经验才能判断。例如，白天鹅是白色的（分析命题）；所有天鹅都是白色的（综合命题）。

2. 逻辑实证主义的覆盖律解释模型

如前所述，逻辑实证主义认为知识源于经验，结合逻辑和经验共同解释与预测世界。逻辑实证主义如何解释世界呢？逻辑实证主义的代表人物之一亨普尔提出了覆盖律解释模型。亨普尔认为科学解释应该按照演绎逻辑，建立前提与结论

---

① 分析命题中，主词和谓词间具有包含的关系。

间的确定性关系,前提就是对结论的解释。亨普尔覆盖律解释模型的基本结构是:基于一个或多个普适定律以及经验事实(初始条件)两种前提陈述,推理出被解释现象的陈述。

普适定律(L)、初始条件(E)和被解释现象(C)的推理关系,在覆盖律解释模型中的一般形式如下:

普适定律:L;

初始条件:E;

因此,被解释现象:C。

具体到管理实践中,如我们发现创业企业失败了,想要解释这一现象,可以从一个普适定律(合法性是创业企业跨越失败门槛的必要条件)和一个初始条件(初创企业没有建立合法性)出发。按照覆盖律解释模型,我们提供的一种管理解释的形式如下:

普适定律:合法性是创业企业跨越失败门槛的必要条件;

初始条件(特定事实):初创企业没有建立合法性;

因此,创业企业失败了。

3. 覆盖律解释模型的局限

本书第4章管理中的因果,会更详细介绍覆盖律解释模型的挑战,本部分简要归纳覆盖律解释模型的一些局限。

(1)覆盖律解释模型对因果关系的解释存在一定的缺陷。覆盖律解释模型中至少需要一个普适定律解释"为什么"这一关系发生;而关于"为什么"的问题常涉及因果关系解释,按照休谟的观点,因果关系是不可观察的。因此,逻辑实证主义认为知识来源于经验,但是其却不能通过经验感知解释因果关系从何而来。

(2)覆盖律解释模型可能存在无限倒退问题。覆盖律解释模型认为普适定律提供了被解释现象的解释,被解释现象事实上提供了对普适定律真理性的新证据。但是回想第1章无限倒退问题和"乌鸦悖论",覆盖律解释模型同样面临普适定律如何产生的问题。"乌鸦悖论"也告诉我们,新的证据可能未必增强我们对定律的信心。

（3）经验科学的还原性受到挑战。覆盖律解释模型强调了普适定律和演绎逻辑在解释现象中的核心作用，也即它遵循知识发展的金字塔结构，认为知识之间存在层级关系。按照这一解释模型，所有的知识最终都可以还原到更加基础的知识（如物理学）。但是在管理实践中，多重实现的问题以及整体论的兴起，对还原论产生了极大的冲击。到20世纪70年代末，逻辑实证主义已经衰落。

综上，逻辑实证主义的主要观点包括：①采用符号逻辑使科学语言清晰化和可被检验。②区分了分析命题和综合命题，强调综合命题以经验为基础、分析命题以逻辑为基础建立理论陈述与经验陈述的逻辑关系。③把预测作为科学的目标，认为解释与预测对称。④经验科学可还原为物理学，实现科学系统的统一。但是逻辑实证主义面临上述挑战，这些挑战已经使得逻辑实证主义失去了它在科学哲学上的主导位置。其中主要的挑战包括无限倒退问题，以及不可还原问题和整体论的出现。

【观点与思考】

回想第1章关于逻辑知识的内容。根据杜萨（Adrian Dusa）对清晰集的论述，任何日常使用的普通语言都可以通过一些基本的逻辑定律和特殊的语言转换成数学语言，并且用两个值：真和假，来对语句的真值进行判断。真和假这两个值的出现，可以追溯到中国传统哲学的"阴阳"概念，它揭示了自然界中持续存在的二元性。后来，西方哲学家、数学家莱布尼兹也提出了相似的思路，他深信这种符号的意义，基于此发明了二进制（1，0）数学。莱布尼兹终其一生致力于发展这个二进制体系，其中1代表好，0代表坏。在他最后的岁月里，他成为二进制体系最虔诚的信徒。与中国阴阳哲学相似，莱布尼兹认为的世界是一个好与坏之间持续斗争的世界，他相信数学的二元系统有一个神圣的起源。

莱布尼兹的研究一直未被重视，直到19世纪中叶（150年之后），数学家布尔发展了二进制系统，使之成为逻辑学和数学的有用工具。但是布尔的系统也一度被同行所忽视，又过了几十年之后，才被麻省理工学院诉诸应用。莱布尼兹和布尔都远远领先于他们所处的时代，其研究成果已广泛应用于计算机等领域，并持续影响着今天的世界和人类实践。

谈谈你从阴阳哲学以及二进制数学中得到的启发，你认为管理世界是二元的吗？管理实践可以用二元充分地解释吗？

2.1.2 "证明"问题与证伪主义

逻辑实证主义遭遇的另一大挑战是"证明"问题。率先对"证明"问题发起攻击的是哲学家波普尔,这是一位经常与维也纳学派进行交流对话的哲学家。波普尔认为与其他演绎推理一样,逻辑实证主义面临一个问题:演绎依赖的一般陈述(普适定律或假设)依赖于归纳。而归纳不能由理性推理证明,即休谟归纳问题。波普尔提出放弃寻求充分证明理论的企图,转而建议科学家们专注于证伪理论假设。虽然不能从有限的证据证明理论,但是可以从有限的证据证伪理论。波普尔基于充分条件假言推理的有效形式,根据否定后件式有效推理,论证了证伪的有效形式:

如果理论假设 P,那么有限数据 C;

非 C;

因此,非 P。

对于理论假设 P,我们虽然没有办法证明它,但是我们可以依赖演绎逻辑和有限数据(C)证伪它。波普尔把这种研究描述为一个猜想与反驳的过程:研究者先对世界进行理论猜想,然后再寻求证据设法证明理论猜想是错的。如果理论假设被推翻了,那么它就应该被抛弃。相反,如果理论假设没能被推翻,这个假设就被暂时确认了(corroborated)。波普尔用确认取代证明。他认为,虽然这样的理论确认在逻辑上并不意味着这个假设在下一次检验中不会被证伪,但通过证伪可以逐步逼近正确的假设。波普尔将猜想与反驳过程比作自然选择:随着不适应的错误理论被淘汰,留下的理论假设将具有更强的竞争力。

逻辑实证主义与波普尔的证伪主义都采用了覆盖律解释模型,差异在于前者强调对普适定律的不断证明,进而放大先前的理论适用范围,而后者则认为这不可能做到。证伪主义把科学引向大胆猜想来纠正理论失败,而非不断证明普适定律的解释力,这也削弱了逻辑实证主义强调的科学的可累积性。

2.1.3 还原论与整体论

1. 两个教条与整体论的提出

在社会科学中,对人及其社会活动的研究存在两种对立的观点:还原论与整体论。20世纪50年代，奎因（Quine）批判了逻辑实证主义的"两个教条"：一个是分析命题与综合命题的区分，另一个是还原论。首先，奎因认为不存在区分分析命题与综合命题的清晰边界。其次，奎因认为应该用整体论取代还原论。逻辑实证主义采取了还原论主张的知识证立观，即上层命题蕴含在基本命题之中，最终都可以还原为基本命题。还原论是一种哲学观，认为现象之间的联系可以用其他更简单或更基本的现象来描述。它也被描述为这样一种哲学立场：一个复杂的系统等于其各部分之和。可以分为三个方面来理解还原论：本体论的还原论，认为整体由最小的部分组成；方法论的还原论，试图从更小的实体的角度提供科学解释；理论还原论，认为一种新理论并不取代或吸收旧理论，而是将其简化为更基本的术语。如融贯论所述，这种还原论忽略了个体命题与命题系统间的关系。奎因指出逻辑实证主义的经验观太过简化，而假设和观念是以整体的形式与经验形成联系的，因此逻辑实证主义必须被整体论的经验主义取代。整体论认为任何事物只有放在其所处的整体中才能被理解。因此，整体主义者提出了有意义的整体性经验主义理论，也即陈述（命题、假设）之间是一个整体，它们构成了一个陈述的复杂网络，整体上与被观察到的现实对应，因此只有对这个陈述网络进行整体性检验才有意义。换言之，对孤立的单个陈述的检验是无效的。根据整体论，当我们在对单个陈述做检验时，需要做很多相关假设。因此，看似在对单个陈述做检验，实际上是对复杂的并发陈述做检验。当假设没有通过检验时，只能说明是复杂的并发假设被证伪，并不能指向哪个具体假设是假的。因此，当经验与科学假设冲突时，我们修正科学的路径是多元的、不唯一的。

2. 管理现象具有不可还原性特征

与还原论学者一致，个体主义者认为人在组织、社会层面的活动及社会规律可以还原到个体层面的活动及基础规律加以解释。但是，整体主义者提出管理的组织和社会活动中，有两个不可还原为个体来解释的现象：联合行动和规范性。

1）个体主义

穆勒（Mill）认为不存在个体属性之外的社会属性。这种还原论的个体主义者将人类的社会活动认为可分割的整体，因此认识社会活动本质上就是认识个体的属性和活动规律。

穆勒在其著作《逻辑体系》中提出：社会现象的规律是也仅可能是人类在社会状态中统一起来的行为和情感的规律。然而，在社会状态下，人仍然是人；他们的行为和激情都服从于个人的自然法则。把人放在一起，并不会变成另一种具有不同性质的物质……在社会中的人除了从个人的自然规律中衍生出来，并可能被分解成这些规律之外，没有其他属性。

个体主义者强调了人的自然属性，但是却忽略了人的社会属性以及社会关系的不可还原性。人类的社会活动不仅包括人的物理属性，更重要的是它包括人与人之间的社会关系。正如马克思所言：人的本质是一切社会关系的总和。因此需要从主体间"关系"的角度而不只是"自然属性"的角度去理解组织的活动。例如，同样的两个人，在合作、互不相干与竞争等不同关系下，他们的组织活动结果显著不同。这也说明了人的社会活动并不能唯一地还原为个体的自然属性。

2）整体主义

（1）管理作为一种有组织的社会活动，经常需要个体组织起来开展联合行动。这种联合行动可以解决个人不能独自完成的事情，这说明组织存在一些社会现实和社会属性不可还原为个体的理论来解释。

法国社会学家杜尔凯姆（Durkheim）就明确指出，集体活动中存在社会现实和社会属性，它是不能由个体属性的简单加总所反映的。因此，整体主义者认为集体社会现象作为一个整体，需要社会层面的解释。如果要把集体理论还原为个体理论，就需要把所有集体概念用个体概念定义。两个原因导致不可能实现这种完全还原。一是"余项问题"。一些集体概念不能直接解构为个体概念，这就需要借助中间层集体概念，但是这些中间层集体概念可能又需要其他集体概念定义。因此就会出现总有一些集体概念是不能被定义的余项。二是多重实现，即管理中的集体活动可以由个体活动的多种方式实现，也即管理活动将不能由个体活动唯一定义。关于复杂性管理的研究也指出，实现同一结果的路径是多元的。比如，不同组织可以采取不同的组织结构实现高的绩效。因此我们就没有办法简单地把组织绩效在个体层面上唯一定义。在整体主义看来，管理理论还原为个体理论是不可能实现的。

（2）管理等社会活动的规范性具有不可还原性。规范主义认为社会科学与自然科学有很大的不同，管理等社会科学研究的对象是具有能动性意识的主体（subject），这不同于自然科学研究的无意识的客体（object）。规范主义认为对社会世界（social world）的充分解释必须包括规范，也即社会科学并非价值中立的。规范主义关注行为人应该做什么，而自然科学关注是什么的问题。例如，在组织中，行为人应该根据组织规范、价值观、规则和目标来行事。这类"应该"行为不能还原为"是"，也即规范或规则不能被认为就是行为模式。例如，规范主义认为应该做什么是不可以还原为由多数人做什么推导出来的。因为规范所规定的标准可能与大多数人的行为不同，甚至多数人的行为也可能是错的。在规范主义看来，更多事实不能等同于正确，也即规范是一种截然不同的"社会现实"，不同于任何个体的信念、态度或行为。

【观点与讨论】

有一种观点认为在个体与集体的关系中，在机械可分的任务上，个体理性似乎就是集体理性；在社会越来越呈现网络化、生态化的时代，在相互依赖的集体活动中，个体理性是不能代替集体理性的。你认同吗？为什么？

3. 复杂系统：还原论与整体论的结合

复杂系统管理近年来开始受到学界重视。复杂性概念产生于20世纪，近年来由于经济管理复杂性、生态化发展日趋明显，复杂性和复杂系统概念又开始被广泛关注。复杂性是指多种因素相互依赖共同形成整体。钱学森认为凡是不能用还原论单独解释的问题都是复杂性问题。西蒙（Simon）指出复杂性概念在20世纪经历了三个发展阶段。第一个阶段，在第一次世界大战后，此时复杂性呈现强整体主义，认为整体大于部分之和。第二个阶段，在第二次世界大战后，复杂性仍坚持整体论，但是对还原论也开始持有中性的立场，关注反馈和自我稳定在复杂系统维护中的作用。第三个阶段，复杂性聚焦于创造和维持复杂性的机制，以及描述、分析与解释复杂性的分析工具。当前，我们认为复杂性概念进入第四个阶段，即用于分析管理等社会科学中的因果复杂性问题，如研究生态系统等复杂系统问题。

西蒙区分了强整体观和弱整体观，并认为存在大量的复杂系统符合弱整体主义的解释——复杂系统的组成部分存在相互联系，这些联系在它们独立存在时是不会产生的，也即在弱整体观下，整体论与还原论是统一的。西蒙指出了层级复杂系统是高效和稳定的，在层级复杂系统中，子系统间是近乎相互独立的，以及短期运动的子系统与更慢运动的整体系统间也是独立的。在这种弱整体现象下，还原论原则上是可以使用的。

还原论与整体论的争论，体现在管理活动中的个体与整体的关系上，也表现为社会学中长期关注的"结构与能动"的关系问题。一方面，社会结构作为一个整体，定义了信念、价值观、规范和制度等个体能动者的活动环境，个体因此需要适应环境，整体也不能简单地由个体加总得到。另一方面，社会结构本身是个体活动的结果，个体可以创造性地产生或者塑造结构。

2.1.4 理论负载问题

逻辑实证主义认为观察是价值中立的，因此通过经验观察，可以客观地评估和检验理论假设。但是一些哲学家认为观察者本身是理论负载的。哲学家汉森（Hanson）认为观察者拥有的知识不可避免地会影响其观察。库恩也认为经验本身就受到观察者信念和理论的影响。理论在科学观察过程的所有阶段都可能会起作用。如果存在观察的非客观性，理论将不能被客观地检验，理论间可能也无法进行客观的比较。

关于理论负载问题，简单地说，一个人既有的知识，会影响他的观察和理解，导致出现观察难以客观和独立的现象。一个经典的例子是识别图 2-1 中两个单词中的中间字母[①]。根据试验，大多数人认为第一个单词的中间字母是 H，第二个单词的中间字母是 A。其实两个单词的中间字母是一样的。出现这种现象的原因就是我们学过英文知识，已有的知识让我们把第一个单词认为是 THE，第二个单词认为是 CAT，进而影响到我们对单个字母的判断。爱因斯坦曾指出理论决定我们看到的世界。理论负载问题可能会使观察者戴着"有色理论眼镜"看世界或者陷入不带理论的经验主义。因此，这就产生一个问题——我们能否客观观察。

THE CAT

图 2-1 理论负载问题示例

理论负载视角认为我们面临难以获得独立客观观察数据的挑战。但是多数哲学家更愿意接受一种折中的立场，即我们虽然不能完全做到客观中立，但是可以把理论负载控制在一定范围内，并因此可以通过科学研究揭示观察的机制。

---

① BECHTEL W. Philosophy of science[M]. Hillsdale, NJ: Erlbaum, 1988.

【观点与争鸣】

少数与多数的关系，尊重与真理的关系。列宁（Lenin）曾说，真理往往掌握在少数人手中。柏拉图说，真理可能在少数人一边，尊重人不应胜于尊重真理。换句话说，不能用"多少"简单地判断真假，真理起源于少数人的先行探索和先知先觉，多数人做的事常常可能是不对的。社会科学也需要少数专家的真知识。正是因为少数专家更接近真理，社会的纠偏和改良方向才更加科学。因此，专家应该得到尊重。但是，如果对专家的尊重胜过真理，社会也可能产生盲信，并偏离真理本身。少数"专家"的错误，可能演变为多数人的错误。我们需要处理好"少数与多数的关系，尊重与真理的关系"，让多数和尊重不成为知识创新者的玻璃天花板。

2.1.5 库恩的范式革命

库恩首先把科学史引入科学哲学的研究。传统科学主要关注理论与证据的关系，并认为好的理论是那些得到证据支持的理论。库恩认为这是不符合科学实际的天真想法，他提出需要引入历史的视角分析实际的科学历程，才能发现科学发展的实际规律。库恩认为科学的目标不是证明也不是证伪，而是理论与自然匹配。与证伪主义一样，库恩也不认同科学知识是一个稳定和持续的线性累积过程。因为科学史上也出现过多次科学革命，如哥白尼推翻了地心说等。通过对科学历史的研究，库恩提出了科学原理发展的五个阶段，包括不成熟阶段、常规科学（normal science）阶段、范式危机阶段、科学革命阶段以及危机解决阶段（进入新的常规科学）。这五个阶段呈现出显著不同的两类活动：规范科学活动和科学革命活动。前者属于在范式内开展的渐进式科学发展活动，后者是在范式间发生的科学突变活动。

其中，科学从不成熟阶段发展到常规科学阶段，被认为是一个范式确立的过程。在《科学革命的结构》一书中，库恩将范式定义为一个研究共同体成员所共享的基本理论假设、价值、方法等的集合。研究范式一般包括四个要素：达成共识的基本假定、通用的研究方法、共同的研究问题、专业的研究群体。库恩特别强调科学教科书作为"范例"对确立范式的作用。范式一旦确立，就提供了学术共同体的"一张研究路线图，以及绘制路线图的一些基本方向"。

在常规科学阶段，共同体可以较容易地分辨出科学研究的质量，科学发展呈现出渐进性的累积特征。在此阶段，科学家不会质疑范式的问题，他们会把范式当作理所当然的规范，在范式之内去解释现象，并且这种常规科学也可以解决理论与现象间出现的小分歧。库恩指出常规科学并不会发展出新理论。

当现有的范式不能合理地解释常规现象时，将会出现范式危机，进而引发范式革命。库恩认为当旧范式危机出现并且出现新的替代范式时，科学革命将发生。在科学革命阶段，旧的范式被打破，需要重新建立科学范式。范式变革后，新的标准诞生，形成变革前后两类完全不同的范式标准：它们使用不同的学术语言、标准、规范和方法，甚至很难将它们进行直接比较。范式革命呈现出革命性的非累积性特征。但是新范式的发展过程必然会遭受既有范式的挑战，其初期是脆弱的。因此对于新出现的研究范式需要保护，直到它们有机会独立发展。

库恩认为科学革命前后的不可比性，一个主要原因是科学范式间的不可通约性。不可通约性是指范式间缺乏一种通用的公认标准，因此无法进行比较。这是因为：①不同范式的学者使用不同的沟通术语，即便是相同的术语，它们的意义也可能会不同。②不同范式的学者使用不同的科学论证标准。在一个范式下被认为科学的标准和公认原则，在另一个范式下可能是错误的。例如，牛顿机械力学基于时间与空间是独立的并且都是绝对的存在，爱因斯坦相对论则认为时间与空间并不是独立的，它们各自也不是绝对的。

库恩指出了科学范式间具有不可通约性，因此他的科学理论也被称为相对真理观。这里的相对真理，是指不同范式依据不同原理、标准、方法，对于理论假设及其真假的判断也是不同的。那么，如何用范式和相对真理解释科学进展呢？库恩提出采用问题解决能力的判断标准，如果相较于旧范式，新范式具有较强的问题解决能力，也就表明产生了科学进展。

科学理论一定要提供因果解释吗？在库恩看来，在一些范式下，需要提供因果解释，在其他范式下，因果解释可能就是不必要的标准。例如，大数据分析已经被广泛运用，但是大数据分析并不提供因果解释，大数据分析的底层思维是一种分类思想。牛顿机械力学提出的万有引力公式只是提供了对引力的数学表述，牛顿自己也承认他并不知道万有引力为什么会发生。

库恩的科学范式理论也间接催生了社会科学的文化相对主义。文化相对主义认为各国家、区域和组织的文化不同，它们的信仰、价值观、规范等存在显著差异，对于什么是特定文化下的真理会有不同的标准。换言之，在一个文化下合适的行为，在另一个文化下可能是不恰当的。

本书认为一些真理是普适的，一些是相对特定文化的。伦理、规范等嵌入特定文化，属于相对真理的范畴；逻辑等是先验的，不受具体的经验影响，属于普适真理的范畴。

2.1.6　实在论、社会建构主义与诠释主义

逻辑实证主义的本体论是实在论，其认为在人的观念之外存在独立的实在世界，科学研究是价值中立的，科学研究的任务是对实在世界提供准确的描述和解释。社会建构主义认为社会现实并非独立于科学语言之外的世界，而是部分由科学建构的。社会建构主义认为，经验主义者采用的定律和假设检验方法并没有考虑到社会现实的主观性。社会学家马克斯·韦伯（Max Weber）就指出，定律并不是社会科学研究所必需的。

诠释主义认为研究者的专业语言和被研究者使用的语言是两种不同的语言。实证主义者认为可以通过理论和中立的观察建立两种语言之间的关系。但是，诠释主义指出，语言已经深深融入社会生活。语言和行为相互嵌入构成了社会事件。诠释主义社会科学的目标是对文化进行"深描"，从而在解释者的语言中表达使研究对象的社会世界有意义的各种关系。诠释主义也认为解释总是非中立的。用一种方式解释的现象在不同文化中总是可以重新解释为不同的意义。本书第3章将单独介绍诠释主义。

承认知识具有社会建构的成分，与承认知识的客观性并不矛盾。因为社会建构的背后是客观现实。传统认识论追求知识的可靠性，它们试图将社会现实中的不确定性和非理性因素排除在知识之外。社会建构主义和诠释主义等更强调社会科学中的不确定性、偶然性、主观性等特性。它们与实在论之间存在互补性而非替代性。

2.1.7　问题导向的科学

前面的讨论意味着逻辑上我们不能证明理论，甚至也难以证伪理论。哲学家劳丹（Laudan）就认为我们不能评价后来的理论相较于先前的理论是否更接近真理。因此，劳丹提出科学的主要活动是解决问题，解决问题的过程驱动了科学进步。劳丹认为同一研究传统内对世界本源有共同的本体假设，并基于共同的方法论修正和发展理论，不同的研究传统则提供了解决问题的不同知识。基于逻辑与

经验的区分，他认为科学发展过程中可能会出现两种问题：经验问题和概念问题。经验问题指理论在经验上失败了，概念问题指理论内或理论间出现了逻辑的不一致。劳丹认为科学发展主要就是评价在解决上述两类问题上，哪种研究传统的进展更好。

2.2 人工科学、设计思维与管理知识

认识论和科学哲学思想的进展为管理知识的发展提供可以借鉴的基础知识。管理学可以从这些哲学思想中获得启发，从而进一步构建自己的学科知识。然而，管理实践活动的确定性程度存在差异，管理确定性的管理惯例和不确定的创新性活动需要不同的知识。创新具有高风险性，而传统知识强调确定性。管理知识可否以及如何实现确定性？又如何拥抱不确定性？管理知识能否通过还原到更基础的学科来实现知识产生？一种观点认为，社会科学中，集体行动、规范等不可还原，那管理的集体活动能否还原到个体活动加以解释？

纯粹依靠符号逻辑演绎出来的知识，能否完全解决管理实践问题？管理学知识中，常常有看起来不科学的知识，如通过归纳而来的综合分析工具：五力模型、SWOT [优势（strengths）、劣势（weakness）、机会（opportunities）威胁（threats）] 等。它们非常受有经验的学员 [MBA（工商管理硕士）、EMBA（高级管理人员工商管理硕士）] 和实践者认可与欢迎，这是为什么？从演绎与归纳获得管理知识，哪个对管理有用，哪个更可靠？如何解决管理知识的有用性与可靠性的悖论？

2.2.1 人工科学与设计思维

如前所述，越来越多的学者注意到社会科学与自然科学的差异。一方面，包括管理在内的社会科学更注重意义、规范等价值层面的研究。另一方面，西蒙进一步提出人工世界与自然世界的差异。我们生活的世界很多方面是人造物，称为人工世界。例如，我们通过人造系统居住在一个温度适宜的环境中，生活在一个人造的美丽小区中等，这些都是人工世界。这些人工世界是由于服务于人的目的而产生的。西蒙提出研究人工世界的科学应该是不同于自然科学的，并提出了人工科学。自然科学研究的是世界本来的存在，即自然现象、自然属性，以及它们之间的相互联系。人工科学承认这些自然规律，但是同时也指出人类活动是有目的性的，且人具有创

造性，会不断地建构人生的意义。人工科学是研究人造对象和现象，从中产生知识的科学。人工科学是研究"应该"问题的科学，关注事物应该如何进展，我们应该做什么，如何做才能实现人的目的。

因为要实现人的目的，西蒙认为人工科学更强调综合、艺术和设计，而非自然科学强调的分析和自然。我们经常把各种物质或者非物质的艺术，通过设计思维综合起来创造人工物来实现服务于人的目的。

人工科学以服务于人的目的为出发点，因此在推理逻辑上，人工科学与自然科学不同。在第1章我们已经讨论了几种推理逻辑，并且指出了自然科学主要是演绎逻辑。我们也讨论了逻辑实证主义主要关注知识证立，而把知识的发现排除在外。汉森认为我们应该重新关注知识的发现和探索，而且他主张采用皮尔斯的溯因推理，从新颖的现象出发寻找理论解释，并对发展理论进行假设。费耶阿本德（Feyerabend）认为，聚焦于知识的证立不足以出现大的创新，因为常常是既有规则的突破者改变了世界，促进了颠覆式创新。

人工科学以服务于人的目的为出发点，这就意味着它往往是从结果出发寻找可能的原因，即实现人工物的路径。因此在人工科学领域，我们将依赖溯因逻辑和归纳逻辑。溯因逻辑指导我们在众多替代方案（路径）中搜寻满意的方案；归纳逻辑指导我们综合思考，设计实现人工创造的系统方案。认识到人工科学与自然科学的差异之后，西蒙认为人工科学与传统的工程专业有很多共性，因为工程学院是教如何设计、制造人工物的学院。西蒙也批判了不区分自然科学与人工科学而出现的一种荒唐的导向：自然科学把人工科学从专业学院课程中挤了出去。20世纪六七十年代非常流行的趋势是：商学院变成了数学学院，工学院变成了物理学院，医学院变成了生物科学学院。西蒙认为，在解决复杂问题时，人们依赖启发性原则简化过程，来寻找解决方案。启发具有以下特征：简化过程以找到成本可接受的解决方案；不保证解决方案正确或者一定能找到解决方案。

人工科学强调设计思维。设计是强调事物应该是怎样的，而非事物是什么。设计逻辑与自然科学中的演绎逻辑不同，因为关于"应该"的问题不能还原为关于"是"的问题。西蒙提出，设计思维重在寻找满意行动方案而非最优方案。考虑到资源的稀缺性，成本与收益分析是设计需要考虑的一个满意标准。达到满意目标的路径是不唯一的，因此旨在找到实现满意目标的充分条件而非必要条件。

2.2.2　数智时代与管理生态化

数智时代管理面临新的发展机遇和新挑战。科学技术的飞速发展、AI 技术、数字经济的到来，将为企业管理模式带来范式变革，成功进行数字化转型的企业更可能赢得历史性发展机遇。数智时代中，企业面临越来越复杂的数字生态环境，即数字环境、AI 技术与战略、组织等多个管理要素相互作用形成复杂动态的生态系统，共同决定结果，这将深刻地影响管理模式从机械式向生态化转型。管理决策面临复杂性、动态性和经验数据有限性三个挑战：①在数智背景下，AI 与大数据等数字技术渗入组织结构、人力、活动等方方面面，管理决策需要考虑数字技术、AI、平台伙伴、管理流程、组织结构等要素的相互作用和组合。②组织环境和要素不断变化，并且随着经济全球化进程、数字化技术发展，各环境、组织要素变化的周期缩短，范围和强度加大，受彼此影响带来的变化也越发明显，剧烈的动态性给管理决策带来了新的挑战。未来需要将动态变化纳入分析，为管理决策提供动态依据。③在复杂动态背景下，管理者需要具有"未来已来"的思维，超前设计未来，但在做决策时所能参考的现实经验信息和依据是有限的，逻辑上可能的世界往往超越现实世界的观察，这为决策带来挑战。

AI 和大数据会最终替代人及其决策吗？要回答这个问题，需要从知识的角度理解数字技术的本质。毫无疑问，机器学习等人工智能基于先前数据进行学习产生了可能的智能化决策。但是我们可以从 AI 和大数据分析依赖于对先前数据的归纳，推理出它们将会遭遇休谟归纳问题。从逻辑上说，若有 n 个事件，每个事件存在发生和不发生两种可能，总体上则构成逻辑上 2^n 个可能的世界，如果每个事件是连续变化的，那可能的世界是无限多的。但现实世界所能观测的情况是有限的。现实世界的有限多样性问题会导致管理决策时，可依照的经验信息无法覆盖所有的逻辑可能世界。考虑到我们无法穷尽和归纳所有可能，因此在逻辑上，大数据和 AI 也不可避免地会遭遇休谟归纳问题。

如果我们将这个世界分为可观察的世界与不可观察或者尚未观察的世界，那么 AI 和大数据基于可观察的世界的分析，也就不能保证对于不可观察或者尚未观察的世界也同样适用。例如人脸识别技术，对于容貌变化很少的人，它可以准确地识别，倘若人进行了整容，它可能就难以准确识别了。考虑到管理现象的复杂动态变化特征，以及面向未来的特点，任何 AI 和数字技术可能也无法取代人的创造性。

在设计科学范式下，管理总是围绕人的需求设计和开展一系列活动。管理实践为了持续地创造顾客价值，需要进行持续的创新，设计管理实践应该如何开展。因而管理一方面会紧紧围绕人的目的利用科学知识；另一方面依赖归纳逻辑和溯因逻辑，系统搜索和综合设计方案以更好地创造价值。管理学知识需要考虑到服务于人的目的性。管理学是为了找到实现某种目的的解决方案，而不仅是为了演绎出确定的知识。因此，管理学需要关注知识的发现，采用溯因逻辑而不单是演绎逻辑。

【观点与思考】

（1）原创与解决"卡脖子"问题。中国知识创新已经从跟随、并跑阶段到急需超越的阶段。一系列核心的技术仍然存在"卡脖子"问题。回顾西蒙提出人工科学的过程，就会发现他首先对比了自然科学研究的自然世界与人造世界的异同，进而提出人工世界的原创性研究问题，从而发展出人工科学。从知识论角度思考：中国应如何开展原创研究？逻辑哲学能否为我们提出更基本的原创问题提供思路？为什么？科学哲学与具体学科的交叉，可否以及如何助力"从0到1"的创新？如何发现管理学的原创问题并推进发展？

（2）自然科学主要是演绎逻辑，创新导向的管理学则特别依赖归纳逻辑和溯因逻辑，设计思维和创新管理实践需要服务于人的目的性。因为这些差异，管理学发展与自然科学发展的路径会有差异吗？思考管理学能否还原为自然科学？管理学应如何利用自然科学实现自身的发展？

2.3 非此即彼、人性假设与管理知识

（1）传统二值形式逻辑和排中律。认为任何命题要么为真，要么为假，即非此即彼。按照传统二值形式逻辑，传统人性假设把人二分，如自利与利他；好人与坏人；勤奋与懒惰。基于不同的人性假设，进而发展出不同的管理理论和制度。例如，基于自利人假设，管理学发展出代理理论，假设人有机会就会寻求自身利益最大化，并为此牺牲组织和社会整体利益。为了防止或减少这类道德风险，就需要严格的控制、监督措施，或者采取制度设计让雇员与企业利益一致化，如产权股权激励、员工持股计划等。相反，基于利他的人性假设，管理学发展出管家

理论，认为将雇员和经理等代理人假定为机会主义者是不合适的。作为组织的雇员，代理人会在工作中追求自我价值、自尊等内在目标。他们会把组织利益与自身利益统一起来，做好"管家"，努力工作并与组织共创价值，实现共生。

（2）超越传统的二元逻辑。在卢卡西维茨提出逻辑判断具有第三个真值（既非真也非假）后，目前逻辑体系已经发展出模糊逻辑。用模糊逻辑来表示三个定性状态（真、假、非真非假），以及真假的定量程度。在管理实践中，我们知道华为的任正非提出过灰度管理，强调管理者需要学会灰度，灰度不是"非此即彼"，不是"非黑即白"，而是需要在混沌之中找出方向，需要一定的妥协过程来实现和谐结果。基于多值逻辑和模糊逻辑，新的人性假设是什么样的呢？它会如何影响管理理论的发展和管理实践呢？目前这方面的研究还很缺乏，但是可以预期这类管理知识的探索对于理论和实践将会产生非常重要的价值。

【本章要点】

管理是一门科学，也是一门艺术。自然科学知识是关于"是"的问题，常采用演绎推理。管理学更加重视实践和结果导向，且人本身是管理研究和管理的对象，常涉及"应不应该"的问题。因此，管理知识既要从知识论中吸收一般科学的知识，也需要结合学科特殊性，采用人工科学等探索管理知识和复杂管理系统。

【关键概念】

逻辑实证主义；理论负载；整体论、还原论；人工科学；设计思维

【思考题】

1. 是不是理论术语只能转化为一种对应的可观察的术语？有没有理论术语不可以转化为可观察的术语？试举例。如果这种情况发生，逻辑实证主义还能否实现把理论陈述转化为观察性陈述？

2. 演绎逻辑中，通常提供了前提与结果间的确定性关系，也即前提条件满足普适定律，结果必然出现。这是一种决定论的解释。可否把普适定律的解释延伸为概率性的解释？如果可以，如何实现？

3. 科学是判断正确与否的终极标准吗？基础主义与自然主义对是否应该把科学发现纳入认识论并作为分析的内容存在争议。你认为科学思想或其发现是否我

们判断正误和接受其他知识的依据？为什么？

4. 未来知识与计划的可靠性。在第1章我们讨论了人类能否获得未来的知识，"海战悖论"启发我们，站在当下，我们无法确定目前的方案在未来是否有用，我们可以确定的只是它当下是否在用、是否有用。那么管理者还要不要做计划？

5. 现代科学技术进步很快，AI技术、大数据、云计算、物联网等科技的发展将如何影响管理？它们适用于什么环境下，什么样的对象？

6. 1992年，尼尔·斯蒂芬森（Neal Stephenson）在小说《雪崩》提道："只要戴上耳机和目镜，找到一个终端，就可以通过连接进入由计算机模拟的另一个三维现实，每个人都可以在这个与真实世界平行的虚拟空间中拥有自己的分身。"这个虚拟空间，便是"元宇宙"。创造元宇宙的核心目的是通过元宇宙（虚拟世界）实现真实世界的功能。你认为哪种科学哲学观可以接受元宇宙？为什么？

【案例分析】

知识、理想和价值才是国际语言

国际化是塑造与扩大学者影响力的重要途径。然而不幸的是，知识工作者们对国际化的追求往往被异化为在外文期刊发表论文。其原因不外乎两点：①多年来英文论文在世界一流大学和一流学科的"双一流"评选过程中被额外重视，在评价体系中的分量远高于同水平的中文论文。②学校为了发展与排名，进一步在教师职称评聘与奖励、人才引进与评选过程中也将外文论文作为考察与筛选标准的重要指标。由此，定位失当形成了外文论文对绩效评价、奖励和人才评选等诸多现实利益的绑架，并引致学者们对国际化途径与把论文写在祖国大地上的矛盾和迷茫。我们需要认识到，自身的核心追求实际上是知识以及附加在其上的理想与价值。

关注知识的原因：负载于知识之上的人类进步

正如我们在第1章中所论述的，作为认识世界的两大知识体系，科学与哲学的关系密不可分。无论是东方还是西方，诸多思想家、哲学家、科学家对于世界本质规律的探索既能够极大地满足人类自身好奇心，也能够为我们认识和改造世界提供指导。可以说，知识工作与人类的生活息息相关，知识进步铸成了人类进步的阶梯。

知识：逻辑跨越西东

在第 1 章中我们提到，西方哲学中知识论的英文单词 epistemology 来源于希腊词 episteme 和 logos，可见知识有两个来源：逻辑与经验。其中，经验是分"东西方"的，但逻辑是不分"东西方"的。

从经验的角度，知识来源于研究者经验的感知、总结和归纳。研究者的感知、既有经验、价值观、客观性或意义建构，自然会渗透和影响经验知识的产生。所以具体的经验知识也许会因为理论负载、文化和价值观认同、经验可推广性等，难以全球化。而从逻辑的角度，学者可以脱离经验，通过逻辑推理获得真知，这种知识不依赖于具体经验，因此也不局限于具体的情境，更加具备全球化的潜力。

知识：超脱语言载体

就知识的创造而言，并不限于某种语言载体，即并不是研究者在境外就可以产生国际知识，也不是在本土便只能产生本土知识。当然也不是发表在国外就是国际知识，发表在国内就不具备国际性。没"留过洋"、没写过一篇外文的学者也可以是国际化人才。例如，诺贝尔文学奖获得者莫言以中文写作，但其作品的逻辑与思想具有穿透力，产生的知识有价值，便可以翻译成国际语言，成为国际知识。

从历史的长尺度看，国际主导语言出现数次变化，以后世界主导语言是哪个，现在仍是未知，或许要看哪个国家以后政治、经济、社会、科技、文化等知识的发展更强大，对世界的价值贡献更大。近年来，随着中国社会、经济的全面发展，中文在世界范围内的应用场景越发广泛，也支撑了以上观点。所以，"国际主导语言"并非一成不变，无论是中文、英文还是其他语言，只要具有逻辑和价值，都可能成为国际语言。老子、孔子写的是中文，苏格拉底、柏拉图、亚里士多德写的是希腊文，马克思写的是德文，休谟写的是英文。直观上讲，这些都无法称为国际语言，但从知识的逻辑层面讲，这些又都是国际语言。因此，如果一定要定义国际语言，那么大约逻辑更具备国际化功能。知识性好、逻辑通顺，不管最初以什么语言为载体的知识都可以经过翻译通向世界，这些知识往往也是理论和实践能力的体现。相反，逻辑不通，或不具备价值，用什么语言写，也难以被世界接受。

知识：连接伟大理想和价值

每个伟大的学者都有一个伟大的理想。例如柏拉图将正义与善作为理想国的主题，马克思的共产主义理想是实现物质财富极大丰富、人民精神境界极大提高、每个人自由而全面发展的理想社会，社会学家韦伯独创的理想类型，袁隆平"禾下乘凉与杂交水稻覆盖全球"的两个理想。这些伟大的学者都有令人激动的理想，不仅激励着自己也激励着他人。

爱因斯坦曾说："不要争做成功的人，要努力做有价值的人。"在知识的世界里，要探究"唯论文、唯帽子、唯职称、唯学历、唯奖项"这些"唯"现象的原因，反思各种制度是不是过于注重成功导向的功利化评价，并为学者们提供创造更大价值的制度生态。学者们自己也应该自觉超越符号化的成功，努力追求做有价值、有理想的人。亚里士多德曾说："我们的潜力从未被开发完。"如果人类太局限于现实世界的目标，就会忽略还有一个理想的世界，可以让自身充分地发挥想象力。即便不是每个人都有机会去实现、去检验理想，但是绝对有机会充分地去想象、去建构理想，坚信伟大的理想终究有人会去践行。信念是知识和思想的基础，坚守理想信念，方能体验"真理的味道特别甜"。

结语

回归于学术研究现状，昨日"唯海外经历"，今日"唯英文论文"，实质上体现的是"唯知识"的匮乏，如果将"唯知识"作为评价学术知识的标准，其余诸多"唯"都将不复存在。目前以英文论文为主流的范式只是历史长河中一个时间很短的阶段，随着国际实力的演变，主流语言也会改变。基于逻辑和价值的知识与能力、具有穿透力的思想和理想，才是国际语言，才能连接学者们的伟大理想。

学者需要透过现象看本质，未来中国学术思想发展的关键在于能否有引领世界的知识、理想和价值，而不应当局限于外文和外文期刊发表。理论源于实践，又用来指导实践。中国学者需要从中国和世界的联系中探讨人类共同课题，要从中国实践中来，到中国实践中去，把论文写在祖国大地上，为中国发展贡献经验知识和价值，为"构建人类命运共同体贡献中国智慧、中国方案"。

过去我们已经太过简单化、符号化地分类了国际化与本土化，对知识和知识工作者的评价也过于粗糙。爱因斯坦曾说："简单不能过于简单"，大学之道在于"止于至善"。需要修正的方向是：从知识、价值性和理想性上去定义和评价，而不只是从其他来源和符号去功利化地评价成功。人生既要有可实现的目标，更要有不可实现的理想。真正伟大的学者都是追求价值和贡献的理想者，他们都不急着"奔跑"，不唯速度，不唯功利，他们相信理想可能不是自己来实现的，但终会有志同道合的人去实现。他们践行着"功成不必在我，功成必定有我"，因此可以数十年如一日，坚守自己的信念和理想，践行着理想者改变世界的社会科学规律。对于面向未来的、暂时不好评价价值的探索，我们应当给予的，是一颗包容的心。

资料来源：知识、理想和价值才是国际语言[EB/OL].（2021-06-16）. http://www.china.org.cn/chinese/2021-06/16/content_77571611.htm.

讨论题：

1. 知识是有国界的吗？为什么？

2. 你认同逻辑实证主义关于语言和知识关系的阐述吗？用什么语言才可以产生清晰可靠的知识？

第 3 章　诠释主义

【学习目标】

1. 了解诠释主义的内容和发展。
2. 理解诠释主义的研究范式特色。
3. 了解诠释主义研究范式中的代表性研究方法。

【能力目标】

1. 从诠释主义视角提升对组织与管理理论的理解能力。
2. 提升对中国情景下管理现象的研究能力和对本土化管理演化趋势的判断能力。
3. 掌握文化思维能力,提升理论想象力。

【思政目标】

1. 认知当下管理学研究范式的单一性及其弊端。
2. 从发展的角度来思考学科发展和学术研究的社会责任。

【思维导图】

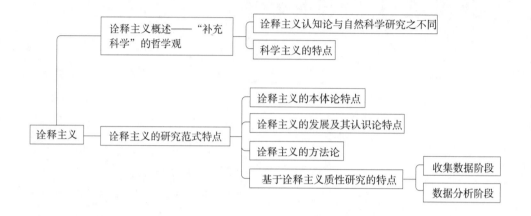

【开篇引例】

金蝶国际软件集团有限公司（以下简称"金蝶"）始创于 1993 年。徐少春是金蝶的创始人和掌门人。20 世纪 80 年代末，他辞掉公务员的"铁饭碗"，只身一人奔赴深圳蛇口进行创业实践，他创立的金蝶发展至今已经成为国内行业领先者，从 ERP（企业资源计划）到 EBC（企业业务能力），金蝶在云服务领域持续探索，屡获国内外知名研究机构的认可。在徐少春的创业和公司发展过程中，他经常提到一句话："有的人因为看见而相信，有的人因为相信而看见。"

金蝶的创立和发展，也使徐少春带着创业梦想和激情在"相信"中不断生长，突破升级，让信念成了现实。

在 2002 年之后，抓住 ERP 业务市场的金蝶快速成长，2008—2010 年 3 年间，金蝶的员工人数涨幅超过了 1 倍。到了 2011 年，金蝶收入增长了 58%，净利润同比增长 43%，创下了历史之最。但是新出现的管理问题和市场变化让徐少春开始思考新的"赛道"。2014—2015 年，金蝶开始聚焦于云战略，相继推出了"云之家"等移动办公软件，进行云转型。2014 年 5 月 4 日，在金蝶总部五四青年节纪念活动中，徐少春跳上公司接待前台，砸掉了电脑，宣告了一场"工作方式革命"，鼓励移动办公、社交办公、共享办公和弹性办公。8 月，徐少春和客户一起抡起大锤砸掉了服务器，宣告成立"ERP 云服务事业部"。软件是过去，云是未来。这一刻，标志着金蝶"云转型战略"开始集中发力。2017 年，徐少春把 ERP 也砸了，这是金蝶历史上砸得最狠的一次。砸掉ERP不仅仅是砸掉一个产品,还意味着砸掉一份之前引以为荣的事业。抛开金蝶20多年的积累不说,很多企业的ERP至今仍在运行。但金蝶就是要自己革自己的命,让"金蝶云"全面代替传统ERP。金蝶的目标是,到2020年,云业务收入占比达到60%,成为一家真正的云计算公司。

另外,早在2008年,徐少春就开始探索中国管理模式,一直坚持至今。他认为,中国管理模式就是每一个中国的企业结合中国传统文化,通过实践探索出来的一套适合自身的管理模式,建立起来的企业自信,建立起来的深层次的文化自信。徐少春认为,中国管理模式和西方管理模式的一个很大不同就在于"正心"。通过"正心"引导员工走向光明。徐少春在金蝶大力推行的"致良知"文化,就是希望每一个金蝶人通过"正己之心",找到本心的光明,光明就是力量。

2018年8月8日,徐少春在金蝶25周年良知与梦想晚会庆典上发表了《让阳光照进每一个企业》的演讲,其中一段话是这样说的:

"由于中美贸易摩擦、去杠杆、去产能等内外因素,很多人对当前的经济形势不够乐观,很多企业也感觉经营压力很大。也有很多同事跟我讲,目前全国各地的GDP增长率都在下降,整体经济遇到很大挑战。但我不这么认为,我常常讲三句话:

第一句话是经济不是在下行,而是在酝酿新的增长。这些年来,中国在新经济领域增长很快,传统经济转型调整是应该的,房地产下行不要奇怪!应该大力推动数字经济发展,加速新旧动能转换,金蝶的创新方向就是要助推这些领域的客户,帮助他们数字化转型。

第二句话是不是没有市场,而是市场发生了变化。我们很多同事说,推广'云产品'的时候,大家都不知道'云'是什么,所以'云产品'没有市场。我说不是没有市场,是市场发生了变化。我们要告诉客户,我们'云'的价值是什么,告诉客户云产品能够帮助公司降低成本,能够催生出新的商业模式。

第三句话是伟大的公司总是孕育在大变局之中。2008年时,受全球金融危机影响,中国经济也曾一度在下行,但后来酝酿了互联网经济的大发展。从去年开始,国内经济又开始面临新一轮压力,企业有所担心很正常。但我认为在这之中,中国经济正酝酿新的成长,数字经济将成为主力军。

市场是经常发生改变的,中国企业就应该顺势而为。很多国外的管理模式很稳定,但到了中国市场不确定性的环境中就失效了。所以,越来越多的中国企业开始赶超国外企业，华为超越了思科，立白从宝洁手中抢回了市场份额，国产家电开始全面崛起，国产汽车也正酝酿新的成长，金蝶在企业云服务领域也超越国外同行……

这是一个怎样的时代？我常说，这是一个风起云涌的时代，这是一个风雨无阻的时代，这是一个风雨同舟的时代，这是一个英雄辈出的时代。改革开放40年，点燃了无数中国人的梦想。'历史从不等待一切犹豫者、观望者、懈怠者和软弱者'，我们唯有无所待而兴起，与伟大祖国同频共振，去干一番伟大的事业，才能不辜负这个千年一遇的伟大时代。"

徐少春对于"中国管理模式"的探索信念以及金蝶勇于突破和不断尝试的"蝶变"经历正印证了鲁迅的那句名言："希望是本无所谓有，无所谓无的。这正如地上的路；其实地上本没有路，走的人多了，也便成了路。"

社会的发展、商业的进步离不开创新创业和企业家精神。管理学研究和学习的内容除了管理现象背后的客观规律，还有人的主观能动性。徐少春在大学期间最爱读的书是法国作家罗曼·罗兰（Romain Rolland）的《约翰·克里斯朵夫》，书中写道，人生所有的欢乐都是创造的欢乐：爱情、天才、行动——全靠这一团烈火迸射出来。这句话，后来成为徐少春的座右铭。

除了徐少春的金蝶，你还知道哪些商业世界的创新创业案例？你对于企业家的创业激情和创造力是怎么理解的？

对于很多初入社会科学领域的学生来说，面对不同的研究范式和哲学视角，很可能会感到其内容的庞杂与博大。而在这其中，相较于自然科学领域的实证研究范式和方法，质性研究和其背后的诠释主义哲学观会冲击人们习以为常的"常识"性观点。相较之下，实证主义的哲学观可能更符合一个没有系统学习过研究方法的理科学生的认知。例如，在自然科学领域的学习者通常会认为事物本身有其内在固定的、可以重复发生的规律；真理是一种可以被认识到的客观存在；可以通过实验、数学模型等科学的量化工具来考察事物的本质规律；主体与客体间是二元分离、具有不可相互渗透的特点等。

作为一个接受过10余年应试教育和具有标准答案思维的学生，你会去质疑数学和物理题目正确答案的唯一性吗？如果突然告诉你，对于相同的一道题，两个不同的学生可以依据自己的理解，用两种不同方法解出不同的答案，而且答案全都是正确的，你会不会觉得有些荒谬呢？或许这样类比并不是很准确，但这在诠释主义的观点中完全可以被接受。

举一个例子：有人请一个数学家、一个物理学家和一个工程师为他修一个羊圈，要求是用最少的围栏围出最大的羊圈。工程师很快就想好了方案，他围了一个圆形的羊圈说："周长相等的所有平面图形中圆的面积最大。"物理学家思考了一会儿，把篱笆拉成一条长长的直线说："假设篱笆足够长，这条直线就能绕地球一周，那么它就把地球围成了两个半球，任何一边球面的面积都大于等半径的圆的面积。"数学家的办法和前两个人又不同，他用更少的木板围了一个很小的圈，然后自己站了进去说："现在我定义我在羊圈外面。"

这个例子虽然有些荒诞，但从不同的视角来看，三个人的办法都没错。这个例子也呈现出诠释主义哲学观的特点——它关注现实存在方式的多样性和理解的差异性，而不是追求唯一正确的标准。本章内容将对"诠释主义"哲学观进行讲解，并展示基于诠释主义发展而来的研究范式和研究方法。

3.1 诠释主义概述——"补充科学"的哲学观

很多人对于研究的印象是：这必须是科学研究，那就要有模型、数据以及严谨的推理与计算，从而得出一个可以验证的假设或者实验。例如，为了给机票定价，研究者收集淡旺季出行变化和订座率等样本数据，基于数学公式模型，用电脑算出最佳答案。总之，在自然科学和工程类专业的研究中，科学方法就得是可被证伪的假设、量化模型与统计学分析，这是研究被称得上有价值的基础。这不仅是研究工作之外的普遍认知，也是在中国接受过系统研究方法训练的人的一般看法。可是，在社会学科中（注意，不是社会科学），如社会学和管理学，这样的研究范式方法就一定适用于所有的研究问题吗？除了实证主义的研究范式，还有其他的研究范式吗？它们背后的认识论、存在论和方法论是什么呢？

先举一个例子，有这么一道小学数学题："如果要盖一栋房子，一百人要盖三年，请问三百人盖多久？"用科学/数学的方法算，答案是一年。

可真实的社会世界不是小学生的数学题。真实的社会合作中，虽说人多力量大，但"一个和尚抬水吃，三个和尚没水吃"。在充斥信任和信息缺失的真实世界里，如果只是照搬"自然科学"研究方法，想要用尺子量一量人性中的某些成分，算一算下个经济危机到来的具体时间和精确后果，那无疑是痴人说梦，算法越"严谨"，越像是在缘木求鱼、刻舟求剑。

如果一定要把社会学科（如社会学、经济学、政治学、管理学等）说成是"社会科学"，那么这其中的"科学"应该与"自然科学"的"科学"是不同的：在诠释主义者看来，人是具有意志、理性、感情的主体，人的社会是由如此的主体相互作用所形成的，因此，在实践生活之中，在客观性之外还具有主观性，在普适性之外还具有特殊性，在确定性之外还具有模糊性和偶然性。所以社会研究不能够模仿自然科学那样只关乎物质的研究范式，不能够只考虑研究对象的客观性和普适规律性。社会研究的目标不能只是找到和"万有引力"一般普天下共通的"人性定律"和"社会法则"，而要透视社会现象，解释说明社会现象和行为标准是如何被人们所"构建"和理解的，是要发现文化标准的产生过程和对人行为的影响，以及人在社会环境中如何思考、感受、行动、表达。

在诠释主义者看来，社会活动本身就是人类主观性的产物。我们常常将身边熟悉的事情和现象视为理所当然，却忘记了它们是人为构建而来的。例如，资本主义系统是人为创造出来的，直到它被创造出来之后，经过宣传，西方人才觉得有这种需要，而且最后变得上瘾，变得离不开的。为了推动消费，大公司不仅研发具体的产品，而且发明了"体臭"和"口臭"的概念来构建出新的消费者市场。那么，用自然科学的"客观标准"探究"主观性"的"意义世界"与"文化构建"，如同生物学家试图研究《逍遥游》里的鲲鹏之大，如同物理学家拿着标尺来衡量《红楼梦》的艺术造诣之高。

诠释主义认为社会学科的研究方法应该区别于自然科学的研究方法——社会学科研究者要认识到，人们的价值观、文化背景以及相关的理念、概念、想法、语言等诸多社会环境因素决定了人们对社会世界的看法。针对社会性存在和自然性存在的不同，诠释主义者并不追求"价值无涉"和"客观中立"，如基于诠释主义研究范式所展开的质性研究（也是社会学科领域的一种重要研究方式，常见于人类学、社会学和欧洲的管理学），是以研究者本人作为研究工具，在日常的社会情境下采用多种资料收集方法对社会现象进行整体性探究，使用归纳法分析资料和形成理论，是通过与研究对象互动对其行为和意义建构获得解释性理解的一种活动。这就是在"科学"之外"非科学"研究的价值。

诠释主义的不少观点起源于德国，前身为社会研究学术流派阐释学（hermeneutics

以及现象学（phenomenology）。作为传统实证主义的批评者，诠释主义反对将自然科学中的中立式观测、通用法则应用于社会研究。

秉持诠释主义的代表性学者有德国的哲学家威廉·狄尔泰（Wilhelm Dilthey）与德国社会学家马克斯·韦伯。例如，狄尔泰坚持自然科学与社会学科之间的田畴，即哲学的核心问题是生命，它关注的是人的体验与理解。具体来讲，狄尔泰认为，通过个人"生活的体验"（erlebnis）和对生命同情的"理解"（verstehen），就可认识到文化或历史即生命的体现。他强调和不同的生活类型（理性的、情感的、意志的）相对应的是不同的存在观，不同的历史时期也有不同的存在观为其特征。他同时认为任何一种存在观都是相对的，没有绝对的存在法则。他认为，要了解人的历史和社会现实存在的各种联系，就必须进入并再度体验人的各种生活，只有通过这种浸入式的"体验"才能达到真正的"理解"。就像人类学家的"田野调查"（field work）一样，人通过"体验"这些生活的表现，就能理解自己的历史，而这种理解又为人系统地解释自己的经历提供了依据。狄尔泰强调人的感性直觉和动态心理因素，否定19世纪兴起的用历史方法来研究文学艺术和其他人文科学的做法，这与强调证据、强调事实的实证主义方法正好相反。

类似地，作为社会学的奠基人之一，马克斯·韦伯指出，社会学科是要研究有意义的社会行动，并且提供行动与它引起的影响之间的因果解释。不同于另一位社会学创始人涂尔干（Durkheim）遵循实证主义进行研究的社会学范式，韦伯采纳的是反实证主义的路线，他强调社会学科与自然科学在本质上的差异，因为他认为人类的社会行为过于复杂，不可能用传统自然科学的方式加以研究。韦伯的研究方法论强调的是对社会行动的解释、理解和认识，强调的是主观性现实的存在和个体意义世界的差异性，以及个体与社会环境的互动。

由此可见，诠释主义和自然科学的认识论（如实证主义）具有显著差异。但是，自然科学的实证主义认识论在目前占据主导地位，呈现出一种"科学主义"的独大状态。例如，黄宗智和高原两位学者指出：在世界的现代化进程中，自然科学起到了至为关键的作用，而在中国全力追求现代化的今天，几乎一切都要向自然科学看齐已经成为一种不言而喻的信条。诺贝尔经济学奖得主哈耶克（Friedrich A. von Hayek）也批评道：许多经济学学者会把新古典经济学的形式化建构等同于真实，把数学化／简单化的模式等同于真实，从而把真实世界等同于理想化的理论

（见第2章、第3章、第4章）。但是，这些理论并不是如经济学家所想象的那样，是一种对外在世界的绝对把握和客观再现，而只是经济学科这一系统内部所建构出来的"知识"的集合。这些知识被学术界认为是"真"，只是因为它们的创制符合了学科训练体系的合法性范式和规范性方法。

这样的"科学主义"意识形态也可以见于"社会科学"这个词汇本身——虽然人们曾经试图把社会、经济、政治、管理等学科与自然科学区别开来，但是，到目前为止，人们没有例外、不假思索地采用了"社会科学"这个词。这种现象在中国尤其如此，如社会领域的学科研究要申请"自然科学基金"，所采用的研究方法也是自然科学实证主义范式；这种倾向可见于各个学科的专业人士，也体现在学术管理人员的价值评判之中。在某些研究者心目中，只有"科学的"，才是有必要存在的和合法的，"非科学"的学术研究被视为没有价值，其实科学哲学本身就承认科学是一种范式，它并不能解释一切，更不能替代其他社会学科。

人类世界充满主观性、多元性和偶然性，需要通过主观与客观、多元与单元、偶然与规律间的互动来理解。虽然如此，在当下的社会学科领域研究现状中，科学主义的意识形态的影响仍然非常巨大，它使许多研究者认为社会学科应该模仿自然科学而揭示普适和确定性的规律。科学主义意识形态偏重演绎逻辑以及数学化的推演，并且效仿欧几里得（Euclid）几何学的公理体系，结果是片面依赖于演绎推理而忽视归纳总结。如此的思维和研究进路忽略了知识的产生需要有机结合演绎与归纳的推理方式。比如，"管理理论之父"亨利·法约尔（Henri Fayol）所提出的"管理的5项职能"以及"14项管理原则"，就是他在大量的管理实践中进行归纳总结的理论成果。诠释主义的研究范式重视研究对象的完整性和从经验世界中归纳总结、构建理论新知，从而可以有效补充"科学实证主义"研究的不足，修正"科学主义"单一化视角带来的偏知。

在科学哲学家波普尔看来，科学是一种特定的认知方式，但并不是启蒙传统以为的那样，能够在思想领域一统天下。有些思想传统虽然不是科学，如哲学、文学、神话、精神分析法和形而上学等，但它们本身有丰富的意义和价值，有些还能够为科学猜想带来灵感。科学并不是"有意义"和"有价值"的同义词，也不是"正确"或"真理"的代名词。

3.2 诠释主义的研究范式特点

诠释主义是社会科学领域和管理学研究中采用质性研究方法的一种常用范式。"范式"是指某一特定学科的学者所共有的基本世界观,是由特有的观察角度、基本假设、概念体系和研究方式构成的,表示学者看待和解释世界的基本方式。社会研究领域常见的范式包括实证主义、现实主义、批判理论、诠释主义、社会建构主义等。

为了了解诠释主义范式的哲学基础,从思想层面加深理解,我们可以从本体论、认识论和方法论三个层面对诠释主义的哲学观进行剖析。本体论回答的是"现实的真实性",常探讨诸如"现实的形式和本质是什么?现实中的事物是如何存在和运作的?现实是主观的还是客观的?"等基本性问题。例如,"天圆地方"是中国古代"盖天说"对地球形状的本体论观点,而"地球是一个两极稍扁、赤道略鼓的不规则球体"则是现代地理学科对地球形状的本体论观点。再比如,在国际政治研究领域,现实主义[①]的本体论认为世界是由物质基础构成的,人类的一切行为皆为物质基础所决定。而社会建构主义的本体论认为世界是由人类创造的价值观、信仰和情感所构成的精神世界,人类丰富的精神世界赋予物质世界意义。

本体论关注现实的本质存在方式,认识论则要回答的是"个体的知识观",常探讨"知者和被知者之间的关系"这一问题,即知者是如何认识被知者的。基于本体论对于现实是如何存在的假设和哲学观点,人们发展出认识现实存在的认识论。所以,认识论重点关注个人对知识的本质、知识与客观实在的关系、知识的产生和发展过程与规律、知识的真理标准等问题所持有的信念。例如,学习高等数学和线性代数的同学应该知道,试卷上每道题目的答案是客观存在的,就在纸面上等着你去求解,只要用对方法就必然能解出唯一正确的结果。这便是一种对"真理"的认识论观点,认为真理(比如这里所说的题目答案)是一种具备唯一性的客观存在。

---

① 现实主义同样坚持客观主义的本体论,承认现实世界的可认识性,并且也致力于总结一般规律;但与实证主义不同的是,现实主义认为人类社会中存在一些深层的结构性因素,这些因素是无法通过观察而直接得出结论的;这些结构性因素并非不可认知,它们可以通过基于观察的抽象思维所把握;表象与事实是二分的,表象并不一定反映真正的事实,甚至是一种欺骗性假象,实证主义有其认识限度。

相比抽象的本体论和认识论，方法论则更加具体，回答的是"研究者是通过什么方式发现那些他们认为是可以被发现和研究的事物的？"这一问题，探讨不同研究范式所遵循的具体研究路径。建立在本体论、认识论和方法论这三者基础上的相互匹配的、统一的研究方式与研究标准便是不同的研究范式。

3.2.1 诠释主义的本体论特点

诠释主义的本体论源自相对主义。与实证主义坚持客观主义和现实主义的本体论不同，诠释主义者在本体论上与社会建构主义一致，强调世界是人们在社会互动过程中主观构建的结果，没有什么脱离人的主观因素的、客观的社会现实，并认为，所谓的"现实"是多元化的，因历史、文化、地域、个人经验等情境因素的不同而存在差异。诠释主义者主张人类对现实的体验并非被动的感知和接受，而是主动的认识和解释。

要理解这一观点可以从以下两个要点入手。

（1）现实是围绕个体自身所处的特定时间点和特定情境被人为建构出来的，而不是自然而然的客观存在。现实是个体与周围环境和与其他个体间进行互动及意义解释的产物，而不是客观地存在于世界中等待被发现的客体。现实不能脱离个体自身的文化背景、价值观等前设而独立存在。举个例子，同样一座岳阳楼，李白看到的是"且就洞庭赊月色，将船买酒白云边"的洒脱，元稹看到的是"怅望残春万般意，满棂湖水入西江"的惆怅，孟浩然看到的是"气蒸云梦泽，波撼岳阳城"的雄浑。如果没有诗人的意义构建与解释，岳阳楼便只能作为纯粹的建筑物存在，不会具有如此丰富的文化和象征意义。

（2）社会现实中不存在一个客观的、普适的、唯一的真理，也没有固定的、永恒的客观规律。波普尔认为，人们不能发现历史发展的铁律或者说人类社会发展的绝对真理，由于人类的知识本身就是影响历史发展的一个重要变量，因此历史进程无法被决定，也无法用科学方法来预测。例如，马克思的资本论就改变了资本主义世界的发展模式。而且因为价值观的多样性，现实并不存在清晰的对错之分，只有是否合适的区别，我们只能知道某一种现实存在是否契合我们的预期，而无法知道它到底"是对是错"。正如本章开头所提到的那个用围栏圈出最大面积的例子，我们无法说工程师、物理学家和数学家谁的观点是绝对正确的，只能判断某个人的观点在我们的预期中是否是正确的。例如，在几何学的预期中，工程师的观点是正确的。

3.2.2 诠释主义的发展及其认识论特点

诠释主义的认识论在历史发展过程中，先后主要受到现象学[①]和阐释学[②]两个哲学流派的影响。在现象学时期，诠释主义开始关注"研究者和被研究者之间的理解是如何发生的"这一问题，现象学对诠释主义的影响主要表现在以下几个方面。

（1）现象学认为，意识总是关于某物的意识，这个某物是由意识活动所构成的，是人的意向活动将其激活后形成了意义赋予。这听上去非常拗口，但实际上所表述的道理并不复杂：研究应该有具体的指向，应当关注被研究者的意义解释和建构活动。现实是围绕社会成员所处的特定时间点和特定情境被人为建构出来的，因此研究者需要站在被研究者的视角上，探究他们是如何对自己的生活场景进行理解和意义解释的。

（2）现象学认为世界的本质就是现象，如果人类的意向活动感受到被感知物的"充实"，那么对事物的探究就具备"明证性"。也就是说，对社会现象的研究要注意整体性、情境性和关联性，不能孤立地看待问题，要对社会行为实际发生过程中的复杂关系进行充分还原，对社会现象进行深入描述。描述越具体，越能显示现象的原本，研究也就越具备严谨性和理论价值。

（3）现象学认为理解之所以成为可能，是因为在人的意向活动中存在内部的时间性。研究者在理解被研究者的意义解释时，要贴近被研究者自身对时间、历史、空间等概念的理解，将自己接入被研究者的视域当中。

总而言之，现象学为诠释主义提供了三个基础要素：研究什么（被研究者的意义解释和建构）、怎么研究（对社会现象进行深描与还原）、研究的注意事项（贴近研究对象的共时性和历时性）。

[①] 现象学是 20 世纪在西方流行的一种哲学思潮。狭义的现象学指 20 世纪西方哲学中德国犹太人哲学家 E. 胡塞尔（E. Edmund Husserl，1859—1938）创立的哲学流派或重要学派。

[②] hermeneutics 被翻译为"阐释学""释义学""诠释学"，是一个解释和了解文本的哲学技术。它也被描述为诠释理论并根据文本本身来了解文本。其在广义上指对于文本之意义的理解和解释的理论或哲学，涉及哲学、语言学、文学、文献学、历史学、宗教、艺术、神话学、人类学、文化学、社会学、法学等问题，反映出当代人文科学研究领域的各门学科之间相互交流、渗透和融合的趋势。其既是一门边缘学科和一种新的研究方法，又是一种哲学思潮。其在狭义上指局部解释学、一般解释学、哲学解释学等分支、学派。局部解释学泛指任何文本注释（包括古往今来的法律、文学、梦和其他形式的文本解释的规则与方法的理论体系）。

在阐释学时期，研究者开始关注主体间性、理解、倾见、视域融合等更深层次的内容。阐释学可以简单理解为通过翻译和解释把一种意义关系从一个陌生的世界转换到我们所熟悉的世界里来，阐释学也先后经历了狄尔泰、海德格尔（Heidegger）、加达默尔（Gadamer）等人主导的不同发展阶段，对诠释主义的认识论主要有以下几方面影响。

（1）阐释学将"理解"作为研究的主要目的与功能。狄尔泰指出，自然需要说明，而人需要理解，这也是自然科学和社会科学的本质区别所在。叶秀山强调，人不是简单的客观事物，也不是可测量的构念，对人的研究不能通过证明或证伪的手段，只能通过理解和诠释进行。

（2）阐释学承认研究者本人的"倾见"的合理性，认为"阐释"受到历史、文化、价值观等多方因素的限制，研究者自己的前设与倾见是理解的基础。研究者的个人因素，包括文化身份、与研究相关的知识背景、与被研究者间的关系等，都会对研究产生深远影响。研究者需要认清并充分发挥自己的前设与倾见的作用，使其服务于自己的研究。

（3）阐释学承认了主体间性的合理地位，认为"理解"是多个主体间相互努力的结果，而不是一方被动地接受"认识"，研究者之所以能理解被研究者，是因为双方处于一种新的、可以相互沟通的视域当中。所以在探究被研究者意义建构的过程中，诠释主义强调研究者要深入实地切身体验，以了解自己与对方相互之间是如何影响与互动的。

从以上发展过程中，我们可以总结出诠释主义的认识论的观点，大致可以由以下三个核心概念概括。

（1）"主体间性"：诠释主义的认识论认为，研究者与研究对象之间存在一种互动关系。研究者要探寻的知识和世界的现实并非客观地存在于研究对象那里、等待着被揭示被定义，而是在研究者与研究对象的互动过程中被动态地构建出来的。社会现实既是一种社会性互动的产物，也是一种相对的存在，而非绝对客观的。比如，两个国家（A 国和 B 国）发生了军备竞赛，但是一开始两国并不想如此，A 国并不想打 B 国，但是 B 国以为 A 国要打 B 国，因而提升了军备设施，结果 A 国一看，心想你这是要打我吗？自己也增加了军备，于是该行为又反过来愈加强化了 B 国的认知。还比如，当看守为了监视囚犯而把自己固定在监狱的某一个位置的时候，那他就成了囚犯的"奴隶"，而囚犯就成了"主人"。

（2）"理解"：在诠释主义的观点中，研究的目的主要是对被研究者的个人经验与意义建构做"解释性理解"或"领会"。与自然科学不同，作为社会学科的研究焦点之一——人的精神世界并不受制于普遍性法则，因此不能单纯依靠观察或实验进行研究，而应该依靠研究者自身的内化经验去认识他人处于特定情境中的精神世界，这决定了理解和解释在诠释主义中的重要地位。理解是通过自身的内在体验去进入他人的生命活动乃至精神世界，对被研究者的生活故事和意义构建产生主观认识的过程，它并不是一种简单的复制行为，而是一个随着研究者所处情境的变化不断创造的过程。所以，诠释主义研究是"一千个人眼中有一千个哈姆雷特"，如具有丰富乡土生活经验的人类学家，能够理解乡里乡亲交流话语中所隐含的更多社会意图；相比来说，一直在大城市生活的大学生就很难听出沟通的"弦外音"。这种理解和领会的差异就使得诠释主义研究不能够形成实证主义研究的"信度"标准。自然科学研究追求测量结果的稳定性或可靠性，也就是用同一种方法对同一个对象进行重复测量，所得结果与之前测量结果相一致的程度。相比而言，诠释主义研究不追求也无法追求研究结果的一致性。

（3）"前设与倾见"："领会"不是主体对客体的认识，而是不同主体间视域的融合。任何事物都无法脱离其所在的环境而被理解。理解涉及研究中各个主体之间的互动关系，研究者个人的思维方式、解释原则和价值观必然符合其生活中约定俗成的规范，否则便不可能对研究现象进行任何意义上的诠释，更无法与他人进行交流。因此，研究者在进行意义解释时必然都会带着自己的前设，会从所处的情境出发去和被研究者的"视域"相接触，进而理解被研究者自身的意义构建，不带任何"倾见"的理解是不可能实现的。这也和实证主义研究"价值无涉"的标准不同。

总体而言，相比实证主义与现实主义希望通过一些普遍规律来解释世界，诠释主义的认识论则是通过对差异性的强调来理解世界，用整体视角尽量展示出世界的复杂性。正是由于本体论与认识论上的不同，诠释主义采取了不同于实证主义科学研究的研究方法。

3.2.3　诠释主义的方法论

诠释主义的方法论强调把研究者本身作为研究工具，深入"现场"的研究者和被研究者进行辩证对话，通过互为主体的互动达到一种生成性的理解。在这样的研究范式下，发展出不同的研究方法，如话语分析（discourse analysis）、民族志（ethnography）和扎根理论（grounded theory）等。

话语分析始于20世纪70年代末期，很多学者认为，它的出现是当时学界对诠释学的哲学讨论、结构主义发展以及人文社会学科新范式兴起的必然结果。而诠释主义为话语分析的方法论提供了最直接的哲学基础。

在诠释主义看来，解释是无止境的和开放的。解释是在解释者的经验、知识、时空、文化和历史框架内赋予篇章（话语）一个意义。诠释主义认为，解释者（分析者）会从社会事件（话语）中获得意义，解释者在篇章（社会事件）与之前人们建立的各种解释、历史、背景和不同人对事件意义的描述之间建立联系。对社会现实的陈述成为这个社会现实和陈述者之间的联系，要理解这些陈述，自然离不开陈述产生的情境和环境。

话语分析的语言观源于诠释主义的语言观，即语言是指向行动和功能的媒介，人们有意识地使用语言来建构对社会世界的描述或看法。Hardy认为，话语是一个篇章系统，通过这样一个体现，将客体（研究对象）具体体现出来了。因此，话语分析者的目标就是要解释话语与现实之间的关系，解释隐藏的意义，把过去与现在联系起来。篇章存储了复杂的社会意义，而意义的建构发生在一个特定的历史情境中，包含个体的话语生产者及其周围的社会环境。

要理解话语，就要理解话语产生的语境。在研究中，语境可以分成四类：微观话语（对语言的具体研究）、中观话语（仍然是语言研究，但视角更加广泛）、宏观话语（研究话语系统，如文化）、宏大话语（如全球化现象）。Gadamer认为：话语分析中需要关注"理解"这个概念，同时还要关注解释者所处的语境和社会环境，"篇章的理解必须以解释者目前的处境为依据"。解释者就是过去意义与现在意义之间的中介。当解释者与话语面对面时，理解是一个事件，其本身也是历史上的一个事件。解释不是一个偶发的、附着在理解行为之上的附加行为，相反，理解就是一个解释。例如，我们学习《毛泽东选集》中的文章话语，不仅要读作者所著文章的内容和表达写作特色（微观话语和中观话语），还需要去了解这些文章产生的历史社会背景和作者所处的组织文化和政治环境（宏观话语）。同样，毛泽东在理解"马克思主义"话语的时候，作出了结合中国实践的解释，这就与他本人的胆识、胸怀视野、思维方式和经历见识密不可分，所以话语分析需要关注话语背景的整体性和话语产生的特殊性。

解释话语、篇章和语境之间的互动交织关系成为话语分析的焦点。因此，话语分析不能简单地关注某个个体篇章，必须关注具体的篇章系统。同样，还要研究篇章分析时的语境和话语产生的语境。这也是诸多基于诠释主义哲学而发展出的质性研究方法（话语分析、扎根理论、民族志、批判理论研究等）的共性特征——关注意义产生的复杂环境因素，研究社会现象的完整性，认为这个完整性不能够像实证主义一样去割裂和化约。例如，人们对于《红楼梦》这部作品的价值感知和文学美感的感受，不是来自红学研究的具体细节发现，而是作为一整本书，它内部文字的连贯性表达。《红楼梦》和红学研究的不同，就如同前者是水中的水草，后者是人们从水中拎出来的水草。

除了话语分析方法是基于诠释主义研究范式，在人类学和社会学中经常应用的民族志方法也能够帮助我们获得对于人类社会活动的深入理解。

民族志是一种较早兴起的基于诠释主义的研究方法，是对人以及人的文化进行详细的、动态的、情景化描述的一种方法，探究的是特定文化中人们的生活方式、价值观念和行为模式。这种方法要求研究者长期与"当地人"生活在一起，通过自己的亲身体验获得对被研究者及其文化的理解。其本质目的在于记录研究者从"困惑/错误"到"洞察/理解"的发现过程。国内外在民族志研究方面的代表性成果很多，如费孝通（1939）的《江村经济：中国农民的生活》和马林诺夫斯基（B. Malinowski）（1922）的《西太平洋上的航海者》等。

基于诠释主义的认识论，应用民族志研究方法的人类学家们认为，研究者和研究对象之间是互为主体的关系。研究者想要探寻的知识并不是客观存在于被研究对象那里，而是存在于研究者和被研究者的关系之中。研究者应当深入自然的社会情境中进行"田野调查"，而不是在人为设计的实验环境中进行探究；应当对被研究者的意义建构获得解释性的理解，而不是只对他们可观察到的外显行为进行测量，更不只是对研究者自己的理论假设进行证实。民族志研究同样强调"现实"是多元化的，由历史、地域、文化、个人经验、价值观等因素建构而成，因此研究者应对社会现象进行整体性的探究与把握，而不是只针对其中一些孤立的变量间的相关关系进行测量和描述。

早期的民族志研究发源于西方一些发达国家的学者对世界上其他地区残存的原始文化所产生的兴趣，他们希望通过对异文化的研究来反思自己民族的文化发展历程。此时的民族志研究尚未专业化和规范化，且具有浓厚的殖民色彩。研究者很少亲自到实地去收集第一手资料，常采取客观的态度，和被研究的土著人保持距离，也并不追求对被研究者群体的"理解"。经典民族志和长期实地调查的传统可以认为始于人类学家马林诺夫斯基。由于第一次世界大战的爆发，他于1914—1915年和1917—1918年在新几内亚岛与特罗比恩岛上滞留并进行了长期实地研究工作，正是这段经历造就了使他一举成名的作品《西太平洋上的航海者》。通过与当地人一起生活，他总结出：研究者只有离开自己的文化群体，参与并深入被研究者的日常生活当中，才可能真正了解他们的所思所想。这也是诠释主义"主体间性"思想的合理体现。

马林诺夫斯基深入特罗比恩岛土著的部落之中，与他们共同生活，对当地人所使用的一种叫作库拉的交换制度①进行了切身体验与研究，并由此延展至当地人独特的风俗信仰、巫术神话、经济生活和技术知识，对当地人的制度风俗、行为规范和思维方式进行了比较整体性的、处于文化情境中的研究（王铭铭，1997）。通过对当地人的意义解释与建构的理解，最终展示出新几内亚岛土著所生活的"社会现实"的图景。

民族志的田野调查传统同样在管理学领域得到广泛应用，"科学管理之父"泰勒（Frederick W. Taylor）的《科学管理原理》（1911）就是一个很好的例子。

泰勒是来自管理实践的理论构建者，他从一名机械工人开始，历任车间管理员、技师、小组长、工长、设计室主任和总工程师，并在工作期间获得了机械工程学位。为解决工人普遍怠工的问题和提高工厂生产效率，泰勒开始探究科学的管理方法和理论。在他的管理生涯中，泰勒不断在工厂进行实地调查，深入基层车床工人群体中观察他们的生产实况，通过"时间研究""金属切削研究"等一系列实地调查，系统分析了工人的操作方法和动作所花费的时间。泰勒结合在工厂中进行实地调查的结果和自己的工作经历与实践经验，最终提出著名的科学管理理论。

除了话语分析和民族志的研究方法，在当前的中国管理学研究领域，主流的质性（案例）研究论文所采用的研究方法是扎根理论，它也是基于诠释主义的研究范式。

---

① 群岛上的居民热衷交换两种东西，一种叫 soulava，是用红色贝壳打造的项链；一种叫 mwali，是以白色贝壳琢磨的臂镯，它们统称为 vaygu'a，即库拉宝物。除了能在少数仪式中佩戴外，它们没有实际用途。土著人十分看重它们，谁得到的宝物多且名贵，谁的声望就大。很多宝物具有专名，土著人不仅耳熟能详，还能如数家珍般讲述它们的故事。

扎根理论是芝加哥大学的格拉斯（Glaser）和哥伦比亚大学的斯特劳斯（Strauss）两位学者最早共同发展出来的，是运用系统化的程序收集与分析资料进而构建理论的一种质性研究方法。扎根理论认为，研究的最终目的是从资料中发现理论，并由质性方法来建立理论，而不是只描述现象或分析被研究者的叙事结构、话语特征或生活史。

扎根理论的根本观点是：知识是通过不断积累形成的，是一种从大量经验事实发展到理论不断演进的过程。这一观点来自诠释主义的知识观，即知识是在不同主体间的互动中被建构出来的。多个主体通过视域的融合实现对彼此的意义解释的理解和领会，并依靠自身的内化经验建构出理论知识。因此研究者应当与被研究者进行深入互动，获取充足的经验资料，并通过对大量经验资料的分析和意义解释，获得关于被研究者的理解和领会，从而"填平理论研究和经验研究之间尴尬的鸿沟"。

在发展过程中，扎根理论"分裂"成了三个不同的流派：Glaser 的经典扎根理论、Corbin 和 Strauss 的程序化扎根理论、Charmaz（卡麦兹）的建构扎根理论。经典扎根理论认为，研究者应当不带有自己的"前设"（确定好的研究问题、理论预设、价值判断等），而是完全沉浸到所收集的资料中，让资料中蕴含的社会规律"涌现"。程序化扎根理论认为研究者在着手任何研究之前都必然带有已存在的前设，强调应当合理运用个人经验，并提出了维度化（dimensionalizing）、主轴编码（axial coding）、条件矩阵（conditional matrix）等新的标准化与程序化的概念方法。建构扎根理论则认为数据和理论都不是被发现的，而是研究者在与被研究者互动的过程中建构出来的。虽存在流派间差异，但扎根理论本质思想中的"前设问题""理论的建构""社会规律的涌现"都是源于诠释主义认识论的指导。

3.2.4 基于诠释主义质性研究的特点

前面我们对诠释主义范式的代表性研究方法做了介绍，从中可以看出，诠释主义的研究方法的"范例"是多样性的，有共性，也有差别，也因此不能够用实证主义那样的统一评价标准来衡量诠释主义的研究成果。下面，我们再通过诠释主义研究的研究设计和具体步骤比较其与实证主义研究的不同之处。

首先，在确定研究的现象和问题方面，诠释主义的研究现象和问题的设计是一个不断演化与发展的过程，通常在研究设计阶段所提出的问题只是初步设想，是会随着研究进程不断进行修改和聚焦，从一个宽泛的视野逐步集中到研究者自己认为最重要的一个或几个问题上。最终形成概念框架，明确组成问题的重要概念和彼此间关系，确定研究问题的范围和内容，依据已有研究结果提出理论假设。这就与实证主义研究中先明确研究假设和变量，然后进行数据分析并验证假设的顺序存在明显不同。

其次，在"界定研究的背景"方面，诠释主义研究对现有文献进行综述回顾，但对其暂时不做假设性判断。研究中使用已有的理论不是为了用它们来指导新的研究设计，也不是为了检验这些理论推演出假设的正确与否，而是为了帮助研究者更好地掌握自己的研究领域，提供新的研究思路。另外，诠释主义研究需要研究者对自己的经验性知识进行反思，即研究者本人和研究问题有关的个人经历与研究视角。诠释主义的观点认为，不带前设的、价值中立的研究是不可能存在的，研究者个人的经历和背景不仅影响其从事研究的方式，对于研究本身而言也是珍贵的经验性知识。

在收集研究数据阶段，诠释主义研究有以下特点。

（1）灵活采用访谈法、观察法、实物分析法等资料收集方式收集所需的研究资料。诠释主义的观点中对"资料"的定义与我们相对更为熟悉的实证主义的定义有所不同，认为所有可以为研究目的服务、能够回答研究问题的东西都可以作为研究的"资料"。资料本身没有规范和不规范之分，衡量资料是否"规范"的主要标准是研究者如何去使用这些资料。

（2）及时根据资料收集的进度进行整理，整理访谈记录、观察记录、实物清单等。并依据初步的研究结果对资料收集方法进行调整，如修改访谈提纲。

（3）决定停止收集资料的时机。常用的衡量标准有：资料达到饱和，新收集的资料出现重复内容；资料分析的理论框架已经足够精细；研究者对于研究情境失去敏感性，无法再继续进行研究。对于饱和度的确定是研究者（或团队）主观判断的结果。当达到"饱和点"之后，研究者便可以初步停止资料收集的过程，转入资料整理与分析。

当数据收集和分析完成之后，研究者会结合文献背景来"诠释性"分析数据，构建理论层次的发现。对于研究成果的评论可以从以下三个方面来看。

（1）效度问题。与实证主义不同，诠释主义的质性研究很难用传统的"效度"标准进行衡量。研究者可以通过反思，诸如"我的研究结果是否真实？我的研究结果可以找到哪些其他可行的解释？我采取不同的研究方法会获得什么不同的结果？我收集的资料如何支持我的研究结论？"等问题来提高自己的研究的说服力。

（2）信度问题。同样不同于实证主义，"信度"这一概念并不适用于诠释主义的质性研究，不具备考虑的价值。因为诠释主义的观点强调研究的独特性和唯一性，受研究者个人的前设和环境不断演变的影响，即便在同一时间、同一地点对同一研究对象进行研究，结果也可能存在不同，即不存在可重复性。这对于实证主义者而言或许是难以想象的结果。

（3）推论问题。同样与实证主义不同，诠释主义的观点不主张进行研究结果的推广，只强调对于样本本身的代表性。由于采取的是非概率抽样且样本量较小，研究结果无法实现实证主义所主张的那种普遍意义上的推论。但是研究结果仍然可以起到理论性推论的作用。就比如泰勒所构建的"科学管理模式"，因为对主体性的压制而不能够推广到和适用于创造性、探索性的工作管理当中，但是它依然可以对当今制造业组织有所帮助。

最后，由于诠释主义研究缺乏像实证研究那样一致而清晰的标准，质性研究没有像量化研究那样规范的操作流程，也因此被很多人误解为"难学难实践"，更被"科学主义者"作为复制研究范式单一性的理由（比如，很多博士导师甚至不允许学生进行质性研究的尝试，认为学生根本没有能力掌握时间周期久、不利于"短平快"的"发表游戏"）。在这样一种对诠释主义质性研究带有偏见的学术环境中，对于学习者来说确实是存在挑战。但是从另一方面讲，要做难而正确的事情，"世上本没有路，走的人多了便也成了路"。诠释主义质性研究更像是一门"手艺活"，因此诠释主义的研究训练必须尽早开始，研究学习者只有在不断的社会经验积累和写作反思的日常习惯中才能够增长"透过现象看本质"的思维洞见能力和理论构建的创新能力。实际上，质性研究方法并不深奥，质性研究能力的养成也不需要独特天资。它需要的是正确的认识、饱满的好奇心、持之以恒的锻炼，更加重要的，还有突破创新的学术勇气。

【本章要点】

管理学不仅要传授管理规律、对既有的商业世界现象进行科学的研究，也要激发学习者的主观能动性去创造新的事物。研究人的主观性就需要区别于自然科学研究范式的方式方法。诠释主义的研究方法能够更加贴近社会构建的现实,让我们更加全面地去理解商业世界。

【关键概念】

诠释主义;社会建构主义;研究范式;话语分析;民族志;扎根理论

【思考题】

1. 自然界和社会的区别是什么?
2. "非科学"的学术研究是否有价值?为什么?
3. 诠释主义的认识论认为,研究者和研究对象之间是互为主体的关系。研究者想要探寻的知识并不是客观存在于被研究对象那里,而是存在于研究者和被研究者的关系之中。对此你怎么理解?能否举例说明?
4. 采用诠释主义研究范式的研究过程与采用实证主义研究范式的研究过程有什么区别?
5. 目前管理学教科书教授的理论主要来自西方,你认为是否有可能构建"中国管理模式"?为什么?

【案例分析】

教学的知识可以大致分为两种:显性的理论知识,隐性的实践知识。前者是易于表达和传递的,通过文字数字的符号可以学习到;后者是默会的、难以表达传递的,需要基于情境实践习得,如游泳、足球、沟通、指挥打仗、组织管理、创新创业等。

在医学院学习医学,学生必须在临床实践中成长;在法学院学习,需要在律所实习才能够获得从业资格。而在商学院学习管理学,如果只是学习科学理论知识,毕业生不一定习得管理能力,也就很难学习到实践知识。终日"纸上谈兵、闭门造车",怎么理解现实的复杂多变?古人语:纸上得来终觉浅,绝知此事要躬行。毛泽东在《反对本本主义》中说:没有调查,没有发言权。

举一个例子来说明这个差异,就是诸葛亮挥泪斩马谡的故事。诸葛亮北伐从这边打过去,但是街亭要守住,不然敌军会把后院端了。诸葛亮左右看,没有合适的人,派了主动请缨的马谡去守街亭。到了街亭,来到一个五路当口,副将王平说，我们就在这里安营扎寨，是不是就可以完成丞相的任务。但是马谡说，旁边有一座山，山上树木茂盛，我们为什么不在这个山上安营扎寨呢？王平说，敌人如果把水源断了，我们岂不就完蛋了吗？马谡熟读兵书，深谙理论知识，他说《孙子兵法》上写了，"置之死地而后生"。他敢断我水源，我以一当十，奋勇杀敌。最后结果是：失街亭，空城计，斩马谡。

我们都知道，马谡是个纸上谈兵的教条书呆子，但是他说的"置之死地而后生"难道没有道理吗？

著名的"破釜沉舟"，是在马谡之前发生的事情。秦末，六国反抗暴秦，王离率20万秦军包围钜鹿，这边还有章邯的20万人马策应。燕国的部队不敢动，齐国的部队不敢动，然后楚国派了5万人马到安阳，大将军宋玉犹豫了46天也不敢动。

项羽先斩后奏，把宋玉给杀了，自命为大将军，然后破釜沉舟，"皆沉船，破釜甑，烧庐舍，持三日粮，以示士卒必死，无一还心"，带着这5万兵马九战九胜，把秦军打得稀里哗啦。打败之后，诸国军队就来拜见项羽，跪在地上，膝行而前，一点点往前挪，成就了西楚霸王的威名。

同样的战术战略选择，为什么对于马谡是自入死地、自取灭亡，对于项羽却又是置之死地而后生呢？

兵书上的抽象理论知识，没有告诉马谡战争实践中太多的动态变化和多维度，没有展示战场中士兵心理和士气变化。例如，战斗力不一样，领导人的威信不一样，战争的性质不一样，敌人不一样，目标不一样，攻守形势不一样。真实中的复杂多变，怎么能用一样的战术战略呢？只有在攻的情况下，才有可能靠迅速、出人意料的进攻来制造混乱，然后乱中取胜，才有可能以少胜多，最终拼的就是一个字——疾。但是这个"疾"，项羽理解的是3天，那在别的情况下，到底是3天、3个小时，还是30分钟、3分钟？这个分寸感，也就是实践知识，全靠着将领长期的历练、长期的经验才能把握住，没有任何人能替你做这个决策。任正非写的文章中有很多自相矛盾的地方，一边讲"置之死地而后生"，一边讲"自入绝地，自取灭亡"；这边讲"穷寇勿追，归师勿遏"，那边讲"宜将剩勇追穷寇"；这边讲"坐山观虎斗，渔翁得利"，那边讲"观其坐大，步人后尘"。这都是相矛盾的，但是仔细思考，如果抓住了现实情境的使用条件、前提条件和边界条件，矛盾就不矛盾了。

管理学学习者学习的科学定律式的显性理论知识，不可能把所有的使用条件都列出来，即使列出几个常用的使用条件，也没有对它们的重要性进行排序，而且纵使抓住了最重要的使用条件,这个使用条件的成熟程度,只能靠学习者长期的实践经验来把握,没有人能够告诉你在新的情境下,这个条件到底是成熟还是不成熟。

所以说,管理是科学、艺术和手艺。学习管理,显性的科学理论知识是当前管理学教育的主流,但是真正学好管理,还需要多元化的研究范式和认知视角,不仅学习科学,也要把握人心,体会做人做事做管理的"艺术"。艺术上的微妙感觉,非科学所能捕捉,因此在认识世界的时候需要有更加多元的研究范式和方法。

【思考与争鸣】

本章的最后,我们再来看一个故事:一位年轻人立志要追随智者周游列国、寻找真理。然而,他们走过一个个城市后,年轻人感到迷茫,他向智者抱怨:"我跟您游学已一年了,在一个地方您教育人们要努力工作不要懒惰;在另一地方您告诫人们需克制金钱欲望;而还有一地,您警示人们不要忘记祷告。我们在每个地方所遇到的问题现象都一样啊,可是你给予的建议却总是不同,这让我迷惑:我在您的建议中找不到真理和规律。"

智者回答道:"如果世界上只要一种真理就可以套用于我们在各个城市所遇到的问题,那我也不需要费力从一个地方走到另一个地方去了。"

来自哲学领域的实证主义推动了自然科学的诞生和发展,人们在自然科学领域所积累的知识不仅让人们掌握了驾驭自然的力量,而且形成了一种"科学主义"意识形态——将科学看作信仰。因为"拜科学教"和"物理学嫉妒"(越像自然科学,学科价值越大,学术地位越高)的存在,来自自然科学的量化研究方法(实证主义研究)被多数社会学科研究者奉为评判学术价值的唯一标准。但是要研究社会,偏一的哲学观和研究范式是有违学术的理性求真精神的。来自"自然界""自然科学领域"的研究方法,一旦应用到"江湖丛林"或"社会科学"领域,会失准失灵。人类社会中的"真相",就像一条不断流动着的河流,你要了解它,只在河边测一测水速、用试剂瓶分析一下成分是不行的,你还要跳入其中,才能够发现哪里暗流涌动,哪里水草丛生。

不像实验室里的小白鼠或显微镜下的细菌,人是有"自由意志"的存在。人性中有"理性",还有"感性""文化性"和"道德感",人会用语言产生意义和权力,而这些文化产物,虽然无形,却时刻影响着人的认知、行为、感受。人在不同环境表现会不同，同样的人在不同时期表现会不同——"士别三日，当刮目相待"。语言文化不同，相同的词句含义也不同，如同样是颜色，中国人对"绿色"的感受就和老外不一样。"老百姓心中有杆秤"，但是公道伦理标准在不同时代又不同……

如此多的不同，又若隐若现呈现出相似的历史与人性规律，同和不同，是社会学科研究对象的迷人之处。诠释主义所秉持的研究态度是去关心人心世界之"意义"，而非"测量"客观世界，是"解释"，而非"定律"。作为丰富研究社会方式的哲学观，诠释主义研究可以给我们提供更全面探索社会的视角。与实证主义量化研究庞大数据资料的统计学分析呈现简洁的研究发现不同，诠释主义的质性研究可以是透过深入的个案分析，以文字为主详细描述实况与现实细节，将情景呈现，并透析现象背后的发生机制和意义动机。质性研究不追求"普适性"，因为它的目的是提供"深刻见解"；质性研究不够"客观"，因为研究者就像是在素描社会现象的风景，画作过程必然有创作。用量化研究的标准看质性研究，肯定是不合格的、不"科学"的，但是马克思的《资本论》、达尔文的《进化论》、亚当·斯密的（Adam Smith）《国富论》、爱因斯坦的《相对论》、马斯洛（Maslow）的需要层次理论、毛泽东的革命理论，以及管理学思想发展过程中诸多的理论和思考框架，这些学术成果，也都没有按照自然科学实证主义研究的"信度"与"效度"标准来构建，这些构建新理论的研究，一样价值非凡。

学习诠释主义的哲学观，或许能够让人们对习以为常的学术标准进行反思，开放心灵，保持好奇心，不断通过各种渠道、资料、说法，去审视问题的本质机制，去透析现象背后的意义，进而构建出理解现象的新见解、新理论。就像诺贝尔物理学奖获得者 Percy Bridgman 所说："没有所谓科学或不科学的方法，方法存在的主要目的是拓展心灵的极限，而非将心灵之门闭塞。"

讨论题：

1. 你认为是否所有的研究方法都是科学研究方法，是否科学的方法才更有价值呢？

2. 对于管理学者来说，还有哪些有用的研究方法？

第4章 因果关系与管理机制

【学习目标】

1. 了解为什么需要知道因果关系。
2. 熟悉预测与因果的关系。
3. 掌握因果关系的类型。

【能力目标】

1. 了解什么是原因及其复杂性。
2. 熟悉预测的对称性与因果的非对称性,区分二者之间的异同。
3. 掌握什么是因果关系以及五种基本的因果关系类型,能够基于此分析管理复杂性问题。

【思政目标】

1. 了解对因果关系的思考,理解从现象到本质的过程。
2. 熟悉对因果关系的解释,进一步理解现实中的各类现象,避免虚假相关。
3. 掌握因果关系的复杂性,基于此应对社会实践中错综复杂的现象和问题。

【思维导图】

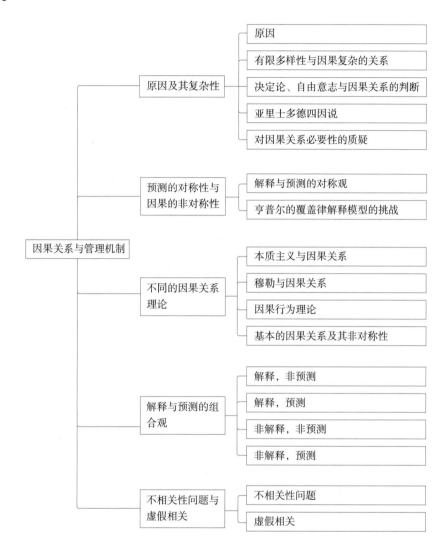

【开篇引例】

"尿布与啤酒"相关

20世纪90年代,美国沃尔玛超市的管理人员分析销售大数据的时候发现了一个有趣的现象:"尿布"与"啤酒"两件看似毫无关系的商品经常会出现在同一个购物篮中,这一奇怪的现象引起了销售管理人员的注意。经过研究发现,这种现象经常发生在年轻父亲身上。年轻的父亲会在深夜跑到商店买帮宝适,同时买一些百威啤酒。

在美国有婴儿的青年夫妻中，母亲会要求年轻的父亲前去超市购买尿布。而父亲在购买尿布的同时，常常会顺便为自己购买啤酒，这样便产生了啤酒与尿布这两件看似毫不相干的商品出现在同一个购物篮的现象。沃尔玛发现了这一关联现象后，开始将啤酒与尿布摆放在卖场的相同区域，这样就可以帮助顾客更快地找到这两件商品，完成购物。同时，沃尔玛超市也可以让这些客户一次购买两件商品而不是一件，从而提升了这两件商品的销售收入。相反，如果年轻的父亲在卖场只发现其中的一件商品，他们可能会放弃在此卖场购买单件物品，而到另一家可以同时购买到啤酒和尿布的商场消费。这就是"尿布与啤酒"故事的由来。

1998年，IBM在电视广告中使用了啤酒和尿布的例子。

尿布与啤酒是什么关系呢？既然尿布与啤酒具有相关性，管理者是否可以通过提高尿布（啤酒）的销量，进而提高啤酒（尿布）的销量呢？为什么？管理者如何透过现象发现背后的规律，完善管理机制？

4.1 原因及其复杂性

4.1.1 原因

谈起原因，通常的理解，它是一个先于它导致的结果事件的另一事件，并且作为原因的事件是结果事件发生的充要条件。但是在现实中，当我们说原因的时候，往往不止这两种情况，且通常是既非必要也非充分的关系。

举个例子，某一公寓发生了火灾，火警及时赶到并且把火扑灭了。经过仔细的调查，火警推断，某烟头是造成火灾的原因。但是注意，火警的推断并不是指烟头是火灾发生的必要条件。因为如果其他原因发生，如电线短路、自燃等，都可以导致火灾。同时，这一推断也不是指烟头是火灾发生的充分条件。因为即便有烟头点燃，如果环境中没有可燃材料，火灾也不会发生。烟头与发生火灾的关系既非必要也非充分，更非充要。那么，我们如何理解烟头导致火灾这句话的含义呢？这就要求我们理解因果复杂性，理解因果关系中主观意志的作用，区分因果关系类型，理解因果关系的必要性，区分预测与因果关系的异同，理解不同的因果关系理论等。

4.1.2 有限多样性与因果复杂的关系

哲学家维特根斯坦（Wittgenstein）认为"世界是事实的总体,而非事物的总体",一个事实是一个事态,事态是对象或者事物的组合/组态。在事物的层面,世界是不变的和实存的；但在事实的层面,世界是组态的,组态是变化的、不稳定的。因此,世界是复杂的、动态的和多变的。

管理是一种与人们的工作和生活紧密相关的实践活动。与日常生活类似,管理现象同样错综复杂。如 2.2 节中关于数智时代与管理生态化的描述,今天数字技术、人工智能等新科技如火如荼,此外,中国营商环境生态优化政策、管理的生态化转型等新的生动实践体现出整体和系统的新发展理念。与此同时西方科学范式也正在发生转移,整体论在西方崛起,复杂性科学方兴未艾。新科技的兴起加深了管理现象中的因果复杂程度。

管理中普遍存在因果复杂性问题：多种因素以复杂且有时相互矛盾的方式结合在一起,组合成具有等效性（equifinality）的组态,形成产生同一结果的多个路径。多种不同要素共同发生,其可能组成的组态数量是巨大的。然而,我们能够直接观察和体验的世界只是逻辑上所有可能世界的一部分,即观察往往是有限的。举个简单的例子,如果在昆明酒店吃米线（长沙也叫米粉）,其可选择的配料多达 16 种。如果按照一个简单的原则,即每个配料我们可以有放或者不放两种选择,那么可能产生的组合数是 2^{16},即 65 536 种不同的米线配方。这是一个什么概念呢？按照一年 365 天,它意味着一个人要吃 179 年才能把所有可能的配方的米线吃一遍（65 536/365 ≈ 179 年）。

类似问题在管理现象中同样很普遍,我们可以观察到的现象只是可能现象中很少的一部分,即观察遭遇有限多样性问题,这给我们进行因果推断带来了很大的挑战,使我们难以仅依赖观察产生可靠的因果关系。

4.1.3 决定论、自由意志与因果关系的判断

决定论与自由意志对于因果律及其作用具有不同的信念。决定论认为自然和社会中存在普遍的因果律,事件的发生或者人的行为是可以通过前因和因果律预测得到的。根据决定论,如果某些事件是必须发生的,无论我们做什么,它都会发生。类似于宿命论,决定论相信一切都是事先确定和不可避免的,人类对自己

的命运没有任何掌控权。自由意志认为，人们具有主观能动性。在没有外部约束时，人们选择和决定未来将要发生什么，拥有选择发生什么，以及不发生什么的能力。

对于过去的事件，我们可以很清楚地采用真假逻辑判断：一旦它发生过，它在任何时候都为"真"，无论是现在还是未来。我们不能说该现象没有发生，它的真值是超越时间范畴的。

但是对于未来的事件，我们很难作出真假判断。这就是第 1 章讲的，亚里士多德的"海战悖论"："明天将有一场海斗。"对此陈述，今天无法赋予真值，因为海战是尚未发生的事件。如果我们采取决定论，并将其应用于未来，这就意味着前因将遵循某种因果律导致未来事件必然发生。这也就意味着我们不具有决定未来的自由意志。然而，按照自由意志，我们可以决定海战事件未来发生或者不发生。从而打破排中律，即自由意志这一逻辑不可能同时是真和假[1]。

这就引出一个问题：对于没有发生的事件，我们如何判断因果关系陈述的真假？逻辑系统的发展为解决亚里士多德的"海战悖论"提供了新的方案。比如，超越二元哲学（真假），三值逻辑系统包括三个真值（真、假和不确定）。这种逻辑系统进一步扩展到具有无限数量的真值，发展为模糊集。

4.1.4 亚里士多德四因说

亚里士多德指出每一事物都由质料和形式构成，并且事物的状态和变化都是由四种原因共同决定的，即质料因、形式因、动力因和目的因。其中，质料因是指事物都有其构成的材料。比如土等材料是构成陶器的材料。形式因是指事物所具有的形式，如事物所体现的结构、模式等。动力因是指事物得以产生的驱动力。动力因也是因果原则，可以来源于事物外部，也可以来源于事物本身。比如光合作用是植物存活的动力因，人的劳动创造、工具和方法等是改造事物的外因，而事物也依赖自身实现生存和发展。目的因是指任何活动过程所指向的目的。人的活动过程受到某种目的的指引，如管理者需实现经营业绩等。

四种原因的不同组合可以产生不同的事物。同一材料可以根据目的的不同，采用不同的工具改变形式，从而产生不同的事物。相同形式的事物也可以由不同的

---

[1] 杜萨. QCA 方法从入门到精通：基于 R 语言 [M]. 杜运周, 等译. 北京：机械工业出版社, 2021.

材料产生，就像企业可以采取不同的工艺，将不同材料（如铝或者铁）制作成相同样式的产品。

四因中，材料等属于自然科学研究的范畴；形式因是一种状态。在社会科学中，通常更侧重讨论的是为了实现目的的，行为人如何采取行动产生结果（目的因）。比如，管理者要实现某一业绩目标，就需要从目的（业绩）出发寻找可能的实现方案。

4.1.5 对因果关系必要性的质疑

休谟是实证主义的重要代表，他认为知识来源于经验。对于因果关系，休谟作出了一个非常著名的定义：一个对象后面跟着另一个对象，所有类似于第一个对象的对象后面都跟着类似于第二个对象的对象。换句话说，如果第一个对象不存在，第二个对象也就不存在。休谟的对象概念，在当代研究中，经常是指事件或者属性。他认为因果关系包含四层含义：①因果之间存在经验上的规律性，如事件 A 在事件 B 前发生。②时间性，原因 A 必须在时间上先于结果 B。③因果的共发性与充分性因果，两个特定事件 A 与 B 间因果联系，背后是因为有更普适的规律促使 A 事件的发生，导致 B 事件的发生。④必要性因果，如果 A 不发生，B 不会发生，也即 A 的发生是 B 发生的必要条件。

休谟的因果定义中隐含必要与充分两类因果关系。但是休谟也认为因果关系本身是不可观察的，我们能看到的只是 A 与 B 间的经验关系，即我们可以观察球 A 撞击球 B 后，B 运动，但是我们并不能看到 A 撞击导致 B 运动这一因果关系。作为经验论的代表人物，休谟显然是不承认不可观察概念的地位的。与休谟具有相似立场的学者还有罗素等，他们否认因果关系概念的必要性，声称高相关性即足以证明因果关系，或者是因果关系的同义词。

罗素从实证主义的角度对因果关系概念的必要性进行了最广泛的抨击。他以最成熟的科学，如物理学和天文学为例，指出它们没有关注不可观测的事物，并且物理学家检验的函数关系并无明确的因果关系。比如爱因斯坦的著名公式中（$e=mc^2$），三个变量中的任何一个都可以在左侧表示为结果，也即它们都可以作为结果或者原因。

罗素的观点是实证主义的，他拒绝不可观察的事物（如原因），并试图在封闭系统中，在具有相关性的可观察事物之间构建定理。也有学者指出罗素的观点比较狭隘，即便在物理学领域，也有很多研究是强调因果关系的。

出现这种争论的一个原因是，这些学者将因果解释与预测等同了。因果解释是非对称的，而预测具有对称性。区分因果解释和预测的异同是重要的。

本节中，我们不致力于为所有的问题提供答案，有些问题可能还会长期争论下去，等待着大家去探究。我们提出问题，并介绍关于因果关系的主要解释，希望共同去深化对这些问题的理解。

4.2 预测的对称性与因果的非对称性

4.2.1 解释与预测的对称观

亨普尔认为解释与预测是对称的。他认为，按照覆盖律解释模型，对现象的解释就意味着按照普适定律和特定事实，可以预测现象的发展。反过来，一个预测也是一个解释。比如，牛顿的万有引力定律表明，万有引力等于引力常量乘以两物体质量的乘积（Mm），除以物体间距离（r）的平方 $\left(F=G\dfrac{Mm}{r^2}\right)$，根据这一公式可以预测太阳行星的轨道。反过来，这种可靠的预测也是对太阳行星轨道的解释。根据亨普尔的覆盖率解释模型和万有引力公式，我们可以用物体质量的乘积（Mm）预测物体间距离（r）；也可以反过来用物体间距离（r）预测物体质量的乘积（Mm）。亨普尔的覆盖率解释模型暗含解释项与被解释项的对称关系。

4.2.2 亨普尔的覆盖律解释模型的挑战：对称性解释不等于因果关系

按照亨普尔的覆盖律解释模型，会出现因果可以倒置的问题。这违背了科学解释的常识：因果不能倒置，即解释是一种非对称关系。比如，电线短路导致火灾，不能反过来说火灾导致电线短路。奥卡沙（Okasha）举了"一根旗杆"的例子，清楚地说明预测的对称性与因果解释的非对称性[①]。

如果某人躺在沙滩上，发现太阳在头顶37°仰角位置时，一根15米长的旗杆在沙滩上投射出20米长的影子。问题：影子为什么长20米？答：按照两个普适定律，光走直线，以及三角运算定律，对于任一内角为A、B、C的直角三角形（图4-1），其中a、b是直角边，c是斜边，正切（tan）等于对边比邻边：$\tan B=b/a$。根据三角运算定律，在37°仰角位置，$\tan 37°=3/4=15/20$，其中旗杆长15米，因此，影子长20米。

[①] 奥卡沙. 科学哲学 [M]. 韩广忠，译. 南京：译林出版社，2013：43–45.

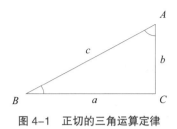

图 4-1　正切的三角运算定律

用覆盖律解释模型解释影子的长度，表述如下：

普适定律：光走直线；

　　　　　三角运算定律。

初始条件：旗杆长 15 米；

　　　　　太阳在仰角 37 度位置。

因此，影子在地面的长度为 20 米。

但是问题在于，根据三角运算定律的对称性（$\tan 37° = 15/20$），已知影子长度 20 米，仰角 37°，我们也可以推测出旗杆长度是 15 米。因此只需要改变上面的初始条件为已知影子长度 20 米（替换旗杆长 15 米），我们便可以根据覆盖律解释模型"解释"旗杆长度是 15 米。这显然是有问题的。因为影子显然不是旗杆长度的原因。之所以出现这种问题，在于亨普尔忽略了解释的非对称性，以及没有区分解释与预测。

细心的读者可能已经发现，由于很多预测模型采用的数学公式都是"="连接的，因此左右是对称的。而我们在做科学解释的时候，因果常常具有非对称性，因此预测不能自动地等于解释。对于管理者而言，需要区分对称性解释与因果解释，因为抓住因果解释，管理者才能够更好地通过操控前因（手段），去实现想要的结果（如业绩）。如果只是知道对称性解释，可能会陷入操控"影子"去改变旗杆"长度"的误区。

4.3　不同的因果关系理论

4.3.1　本质主义与因果关系

本质主义认为原因是指那些能够解释现象的变量，这些变量的聚合是产生结果的充分和必要条件。本质主义者希望观察的因果关系是必然发生的，并且认为一个原因是结果的充要条件,当原因出现时,结果必然出现。但是在社会科学中,这种原因很少存在。

本质主义者与实证主义者在因果关系解释上存在分歧。本质主义者并不要求一个原因必须先于它的结果,相反,他们要求这两个变量同时出现,否则无法排除其他因素可能在因果间隔期间导致了结果的发生。罗素也指出了因果滞后在实际研究中的挑战:如果一个学者研究 X 导致 Y 的因果关系,那么如何设定 X 与 Y 之间的滞后时间呢?如果因果效应时间很短,那么对 Y 过长的滞后测量将无法捕捉到效应的发生;如果因果效应发生需要较长时间,那么过早地对 Y 进行测量也不会捕捉到它。

【观点与讨论】

本质主义的因果论会导致互为因果关系出现吗?一些学者提出本质主义的因果论不要求原因先于结果,这样可能导致人们将因果关系与相关性混淆,产生可逆的因果关系,使人质疑为什么必要和充分的条件应先于效果,进而导致人们质疑为什么因果关系是 X 导致 Y,而不是 Y 导致 X。

4.3.2 穆勒与因果关系

穆勒认为因果关系需要满足三个条件:①在时间上原因必须先于结果。②原因与结果关联。③排除对因果关系的替代解释。穆勒的一个重要贡献是提出了五种排除替代解释的方法:求同法、求异法、求同求异联合法、剩余法和共变法。

求同法指在各种不同情况下,只有一个条件是共同的,而出现了相同的现象,那么这个条件就是产生同一现象的原因。用符号表示两种不同的情况:ABCD 与 AEFG,它们均产生了某种现象 Y,则 A 就是产生 Y 的原因,即原因出现,结果也出现。比如,致癌物黄曲霉素的发现就是采用了求同法。1960 年,英国农场主用发霉的花生喂火鸡和小鸭,随后,这些火鸡和小鸭大部分得癌症而死。后来发现,将发霉的花生给羊、猫、鸽子等动物吃,它们也会得癌症。几年后,又有人把发霉的花生喂给白鼠、鱼和雪貂,这些动物也得了癌症。这些动物不同,所处的时空环境也不同,共同条件就是吃了发霉的花生。根据求同法推论:发霉的花生是导致动物得癌致死的原因。进一步科学研究发现,发霉的花生会产生致癌物质黄曲霉素[①]。

求异法指在各种相似情况下，只有一个条件是不同的，而出现了不同的现象，那么这个不同条件就是现象出现与否的原因。用符号表示两种相似的情况：XBCD 和 BCD，前者产生了现象 Y，后者没有产生现象 Y，则 X 就是导致 Y 的原因。考虑两个相似的城市。A 城市为直辖市，政府效率高，市场开放水平高。B 城市为直辖市，政府效率高，但市场开放水平低。两城市的差异是 A 城市创业活跃，而 B 城市创业不活跃。求异法将确定城市是否开放是产生创业活跃差异的原因。

求同求异联合法指联合使用两种方法。用符号表述如下：①在两种不同情况下，ABCD 与 AEFG 均产生了 Y。②在两种相似情况下，ABCD 与 BCD，前者产生了 Y，后者不产生 Y。可以推论 A 是 Y 的原因。

剩余法指一系列的因素导致一系列的现象，如果已经匹配了所有的因素与所有的现象，仅剩一个因素与一个现象，那么剩下的这个现象可以归因于剩下的这个因素。用符号表述如下：ABC 与 XYZ 一起出现，已知 B 是 Y 的原因，C 是 Z 的原因，那么 A 是 X 的原因。

共变法指如果一系列的因素导致特定的现象，且某因素 A 变化随着导致现象的属性 B 发生变化，可以将 A 看成现象发生变化的原因。例如，对于不同的水样本，每一个都含有盐和铅，并都被发现是有毒的。如果毒性水平随铅水平的变化而变化，可以将毒性归因于铅的存在。共变法聚集于：改变某一因素的大小会导致另一个因素的大小发生变化，变异方法不涉及排除任何情况，这与穆勒的其他四种方法不同。

穆勒的贡献在于通过控制比较情境，排除了因果关系中的其他干扰。他也指出，自然中的共变和时间顺序并不必然代表因果。比如白天发生在黑夜之前，并不代表白天是黑夜的原因，即两种现象的共变可能是因为第三种变量而产生的，它们本身并不是因果关系。

4.3.3 因果行为理论

因果行为理论起源于人们的日常用语中对于因果的理解。一些哲学家指出，在日常用语中，原因就是操控，也即原因就是我们可以操控以让事情发生的事物。

---

① https://wenku.baidu.com/view/38ff8c0a763231126edb1136.html。

比如"打开开关，灯就亮了""启动车，车就跑了"等。在机械的世界，这种操控产生预期行为的关系几乎是确定的、可靠的。但是在复杂的社会环境下，这种操控产生结果的概率就没那么确定了。其原因在于社会环境更复杂，影响因素和因素间相互作用的关系也更复杂。

在对"操控"理解的基础上，柯林伍德（Collingwood）发展了因果行为理论。他区分了因果的具体含义，并从"导致"和"被导致"两个时态分别解释了原因与结果。其一，因和果都是人类活动，受人的动机和意图影响，"被导致"是一个具有责任能力的人的自由和有意识的行为（结果）；"导致"他这样做，就是给他一个这样做的动机（原因）。其二，"被导致"是自然界中的一种事件（结果），它的"原因"是一些事件或状态，通过影响这些事件或状态，可以产生事件（结果）或阻止事件（结果）的发生，并且满足以下三个条件。

（1）充分条件关系：如果原因发生或存在，结果也必须发生或存在。

（2）必要条件关系：如果原因不发生或不存在，则结果不会发生或存在。

（3）原因先于结果而存在。

柯林伍德指出，通过操纵 X 来控制 Y 不能完全解释因果关系。他举例说，即便多数人知道拨动开关灯会亮，但他们并不能解释为什么这种关系会发生。灯亮是多种因素共同构成的复杂原因，如供电正常、电路通畅等。因此，在考虑因果关系时，需要考虑多种因素相互依赖共同作用于结果的情况。我们看到的开关与灯亮的关系只是众多导致灯亮的关系中的一个。换句话说，如果仅限于开关与灯亮的关系，我们可能会错误地理解因果关系。

因果行为理论认为，涉及可控因素的因果规律才是最具有现实意义和最接近常识的因果规律。柯林伍德认为，如果对于某种原因我们没有办法操控，那么它就缺乏实际意义，也即因果关系中，人们可以对其发挥操控作用的原因至关重要。比如，科学家通过探索发现了产生地震的原因，但是人们却不能按照意愿对这些原因产生任何影响，那么在柯林伍德的观点中，这种探索就没有实际意义。

一些学者根据因果行为理论，将原因比作烹饪中的食谱。按照食谱中的配方，就可以做出我们想要的一道菜。我们并不需要理解为什么要使用这些成分，以及为什么使用这么多。对于管理实践者，他们只需要知道什么样的管理"配方"（如计划、组织、领导和控制）可以产生想要的结果，就够了。

4.3.4 基本的因果关系及其非对称性[①]

1. 五种基本的因果关系

上述对于因果关系的讨论，大致提出了必要与充分两种因果关系。但是面对复杂动态的现实环境，只区分必要与充分两种因果关系是远远不够的。首先，现实世界的复杂性意味着多因素组态将影响决策。从逻辑上说，若有 n 个事件，某个事件存在发生和不发生两种可能，则构成逻辑上 2^n 个可能的世界，但现实世界所观测的情况是有限的。现实世界的有限多样性问题会导致可依照的经验信息无法覆盖所有的逻辑可能世界。其次，现实世界的动态性意味着事件的演化路径存在多样的可能性，即事件在某一节点的突变会影响后续事件的发生，进而改变事件的演化轨迹。因此，区分几种基本的因果关系对于理解复杂多变的现实世界至关重要。

关于必要和充分的区分，可以追溯到哲学家休谟对因果关系的定义。在此基础上，哲学家麦凯（Mackie）进一步将充分条件与必要条件两种因果关系有机结合，提出了 INUS（insufficient and necessary parts of unnecessary but sufficient causes，不必要但充分的复合原因的不充分和必要的部分）关系。以此为基础，马奥尼（Mahoney）进一步提出了 SUIN（a sufficient but unnecessary part of a factor that is insufficient but necessary for an outcome，充分不必要因子的构成，该因子对结果来说是必要不充分的原因）关系。下面详细阐述上述因果关系类型，需要注意的是在不同因果关系中，"X 导致 Y"具有不同的因果含义和机制。

（1）必要性因果。必要性因果关系意味着前因是结果的必要但不充分的原因，即"如果没有 X，就不会产生 Y"。因此，一个必要的前因是产生结果的约束、障碍或者"卡脖子"的瓶颈，必须具备必要条件，才能实现期望的结果。比如，芯片是生产手机的必要条件，没有芯片则不能实现目标。因此，在理论研究和实践研究中，必要性因果分析对于认识"瓶颈"、约束条件和识别"卡脖子"问题具有非常重要的指导价值。

（2）充分性因果。充分性因果关系意味着前因对结果是充分的，即"如果 X 存在，则 Y 存在"。人们普遍希望实现某种目的，发现充分性条件也就找到了实

[①] 杜运周，李佳馨，刘秋辰，等. 复杂动态视角下的组态理论与 QCA 方法：研究进展与未来方向[J]. 管理世界，2021，37（3）：180-197.

现预期目的的抓手。但是，社会现实中，单个原因独自难以构成充分条件，通常是多个原因组合在一起才充分地导致结果发生，因此充分条件常是复合条件，需要考察多个条件的组态效应。

（3）充要性因果。充要性因果关系表述前因与结果间的充分且必要关系，即"如果X，则Y"，并且"如果没有X，则没有Y"。充要条件关系表示一种必然性关系。如前所述，本质主义认同因果关系是一种充要条件关系。在社会现实中充要条件关系较少存在，但是可以根据某因果关系接近充要性因果的程度，评价该前因条件的重要性。如果一个充分条件越接近是必要条件，它就越重要；而一个必要条件越接近是充分条件，它也越重要。

（4）INUS条件因果。INUS条件因果是麦凯发展的因果概念。他指出，复杂社会现实中，往往是复合条件（而非单一条件）构成了结果的充分条件，当我们说某个条件"X导致Y"时，实际上是隐含着X、复合条件和结果间的关系。其具体来说是指X是结果的INUS条件。如式（4-1）所示，X是组合X*A的必要不充分构成，X*A（作为组合因子）是Y的充分不必要条件（存在X*A的等效路径Z*B），X是Y的INUS条件。

$$Y=X*A + Z*B \qquad (4-1)$$

（5）SUIN条件因果。SUIN条件因果是马奥尼提出的因果关系，当我们说单个条件"X导致Y"时，实际是指X是结果Y的SUIN条件。如式（4-2）所示，X、A都是并集组合（X+A）的充分不必要构成，X+A（作为并集因子）是Y的必要不充分条件，X、A是Y的SUIN条件。

$$Y=Z*(X+A) \qquad (4-2)$$

2. 因果的非对称性

上述几种不同的因果关系显示出因果的非对称性。通过考察必要、充分及其衍生的因果关系，可以避免简化的对称性关系中"鸡生蛋，蛋生鸡"的因果循环问题。比如，如果考虑到并非所有的鸡都可以生蛋，蛋也不会自己变成鸡，通过考虑复合条件的作用，便可以发现鸡与蛋间的非对称的因果关系，避免反向因果关系：比如"鸡"和"性别-雌性"这两个属性的交集"母鸡"是生蛋的充分条件，而鸡蛋并不是孵出母鸡的充分条件。

在社会科学中可以用子集关系表示这种非对称性因果关系。回忆一下第1章，亚里士多德的三段论就是一种非对称的子集合关系。比如，牧羊犬、狗和哺乳动物分别作为三个集合，狗集合是哺乳动物集合的子集（大前提），牧羊犬集合是狗集合的子集（小前提），那么可以推论牧羊犬集合是哺乳动物集合的子集。三段论表述如下：

大前提：狗是哺乳动物；

小前提：牧羊犬是狗；

结论：牧羊犬是哺乳动物。

在集合论的维恩图中（图4-2）则可以形象地表述这种非对称的子集合关系。

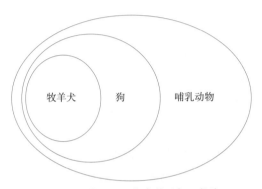

图4-2 维恩图、集合关系与三段论

对于管理者而言，区分集合关系和相关关系对正确地理解因果关系是非常重要的。这种非对称的集合关系避免了对称性关系中互为因果的困境。如在对称性的相关关系中，会出现如下解释："核心能力促进竞争优势，竞争优势也可以促进核心能力。"

集合关系可以表达一种描述因果关系的社会现象。例如，当研究者提出"核心能力是竞争优势"时，这样的子集关系实际上表明因果关系是非对称性的，他们实际上认为核心能力构成了竞争优势的一个子集，进一步可以理解为核心能力是获得竞争优势的一个充分非必要的原因，因为若没有核心能力，如通过垄断等其他手段也可能获得竞争优势。

4.4 解释与预测的组合观

本章认为解释与预测具有非对称性的一面，不可等同。把解释与预测作为两个维度，我们可以产生四种组合关系，如表4-1所示。组合1表示非预测型解释，组合 2 表示预测型解释,组合 3 表示非预测非解释,组合 4 表示非解释型预测。理想的情况下,完美的理论既可以解释又可以预测现象,但是更通常的情况下,我们只是解释或者预测了现象。比如,进化论可以归为一种非预测型解释,它提出了一种物种进化的解释,但是它并不提供精准的预测。牛顿的万有引力是一种非解释型预测,它很好地预测了物体间引力和距离以及质量的关系,但是并没有为回答为什么这种关系存在提供解释。大数据分析也不提供因果解释,它重在分类和预测,可以视为一种非解释型预测。描述性统计可以视为一种非预测非解释,它旨在对现象提供初步的认识。

表 4-1 解释与预测的组合关系

1. 解释,非预测	2. 解释,预测
3. 非解释,非预测	4. 非解释,预测

亨普尔的对称性观点只是认识到了表 4-1 对角线上的两个组合(2 和 3),忽略了解释与预测的非对称性关系(1 和 4)。解释现象并不等于可以预测现象的发生。比如,我们可以解释某些原因导致动物死亡,但是却不能完全预测什么时候导致动物死亡。反过来,我们可以根据体重和体质指数(BMI),预测一个人的身高,但是却不能因此解释体重是身高的原因。

4.5 不相关性问题与虚假相关

在社会科学中经常出现多个因素共同导致结果以及一些因素可能与结果无关的现象,这就为我们找到真正的原因增加了复杂性。一些看似是原因的条件可能与被解释现象是不相关的。比如,假设一个养马场为了控制马的繁育数量和提升质量,为所有的马都定期服用避孕药,吃了避孕药的马是不会怀孕的。一个参观马场的儿童发现公马没有怀孕,就问爸爸为什么。爸爸开玩笑说:因为马场一直给公马服用了避孕药。爸爸的这一解释完全符合覆盖律解释模型,并且可以表述如下:

普适定律:服用避孕药不能怀孕;

初始条件:公马定期服用避孕药;

因此,公马没有怀孕。

上面公马不能怀孕的例子说明，符合覆盖律解释模型的条件可能并非真正的原因。真正的原因应该与被解释现象有相关性。但是，显而易见吃不吃避孕药都与公马怀孕没有关系，避孕药并非公马不怀孕的原因。实际上，公马不会怀孕是因为它的性别。

虚假相关是指两个事件或者现象的相关实际上是其他原因导致它们共变而产生。有研究发现在美国黑人相对白人犯罪率更高。那么能否得出黑人就是美国犯罪率高的原因呢？其实，进一步分析发现黑人社会经济地位更差，差的社会经济地位和教育水平才是导致犯罪率高的根本原因。因此要降低社会的犯罪率应该是通过扶贫、提升教育以及改变国民的社会经济地位。另一个虚假相关的例子是汽水的销量与青少年溺水的关系。统计数据发现汽水的销量与青少年溺水发生事件显著相关。那么，管理者是不是通过降低汽水销量（甚至关闭汽水生产厂）就可以减少青少年溺水事故发生率呢？答案显然是否。这两者相关其实是因为气温的影响。在高温天气，青少年需要汽水降暑，汽水销量自然会增加；同时在高温天气下，青少年也会更多地通过游泳降暑，溺水事故因此增加。

不相关性问题与虚假相关问题的存在，提醒管理者找到真正的因果关系并不能完全依赖观察和统计上的相关关系，而需要区分因果解释、预测和统计关系的异同，以发现因果解释，从而建立有效的管理机制。

【本章要点】

社会实践中的管理现象错综复杂。对什么是原因、预测与因果关系的区分以及因果关系的类型的思考是应对管理复杂性问题的关键前提。对因果关系的进一步理解有助于我们打开从现象到本质的黑箱，并为管理者完善管理机制提供科学指导。

【关键概念】

原因；因果复杂性；决定论；自由意志；预测与因果；因果关系类型；虚假相关

【思考题】

1. 结合本章对因果关系的解释，你对于"烟头导致火灾"这句话有什么新的理解？

2. 如何理解因果关系复杂性？

3. 预测与因果解释有什么异同？

4. 你认为什么是因果关系，分析管理学问题时如何避免虚假相关？

5. 通过本章的学习，你能否针对本章提及的五种基本因果关系各举一个例子？

【案例分析】

要相关，不要因果？

培根有句名言"知其所以然，才能知其然"。但是大数据时代，也流传"要相关，不要因果"的观点。AI 的热度已经让我们提前进入盛夏，一夜之间到处充斥着 AI 战无不胜的口号。连开复老师也一直为 AI 摇旗呐喊，发出"50% 的职位将要被机器取代""人机对战没有悬念"的豪言壮语。然而，AI 真的强大到不可一世吗？众所周知，AI 的基础是大数据和计算能力。目前，AI 的能力更多的是来自计算能力，而在和大数据相关的一些领域如自然语言处理、模式识别、知识发现等还有很长的路要走。此外，在大数据最有价值的预测分析方面，业界至今仍没有太多可以参考的案例。作为从事数据科学的研究人员，我们有必要保持警惕和反省，思考大数据的真正价值。

大数据旋风以"迅雷不及掩耳之势"席卷中国。毋庸置疑，大数据已然成为继云计算、物联网之后新一轮的技术变革热潮，不仅是信息领域，经济、政治、社会等诸多领域都"磨刀霍霍"向大数据，准备在其中逐得一席之地。中国工程院李国杰院士更是把大数据提升到战略的高度。他表示，数据是与物质、能源一样重要的战略资源。从数据中发现价值的技术正是最有活力的软技术，在数据技术与产业上的落后，将使我们像错过工业革命机会一样延误一个时代。

在这样的认知下，"大数据"日趋变成大家"耳熟能详"的热词。谷歌趋势（Google Trends）显示，在未来的数年里，"大数据"的热度可能还是"高烧不退"。在大数据如火如荼的发展之路上，多一点反思，多一份冷静，或许能让这路走得更好、更远。例如，2014 年 4 月，大名鼎鼎的《纽约时报》发表题为"大数据带来的八个（不,是九个！）问题"的反思文章,其文中的第九个问题，就是所谓的"大数据的炒作（we almost forgot one last problem:the hype）"。同样重量级的英国报刊《财经时报》（Financial Times，FT）也刊发了类似反思式的文章《大数据：我们正在犯大错误吗？》。

在大数据热潮之中，大数据的价值是否被夸大了？是否存在人造的"心灵鸡汤"？大数据技术便利带来的"收之桑榆"，是否也存在自己的副作用——"失之东隅"——个人的隐私何以得到保障？大数据热潮的"繁华过尽"，数据背后的巨大价值是否还能"温润依旧"？在众声喧哗之中，我们需要冷静审慎地思考上述问题。

我们知道，针对大数据分析，无非有两个方面的作用：①面向过去，发现潜藏在数据表面之下的历史规律或模式，称为描述性分析（descriptive analysis）。②面向未来，对未来趋势进行预测，称为预测性分析（predictive analysis）。把大数据分析的范围从"已知"拓展到"未知"，从"过去"走向"将来"，这是大数据真正的生命力和"灵魂"所在。然而面向过去，我们可能得出一个错误的"历史规律"，进而难以准确地预测未来：根据以往的数据预测未来，但是没想到，会发生"黑天鹅事件"。黑天鹅事件是指难以预测的但影响甚大的事件，一旦发生，便会引起整个局面连锁负面反应甚至颠覆。

此外，就其本身而言，大数据分析可能存在更本质的问题。

首先，"大"数据真的万无一失吗？舍恩伯格（Schönberger）教授在其著作《大数据时代》的第一个核心观点就是：大数据即全数据 [即 n=All（所有），这里 n 为数据的大小]，旨在收集和分析与某事物相关的"全部"数据，而非仅分析"部分"数据。问题是我们能够获得全数据吗？如果真能这样，那么就无须采样了，也不再有采样偏差的问题，因为样本已经包含所有数据。畅销书《你的数字感：走出大数据分析与解读的误区》的作者、美国纽约大学统计学教授 Kaiser Fung，就提醒人们，不要简单地假定自己掌握所有有关的数据："n=All"常常只是对数据的一种假设，而非现实。微软-纽约首席研究员 Kate Crawford 也指出，现实数据是含有系统偏差的，通常需要人们仔细考量，才有可能找到并纠正这些系统偏差。大数据看起来包罗万象，但"n=All"往往不过是一个颇有诱惑力的假象而已。

在过去的 200 多年里，统计学家们总结出了在认知数据的过程中存在的种种陷阱（如样本偏差和样本误差）。如今数据的规模更大了，采集的成本也更低了，"大数据"中依然存在大量的"小数据"问题，大数据采集同样会犯与小数据采集一样的统计偏差。我们不能掩耳盗铃，假装这些陷阱都已经被填平了，事实上，它们还都在，甚至问题更加突出。

其次，大数据时代相关性将取代因果性？舍恩伯格教授的《大数据时代》核心观点之一就是：趾高气扬的因果关系光芒不再，卑微的相关关系将"翻身做主人"，知道"是什么"就够了，没必要知道"为什么"。

"要相关，不要因果"的观点，也被一些学者质疑。一些学者认为放弃对因果关系的追求，将使人类堕落。对于这个观点，李国杰院士认为：在大数据中，看起来毫不相关的两件事同时或相继出现的现象比比皆是，相关性本身并没有多大价值，关键是找对了"相关性"背后的理由，才会获得新知识或新发现。一个关于大数据预测流感的例子为这一观点提供了有力证据。

谷歌流感预测：预测是如何失效的？2009年2月，谷歌公司的工程师们在国际著名学术期刊《自然》上发表了一篇非常有意思的论文：《利用搜索引擎查询数据检测禽流感流行趋势》，并设计了大名鼎鼎的流感预测系统。

谷歌工程师们开发的GFT预测H1N1流感的原理非常朴素：如果在某个区域某个时间段，有大量的有关流感的搜索指令，那么，就可能存在一种潜在的关联：这个地区有很大可能性存在对应的流感人群，值得相关部门发布流感预警信息。

谷歌工程师们开发的GFT可谓轰动一时，但好景不长，相关论文发表4年后，2013年2月13日，《自然》发文指出，在最近（2012年12月）的一次流感暴发中，GFT不起作用了。GFT预测显示某次的流感爆发非常严重，然而疾控中心（CDC）在汇总各地数据以后，发现谷歌的预测结果比实际情况要夸大了几乎一倍。研究人员发现，问题的根源在于，谷歌工程师并不知道搜索关键词和流感传播之间到底有什么关联，也没有试图去搞清楚关联背后的原因，只是在数据中找到了一些统计特征——相关性。这种做法在大数据分析中很常见。为了提高GFT的预测准确性，谷歌工程师们不断地微调预测算法，GFT每一次算法微调，都是为了修补之前的"测不准"问题，但每次修补又都造成了另外的误差。

对GFT预测更猛烈的攻击，来自著名期刊《科学》。2014年3月，该杂志发表由哈佛大学、美国东北大学的几位学者联合撰写的论文《谷歌流感的寓言：大数据分析中的陷阱》，他们对谷歌疫情预测不准的问题做了更为深入的调查，也讨论了大数据的"陷阱"本质。该论文作者认为：大数据的分析是很复杂的，其数据收集过程决定了其很难像传统"小数据"那样缜密，难免会出现失准的情况。作者以谷歌流感趋势失准为例，指出"大数据自大"是问题的根源。文章还认为，"大数据自大"还体现在其存在一种错误的思维方式，即误认为大数据模式分析出的"统计学相关性",可以直接取代事物之间真实的因果和联系,从而过度应用这种技术。这就对那些过度推崇"要相关,不要因果"的人群,提出了很及时的警告。毕竟,在某个时间很多人搜索"流感",不一定代表流感真的暴发,完全有可能只是上映了一场关于流感的电影或流行了一个有关流感的段子。

资料来源:来自大数据的反思——需要你读懂的10个小故事 [EB/OL].(2018-04-24). https://cloud.tencent.com/developer/article/1042672.

讨论题:

1. 大数据分析可能会有什么优缺点?为什么?未来的管理应用中如何扬长避短?

2. 你认为"大数据"潮流下,相关性可以取代因果性吗?为什么?

第 5 章　管理理论与实践

【学习目标】

1. 了解理论的要素，理论开发的过程，以及不同科学哲学观提出的背景及内涵。
2. 熟悉管理理论的特征、管理实践的范畴。
3. 掌握如何在管理研究中做到知行合一。

【能力目标】

1. 基于理论的演进规律理解和分析当前管理学的各种理论。
2. 提升对好的管理学理论的鉴别和判断能力。
3. 掌握理论联系实践、知行合一的辩证思维能力。

【思政目标】

1. 理解理论与实践脱节的具体表现和严重弊端。
2. 从马克思主义哲学视角理解实践第一性，以及理论与实践的辩证关系。

第5章 管理理论与实践

【思维导图】

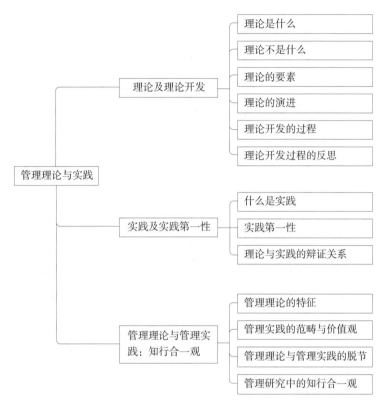

【开篇引例】

长期以来,有关管理理论和实践的关系引发了许多争议,为此,美国管理学会前会长、著名管理学家徐淑英教授接受了《管理学家》杂志采访,并分享了她的看法。

《管理学家》:管理实践者应该如何学习管理,才能有效地与学术界互动起来?两者才不会彼此隔阂,甚至相轻?

徐淑英:管理者和管理研究者应该是最好的朋友。

这是因为管理研究的目标是产生有助于管理实践的知识。管理者们向管理研究者提供第一手的资料(他们的经验和做法)。管理研究者把这些经验和做法组织成有意义的框架,解释它是什么,它的效果,以及它从何而来。我鼓励每个管理研究员花一段时间待在一个公司里。在他们设计一项研究之前,必须和他们即将研究的人们聊聊,去了解这些经理和员工们工作的情境。同时,我也鼓励每一位经理都学一点研究方法,能够去欣赏科学方法中的严谨性。这样一来,经理也可以有一些知识,去评估他们即将采用的方案的质量。是什么证据能证明该方案将带来预期的效果？

管理者和研究者之间良好的合作关系可以得到最好的研究。但是两者必须有一个共识：研究是一项科学的活动。科学是追求真理。因此，研究可能会揭示一些经理人可能不喜欢的真理。所以，管理者和研究人员需要保持一定的距离，以保证研究者是一名科学家，而不是一个经理聘请的研究助理、研究员。换句话说，在一个联合研究项目中，即使由公司资助，管理者和研究人员之间合作的目的是找到管理的真理以为实践服务。

《管理学家》：管理学是离实践很近的一门学问。管理学学术研究应该和实践保持一种什么样的距离比较好？

徐淑英：管理学研究必须兼顾严谨性诉求和切题性诉求。严谨性诉求是要建立科学的知识体系。切题性诉求则是根据实践的需求将知识转化为可操作的实践知识。科学知识具有普遍性、抽象性、经样本验证性等特征。实践知识具有具体性、情境嵌入性等特征。管理研究来源于管理实践，但超越管理实践。因此在管理研究与管理实践之间保持一定的距离是必要的，是维系管理学研究的科学性和客观性的基础。但是管理研究与管理实践之间的距离不能过大，这是由于管理科学的属性决定的。管理学是一门实践性学科。在关注其理论科学价值的前提下，还需要关注其实践价值。管理研究成果的价值，不仅在于它们的理论贡献，也在于它们对实践的推动作用。

你认为管理理论与实践是什么关系呢？如何发展管理理论的同时，避免理论与实践间脱节？

资料来源：邓中华，闫敏. 中国管理研究的关键时刻——专访徐淑英教授[J]. 管理学家，2011（11）：32-42.

5.1 理论及理论开发

5.1.1 理论是什么

通俗地讲，理论是人们认识世界的一种系统化的形式。但关于理论的内涵，人们还没有达成一致的意见。比如，在美国的大众语言中，理论可以是对于问题的解释、推测，对于某种事情的猜想或者对于日常生活中即将发生的事情的预测，因此任何能够提出某种意见的人都可以被称为理论家。如果某个理论被证明是正确的，人们往往觉得很不错；即便理论被证明是错误的，他们也认为没有什么大不了的。但中国人很少在大众语言中将理论用于日常发生的事情上，他们倾向于将理论看作对于社会和人性的基本规律的哲学思考与系统观点，因此，理论被看成伟大的、包罗万象的系统原则和规律，并认为理论家就是像孔子、马克思或者毛泽东那样伟大的思想家[①]。

这或许是由于文化的差异，但即使是严谨的学者们对理论的内涵也没有达成一致的意见。这背后的原因在于人们持有不同的科学哲学观，也即通常所说的不同的本体论（其核心问题是理论能否反映实在）和认识论（其核心问题是理论能否接近于真理）。弗兰克·理查森（Frank Richardson）和布莱恩·福韦尔斯（Blaine Fowers）归纳了五种不同的科学哲学观，即主流实证主义的、描述主义的、批判主义的、后现代/社会建构主义的、诠释主义的。

如何看待不同的科学哲学观呢？从目标而言，哲学社会科学是人们认识世界、改造世界的工具，不同的科学哲学观都服务于这一目的。因此，每一种科学哲学观我们都可以研究借鉴，不能采取不加分析、一概排斥的态度，但在研究借鉴的过程中，也要批判性地认识其局限性，这既是马克思主义唯物辩证法的基本要求，也是马克思主义哲学观的可贵精神品质。

本章重点介绍主流实证主义的科学哲学观，也是目前为止影响最大的一种科学哲学观，其本体论假设认为，人和人类社会都是自然的一部分，可以被客观地认识和把握。它是一种基于经验论的认识论，并采取一种实证主义或科学主义研究路径，探寻的是社会领域的科学知识而非价值观。这种研究路径提倡一种严格的价值观中立立场，热衷于发现各种变量之间的相关性，并致力于提供有关现象的客观说明[②]。

顺应这一主流的科学哲学观，本章将所讨论的理论界定为"为了解释或预测世界目的而提出的一系列命题的组合，这些命题回答了有关因素和相关因素之间的因果联系，并可以解释为什么某种结果会在特定条件下产生"，这也就是通常所说的实证主义理论。用曾荣光（Eric Tsang）的话来说，理论主要是通过回答"为什么"来解释和预测世界[③]。

[①] 陈昭全，张志学. 管理研究中的理论建构 [M]// 陈晓萍，徐淑英，樊景立. 组织与管理研究的实证方法. 2 版. 北京：北京大学出版社，2012：65-66.
[②] 徐淑英，任兵，吕力. 管理理论构建论文集 [C]. 北京：北京大学出版社，2016：71-72.
[③] 曾荣光. 管理研究哲学 [M]. 任兵，袁庆宏，译. 北京：北京大学出版社，2020：24-25.

5.1.2 理论不是什么

为了进一步掌握理论的内涵,我们还需要明确理论不是什么。最需要明确的是,理论并非等同于现实。作为认识世界的一种系统化的形式,所有的理论都是人为的作品——究其根本,理论只是为了描述特定的现实而记录下的文字和符号,而非现实本身,因此,理论虽然可以无限接近真理,但并不可能是真理。

这就产生了另一个问题,什么是好的理论。亨利·明茨伯格(Henry Mintzberg)对此有一个精准的论述。他认为,好的理论并非由于其更为真实,而是因为其有用。他举了一个例子,地平说的理论认为地球是平的,这一理论对于造船业而言已经足够有用了,造船者并不需要根据海平面的曲率而更正造船工艺。但是地平说的理论并不能指导航海业,这时地圆说就是一个更好的理论,因为它更为有用,否则麦哲伦(Magellan)就无法实现环球航行了。地圆说也并不是真理,至少从目前的科学发现来看,人造卫星上看的地球也不是圆的,它在赤道部分是向外鼓胀的,但这并不妨碍地圆说的重大意义。换言之,新的理论并不一定比原有理论好很多,而只是在另一个领域的应用更为有效而已[①]。

更全面地来说,一个好的理论不仅要回答我们应该研究哪些因素,这些因素之间的关系是什么,以及这些关系背后的原因,还要能够告诉我们它的有用性,也就是这些因素直接的关系存在的条件和界限[②]。

5.1.3 理论的要素

理论需要包含四个基本要素:什么,如何,为什么,谁、何处、何时[③]。

什么是指在理论的开发过程中,为了记录、描述和解释现象,研究者不能囊括他们观察到的所有可能的因素,而是必须决定和取舍"什么"是应被包含其中的因素,既不能缺乏重要的因素,也不能包括不必要或者不相关的因素,要做到完整性和简约性的平衡。

---

① 明茨伯格. 开发关于理论开发的理论 [M]// 史密斯,希特. 管理学中的伟大思想:经典理论的开发历程. 徐飞,路琳,译. 北京:北京大学出版社,2010:284-285.
② 史密斯,希特. 管理学中的伟大思想:经典理论的开发历程 [M]. 徐飞,路琳,译. 北京:北京大学出版社,2010:1.
③ 迈尔斯. 管理与组织研究必读的40个理论 [M]. 徐世勇,李超平,等译. 北京:北京大学出版社,2017:2.

如何是指在一个理论中确定了一系列的因素之后，要描述这些因素如何关联起来并相互影响的。研究者既可以用文本形式描述这些关系，也可以通过绘制图形或模型的方式将其操作化。

为什么是指因素之间拟定关系背后的心理、经济和社会机制以及证据，用来解释理论的因素之间为什么组合在一起的逻辑。这首先包括研究者的假定，这些假定是理论黏合剂，可以将理论的所有部分连在一起。之后研究者再通过现实生活的调查或实验室的证据来验证是否支持因素之间的拟定关系。研究者通过严谨的、有逻辑的和系统的研究，可以找到对一个理论中的因素之间关系的支持，抑或当没有找到对其的支持时，可以修改和重述理论。

谁、何处、何时是指一个理论的"什么""如何"与"为什么"要素永远不会适用于所有可能的条件。研究者需要列举限制理论普适性的边界和约束条件，如一个理论的限制可能包括时间、情境和地理等因素[①]。

在表述中，我们通常将理论的"什么"要素称为"构念"或"变量"，把"如何"要素称为"命题"或者"假设"，把"为什么"要素称为"基本假定"和"实证检验"，把"谁、何处、何时"要素称为"调节关系"或者"异质性条件"。

5.1.4 理论的演进

关于理论是如何演进的，我们需要回顾三位影响力比较大的科学哲学家的观点。

第一位是波普尔，他在其著作《科学发现的逻辑》中对理论的演进给出了系统的阐释。波普尔认为，理论必须由一系列可证伪的命题所组成，如果命题不可证伪，那么就不是理论。他说，一个科学家，不论是理论家还是实验家，都提出命题或者一系列的命题，然后一步一步检验它们。说得具体一些，在经验科学的领域，他们构建命题或者一系列的命题，然后用观察和实验，对照经验来检验它们[②]。根据波普尔的观点，理论的命题不能被完全证实，只能不断得到经验的检验，因此理论的演进就是不断证伪旧的命题，并提出新的命题。

---

① 迈尔斯. 管理与组织研究必读的40个理论[M]. 徐世勇，李超平，等译. 北京：北京大学出版社，2017：2.
② 波普尔. 科学发现的逻辑[M]. 查汝强，邱仁宗，万木春，译. 北京：中国美术学院出版社，2008：3.

第二位是库恩,他在《科学革命的结构》一书中进一步发展了对于理论的认知。他说,波普尔强调如果经验检验了现有理论的结果是否定的,那么科学家就必须抛弃一个已确立的理论。但是,一方面,如果理论与数据间稍有不合即成为抛弃理论的理由,那么所有的理论在任何时候都该被抛弃。另一方面,如果只有理论与数据的严重不符才构成抛弃理论的理由,那么波普尔主义者就需要某种"不可能性"或"否证程度"的标准。在制定这么一种标准时,他们几乎必然会遇到那些使各种概率论证实理论的提倡者头痛的种种困难[1]。因此,库恩否定了波普尔"不断革命"的理论演进观,提出了范式的概念。库恩认为范式是一个成熟的科学共同体在某段时间内所认可的问题领域、基本假定、研究方法和解题标准的集合,认为理论的演进不是个别命题的证伪,只有范式的演进才可称为理论的科学演进[2]。

第三位是拉卡托斯(Lakatos),他在《科学研究纲领方法论》一书中重新审视了波普尔和库恩的争论,认为可以发展波普尔的证伪主义,从而避免库恩的批判,在科学发现逻辑的范围内把科学理论的演进重建为合理的。他基于波普尔提出的科学分界标准,即一个理论即使没有丝毫有利于它的证据,也可能是科学的;而即使所有的现有证据都支持一个理论,它也可能是伪科学的。确定一个理论的科学性质或非科学性质可不依靠事实,而在于一项能够证伪理论的判决性实验(或观察)[3]。他发展了这一标准,基于大量的理论观察和反思,提出了研究纲领的概念。研究纲领分为内核和保护带两部分,理论的内核是不用推翻的,但保护带是可以通过证伪不断演进的,这同样构成了理论的演进[4]。他举例说,比如牛顿的理论到爱因斯坦的理论的演进,并不是因为牛顿的理论被"反驳"了,爱因斯坦的理论没有被反驳,而是因为牛顿理论所成功地说明过的一切,爱因斯坦的理论都说明了,而且它还在某种程度上说明了一些已知的反常事件,这并不需要抛弃牛顿的理论的内核,而只需要保护带的演进,因此爱因斯坦的理论同牛顿的理论相比体现了理论的演进[5]。

---

[1] 库恩. 科学革命的结构[M]. 金吾伦,胡新和,译. 4版. 北京:北京大学出版社,2012:123.
[2] 库恩. 科学革命的结构[M]. 金吾伦,胡新和,译. 4版. 北京:北京大学出版社,2012:88.
[3] 拉卡托斯. 科学研究纲领方法论[M]. 兰征,译. 上海:上海译文出版社,2016:4.
[4] 拉卡托斯. 科学研究纲领方法论[M]. 兰征,译. 上海:上海译文出版社,2016:56.
[5] 拉卡托斯. 科学研究纲领方法论[M]. 兰征,译. 上海:上海译文出版社,2016:45.

5.1.5 理论开发的过程

波普尔的证伪观已经被世界广泛接受,一个学科的学者们也对该领域的研究范式和研究纲领逐渐形成了共识,将该范式下的共同世界观、共识及基本观点划分科学共同体的标准,并区分科学发展的阶段。这些科学哲学观奠定了常规科学理论开发范式的基础,进而形成了理论开发的过程,即包括诠释理论、寻找事实、将事实与理论匹配在内的三个主要活动[①]。

理论开发的过程本质上是科学研究的过程,这是一个涉及许多活动的不断循环的过程,该过程既可始于理论,亦可终于理论。科学研究过程假设研究者已经选择了一个有意义的研究问题,并且已经做了相关的文献回顾。一旦认为问题很重要、值得研究,而已有的文献对该问题不能提供有意义的答案,研究过程就可以从理论或者观察开始。从理论开始的研究被认为是演绎导向的假设检验研究,而从观察开始的研究则被认为是归纳导向的建立理论研究。如图 5-1 所示,归纳导向的研究方法位于循环的左边,演绎导向的研究方法位于循环的右边。循环的上半部分是逻辑的方法,即通过归纳和演绎的逻辑实现理论化的过程。下半部分则是实证的方法,即在研究方法的帮助下从事研究的过程[②]。

5.1.6 理论开发过程的反思

尽管以上理论开发的过程已经基本形成了研究者和学术界的共识,但是我们不能忘记,这一常规科学的过程不是完美的,仍然存在局限。

(1)这一过程可能会抑制理论的创新。具体而言,遵循某个特定范式的科学家,倾向于使用现有的理论和方法来得到学术界的接纳。作为特定范式的忠实保卫者——评审人和编辑,可能会怀疑甚至不能容忍新的理论、逻辑或方法。因此,范式是一把双刃剑。一方面,它提供了标准和准则,使我们的科学调查和积累知识成为可能;另一方面,它也可能限制我们,使我们不能发现新理论、发展新方法,

---

① 徐淑英,欧怡.科学过程与研究设计[M]//陈晓萍,徐淑英,樊景立.组织与管理研究的实证方法.2 版.北京:北京大学出版社,2012:17.
② 徐淑英,欧怡.科学过程与研究设计[M]//陈晓萍,徐淑英,樊景立.组织与管理研究的实证方法.2 版.北京:北京大学出版社,2012:18-20.

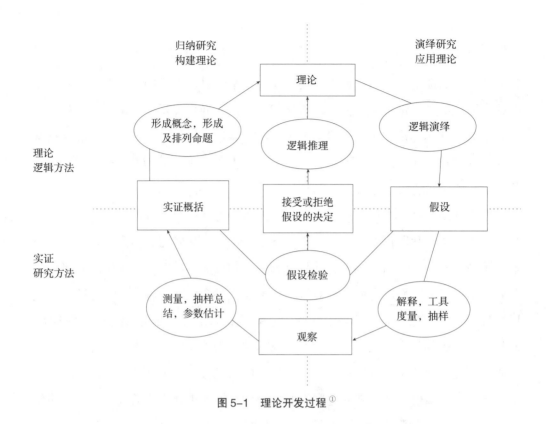

图 5-1 理论开发过程[①]

或提出不熟悉的问题[②]。

（2）这一过程可能会忽视理论构建的重要性。图 5-1 显示的理论开发过程虽然左侧是理论构建，右侧是理论验证，但在大部分研究者的研究过程中，研究者可以只专注于理论验证，或者同时专注于理论构建和理论验证两者，很少有研究者只专注于理论构建而不去从事理论验证，因为大部分研究者都被教导要遵从科学（狭隘的角度），只有通过验证的理论才是科学的，这也就意味着，请不要发明创造，只许推论演绎，这才是学术上所谓正确的做法[③]。一些研究者甚至将科学等同于科学方法，将科学性等同于方法严谨，将理论肤浅地看作变量与变量、构念

[①] WALLACE W. The logic of science in sociology[M]// 陈晓萍，徐淑英，樊景立. 组织与管理研究的实证方法. 2 版. 北京：北京大学出版社，2012：19.

[②] 徐淑英，欧怡. 科学过程与研究设计[M]// 陈晓萍，徐淑英，樊景立. 组织与管理研究的实证方法. 2 版. 北京：北京大学出版社，2012：17-18.

[③] 史密斯，希特. 管理学中的伟大思想：经典理论的开发历程[M]. 徐飞，路琳，译. 北京：北京大学出版社，2010：285-288.

与构念之间的关系，错误理解理论的本质和使命[①]。这些都抑制了精彩的新理论的提出。

（3）理论的证伪并不一定会消除理论，这导致理论数量的激增。根据波普尔的观点，没有理论是能被完全证实的，只能说是被暂时地证实，这就导致许多研究者认为理论的证伪也是暂时的，不能完全消除旧理论，而是要对旧理论不断修修补补，这就使得理论成为一片杂草丛，充斥大量无力甚至冲突的理论，这在许多学科都是如此[②]。

以上我们介绍了理论的内涵、要素、演进、开发过程，为了更好地理解和把握理论的规律，我们必须还要理解理论的"孪生兄弟"——实践，因为如果离开实践谈理论，理论就成了无源之水、无本之木。

5.2 实践及实践第一性

5.2.1 什么是实践

什么是实践，不同的本体论和认识论有不同的看法，如前现代观点、现代观点、后现代观点等，争议不断。马克思主义哲学不采取本体论与认识论相对立的方法，而以辩证唯物主义说明哲学的整个问题，是我们理解实践的科学视角。

马克思主义认为，实践是客观的物质活动，是人作为物质力量、运用物质手段、作用于物质对象并产生物质性的结果的活动。首先，实践是人的有意识的自觉能动的社会活动。人的实践活动不像动物那样被动地适应自然界，而是一种自觉的有目的的活动。正如马克思所说，"当人开始生产自己的生活资料，即迈出由他们的肉体组织所决定的这一步的时候，人本身就开始把自己和动物区别开来"[③]。其次，实践是社会性活动。人们只有结成一定的社会关系，才能在自然界面前确立自己的主体地位，形成社会性的物质力量，进行改造自然的生产活动。最后，实践是历史性活动。实践活动既受历史条件制约，又是一个历史发展过程。

马克思主义进一步把实践划分为三种基本类型：物质生产实践、社会政治实践以及科学文化实践。物质生产是人类历史的第一个实践活动。物质生产实践要

---

① 徐淑英，任兵，吕力. 管理理论构建论文集 [C]. 北京：北京大学出版社，2016：128.
② 曾荣光. 管理研究哲学 [M]. 任兵，袁庆宏，译. 北京：北京大学出版社，2020：81-84.
③ 马克思恩格斯选集：第1卷 [M]. 北京：人民出版社，2012：147.

解决的是人与自然的矛盾，生产物质生产资料和生活资料，是最基本的首要的实践活动。没有物质生产实践，人就不能生存，国家和民族就要灭亡。社会政治实践是人类在政治上层建筑领域从事各种交往的实践活动，只有经过这种实践，才能建立和完善各种社会政治关系，从事社会政治交往，协调人们的各种利益，社会才能正常运转，物质生产才能不断地进行。科学文化实践是人们从事科学研究、科学创造和生产精神文化产品的实践活动。人们通过这种实践，探索世界的奥妙，发现世界的规律，发展自然科学、哲学社会科学、思维科学，创造各种科学技术和精神文化产品，为经济社会发展与自身的发展提供科技支撑、理论指南、思想基础、价值取向、道德规范和文化氛围。科学文化实践也包括哲学社会科学的社会调查与科学研究实践[①]。

5.2.2 实践第一性

实践第一的观点是马克思主义哲学的核心观点。这主要阐述的是实践相对于认识（或者理论）的地位和关系。相对于前现实主义观点等本体论和认识论将人理解为自然的、生物学意义上的、抽象的人，而不是处于一定社会关系之中、从事物质生产实践和其他实践的人，将认识理解为人脑对于外部世界的机械、被动、直观的反应，而不是以实践为基础的能动的、辩证的发展过程。马克思主义哲学创立了辩证唯物主义，将本体论和认识论统一起来，明确了实践第一性的观点，形成了科学的实践观[②]。

（1）实践决定认识，是认识的源泉和动力。正如毛泽东所说，"人的正确思想是从哪里来的？是从天上掉下来的吗？不是。是自己头脑里固有的吗？不是。人的正确思想，只能从社会实践中来，只能从社会的生产斗争、阶级斗争和科学实验这三项实践中来。人们的社会存在，决定人们的思想"[③]。此外，实践还是认识的动力，社会实践不断向人们提出新的问题和新的要求，推动人们去探求新知。

（2）实践是认识的目的和归宿。如果说认识的根本任务是认识本质、把握规律，那么，认识的最终目的则是指导实践、改造世界、实现人的生存和发展。马克思明确指出："哲学家们只是用不同的方式解释世界，问题在于改变

---

① 王伟光. 新大众哲学：下卷 [M]. 北京：中国社会科学文献出版社，2014：498–499.
② 杨河. 马克思主义简明读本 [M]. 北京：人民出版社，2018：131–137.
③ 毛泽东文集：第 8 卷 [M]. 北京：人民出版社，1999：320.

世界"①。这不是说哲学不用解释世界,而是说哲学最根本的目的是改变世界,解释世界最终也是为了改变世界。正如毛泽东所说,"马克思主义看重理论,正是,也仅仅是,因为它能够指导行动。如果有了正确的理论,只是把它空谈一阵,束之高阁,并不实行,那末,这种理论再好也是没有意义的"②。

(3)实践是检验真理的唯一标准。人类历来崇尚真理,但对于什么是真理、如何检验真理,却一直莫衷一是,以致有人认为书本是检验真理的标准,有人认为圣人、伟人的话是检验真理的标准,有人认为多数人认同的就是真理,有人认为杰出的少数人说的或认同的就是真理。但是人们最终发现,无论书本的话,还是简单的多数人的认同,还是少数人非凡的才能,都不是真理的可靠证明。只有联结主观认识与客观实际的实践,才能作为检验真理的标准③。

5.2.3 理论与实践的辩证关系

理论是认识的高级形式,是系统化的理性认识。马克思主义哲学认为,理论与实践的辩证关系就是指理论必须同实践相统一。理论一旦脱离了实践,就会成为僵化的教条,失去活力和生命力。实践如果没有正确理论的指导,也容易"盲人骑瞎马,夜半临深池"。

(1)理论不能脱离实践。理论有正确的,也有错误的。正确的理论之所以能够成功地指导实践,在于它正确地反映了事物发展的客观规律,科学总结了人们在社会实践中所积累的经验。

(2)实践必须有正确理论的指导。人的实践活动总是受一定意识支配的。理论的指导作用,是由意识的能动性所决定的。由于理论具有相对独立性、超前性和预见性,因此能影响人的意识,进而对于实践有着巨大的指导作用④。

(3)理论与实践循环上升。毛泽东在《实践论》一文中对此有深刻的论述,他说"通过实践而发现真理,又通过实践而证实真理和发展真理。从感性认识而能动地发展到理性认识,又从理性认识而能动地指导革命实践,改造主观世界和客观世界。实践、认识、再实践、再认识,这种形式,循环往复以至无穷,而实

---

① 马克思恩格斯选集:第1卷[M].北京:人民出版社,2012:136.
② 毛泽东选集:第1卷[M].北京:人民出版社,1991:292-293.
③ 王伟光.新大众哲学:下卷[M].北京:中国社会科学文献出版社,2014:500-501.
④ 王伟光.新大众哲学:下卷[M].北京:中国社会科学文献出版社,2014:126-128.

践和认识之每一循环的内容,都比较地进到了高一级的程度。这就是辩证唯物论的全部认识论,这就是辩证唯物论的知行统一观"①。实践没有止境,理论创新也没有止境,我们需要不断用发展中的理论指导发展中的实践,也需要用发展中的实践不断发展理论。

5.3 管理理论与管理实践:知行合一观

5.3.1 管理理论的特征

前文我们说过,有的理论很宏大,用于解释社会、组织和个人中的大部分方面,一般是高度复杂、非常抽象和系统的理论,如马克思主义理论、中国的道家理论;有的理论很微小,用于解释某一件具体事情,特点是非常具体,很少抽象,如解释某个下属某一天为什么会迟到。就管理学而言,管理理论一般指的是中层理论,它的特点是在全面性和抽象程度上都是中等的,目的在于通过抽象化的学术概念去揭示所观察到的特定情境条件下的现象背后的模式,力求在研究的集中性(集中于某些现象或者现象的某些方面)和全面性之间取得平衡,以及在精确性和广泛性之间取得平衡,并且在建立起来后需要被实证检验。一般而言,中层理论是有边界的,它只适用于某些现象而非所有的现象②。

与理论的要素相似,管理理论也是一个由概念或者变量组成的系统,通过命题将概念之间的关系表达出来,或通过假设将变量之间的关系表达出来。而且需要明确的是,管理理论必须着眼于解释,而非仅仅描述。仅仅提出或者证明两件事情是相关的,与提出某个事情实际上可以解释另外某个事情的发生或者其程度,这二者是不同的③。

一般而言,管理理论有四种开发的方法,分别是深化(elaboration)、繁衍(proliferation)、竞争(competition)和整合(integration)。深化是指研究者在已有的理论的基础上增加一些新的成分,如增加调节变量或者中介变量,使得原来的理论更全面、更具体、更精确和更严谨,从而增加了理论的解释力和预测力。新

---

① 毛泽东选集:第 1 卷 [M]. 北京:人民出版社,1991:296–297.
② 陈昭全,张志学. 管理研究中的理论建构 [M]// 陈晓萍,徐淑英,樊景立. 组织与管理研究的实证方法. 2 版. 北京:北京大学出版社,2012:65–67.
③ 陈昭全,张志学. 管理研究中的理论建构 [M]// 陈晓萍,徐淑英,樊景立. 组织与管理研究的实证方法. 2 版. 北京:北京大学出版社,2012:68.

建立的理论并没有挑战或者背离原有理论的假定和原理，它与原有理论所阐述的问题是相似的，支持理论成立的实证性数据或观察也是相似的。繁衍是指研究者从其他领域的理论中借鉴某个或某些思想，将其应用到新领域中的现象上。竞争是指针对某个已经完全建立起来的理论，提出新的理论，作出与原来的理论针锋相对的解释，甚至替代原来的理论。整合是指在两个或者两个以上已经建立起来的理论的基础上创造一个新的理论模型。以上四种方法并不是相互排斥或者截然分开的，研究者可以在理论建立的某个方面使用深化的途径，而在另一个方面使用竞争或者繁衍的方法[①]。

5.3.2 管理实践的范畴与价值观

管理实践也就是管理的现实。在一般的教科书中，管理是指管理者借助人（人力资源）、资金（财务资源）、物（物质资源）、数据（信息资源）等实现组织愿景、使命、战略和目标的过程，包括计划、组织、领导以及控制四个功能。管理的计划功能涉及分析当前状况和预测未来，确定愿景、使命、战略和目标。管理的组织功能涉及集合与协调人力、财力、物质资源、信息资源和组织能够使用的其他资源，以实现其所期望的结果。管理的领导功能涉及影响员工尽可能好地表现。管理的控制功能涉及监测员工在成果方面取得进展，并在必要时作出适当的改变[②]。管理的实践就是这些功能的具体表现。

根据马克思主义实践第一性的观点，管理实践是管理理论的来源、动力、目的和归宿。但我们也不得不承认，管理实践中也有许多丑闻、一些应该被谴责的实践，更为惊讶的是，许多过分的、恶劣的管理实践甚至能从商学院研究者的管理理论中找到依据。这一问题的根源在于，研究者们认为，在理论上否定任何道德或伦理考量是将管理学作为一门科学的先决条件，因此，他们认为任何管理实践都是价值无涉的，不会考虑道德或伦理。但我们不要忘了，管理实践是检验管理理论的唯一标准。因此，管理理论的研究者，在痴迷于从管理实践中追求真实

---

① 陈昭全，张志学. 管理研究中的理论建构 [M]// 陈晓萍，徐淑英，樊景立. 组织与管理研究的实证方法. 2 版. 北京：北京大学出版社，2012：77-81.
② 迈尔斯. 管理与组织研究必读的 40 个理论 [M]. 徐世勇，李超平，等译. 北京：北京大学出版社，2017：7-8.

性和实证检验的同时，也不能忽视道德伦理的价值观要求①。

5.3.3 管理理论与管理实践的脱节

除了价值观问题外，当前管理学领域一个比较严重的问题是管理理论与管理实践的脱节。关于这一问题的讨论开始于 1993 年，时任美国管理学会主席的唐纳德·汉布瑞克（Donald Hambrick）在 1993 年的管理学年会上发表其主席致辞，题目是"管理学会真的重要吗？"。在演讲中，他呼吁学会应在研究中更多地关注我们所处的"象牙塔"之外的世界。在接下来的若干年中，美国管理学会的主席致辞一直延续这一主题，呼吁提高我们研究的有用性。比如 2012 年时任美国管理学会主席的徐淑英教授在管理学年会上发表主席致辞，题目是"论有同情心的学术：我们为什么要关爱？"。2021 年的美国管理学会年会再次延续了这一主题，并专门安排了一场主旨发言，题目是"大骗局？商学院、商学院的教师，以及管理研究出了什么错？"，指出"一个接一个的行业经历了混乱和转型，但商学院和商学院的教师却像几十年前一样继续着研究，他们所做的管理研究很少与管理者在工作中遇到的真正挑战联系起来，当然，企业管理者也几乎不知道他们在研究什么"。这可谓振聋发聩。

心理学家库尔特·勒温（Kurt Lewin）早就说过，"没有什么比一个好的理论更有实践性"。管理学是一门以实践为重的学科，追求管理理论与管理实践的统一，应该成为研究者追求的首要目标。我们追求管理理论与管理实践的统一，并不是说我们就忽视了理论和实践之间客观存在的差异。管理理论与管理实践之间的差距通常被视为知识转移问题，也就是如何将研究知识（特指从科学研究而来的知识和广泛的学术知识）转变为实践知识（如何做事的知识）。问题在于，这两种知识可能存在不同的本体论和认识论，因此理论和实践知识之间是有差距的②。这并不构成管理理论与管理实践脱节的借口，因为知识转移过程中的差距是可以通过努力去弥合的，但现实是，管理理论和管理实践的缺口越来越大，管理理论的发展远远落后于管理实践的发展。虽然新的管理理论并非必需，但倘若现有理论无

---

① GHOSHAL S. 不良管理理论正在摧毁好的管理实践 [M]// 徐淑英, 李绪红, 贾良定, 等. 负责任的管理研究：哲学与实践. 北京：北京大学出版社，2018：176-179.

② VEN A H V D, JOHNSON P E. 理论和实践的认识[M]// 徐淑英,李绪红,贾良定,等.负责任的管理研究：哲学与实践. 北京：北京大学出版社，2018：301.

法跟上管理实践的发展,无法对后者所展现的多样性、动态性、复杂性给出解释或提供指导,则至少说明我们需要反思理论发展的必要性了[①]。桑德伯格(Sandberg)和索卡斯(Tsoukas)在2011年认为,对科学理性的盲从是导致管理理论与管理实践脱节的重要原因。科学理性所强调的化繁为简和超然物外,即忽视实践的社会关系总和特性并强调研究对象和研究者的分立,使我们忽视了管理实践中的多样性,也使我们对管理全貌的认识变得难以企及。

5.3.4 管理研究中的知行合一观

为了解决管理理论与管理实践的脱节问题,2017年11月,由徐淑英等28名国际知名管理学资深学者联名提出了"负责任的商业与管理研究:愿景2030"立场宣言,受到全球管理学界的高度关注。这份立场宣言提出了一个愿景:未来全球的商学院和学者将其学术研究成功地转变为负责任的科学研究,能够关注有关商业和社会的重要问题,为此创造有用且可靠的知识。有用且可靠,对应的就是管理实践和管理理论统一性的问题。事实上,管理实践一直呼吁有用且可靠的管理理论。可靠且有用,意味着研究者必须走出"象牙塔",投身于实践的世界去发现有什么样的困境需要被解释,从而开启一个新理论或者修订一个已有理论的机会之窗。研究者的目的绝不仅仅是理解这个世界,还包括理解这个世界是如何在自己参与的过程中获得了发展。这是一种"在世"(关注过去、现在与未来)的立场。因此,一个好的管理研究者应该既是一个理论学者,又是一个经验观察者,要秉持知行合一观[②]。

关于知行合一,我国的许多古代思想家都提出了这一重要观点。比如荀子提出"不闻不若闻之,闻之不若见之,见之不若知之,知之不若行之";西汉刘向提出"耳闻之不如目见之,目见之不如足践之,足践之不如手辨之";宋代陆游的"纸上得来终觉浅,绝知此事要躬行";明代王阳明的"知行合一,致良知",明末清初王夫之的"知行相资以为用",这些知行合一观,本质上强调的都是理论和实践的辩证与统一关系。

那么,管理研究如何做到知行合一呢?虽然挂一漏万,但我们还是可以提炼几个重要的方面。

---

① 徐淑英,任兵,吕力.管理理论构建论文集[M].北京:北京大学出版社,2016:421.
② 徐淑英,任兵,吕力.管理理论构建论文集[M].北京:北京大学出版社,2016:1-2.

（1）要研究管理实践中认为重要和新颖的问题[①]。比如要研究组织或者企业中最重要的资源，如人才、财力、物质资源、信息资源等，以及高度不确定性环境下组织如何应对，还要研究在新的环境下，如数字革命的背景下，企业的新变化和新挑战，这些都是重要和新颖的问题。如果一个问题对管理实践没有任何启发意义和指导作用，那么就不值得去研究。正如美国管理学会评论（*Academy of Management Review*）的两位编辑普劳哈特（Ployhart）和巴图内克（Bartunek）在2019年7月的主编寄语中所说，"没有什么比一个好的实践更有理论性"（There is nothing so theoretical as good practice）。他们认为，好的理论是一种"现象理论"，它源于实践，也为其他学者提供了信息，但它始终没有与实际行动分离。只有关注当代组织现象，我们的理论才更有可能是新颖的、有见地的，这两个特征经常用来衡量文章的"贡献"。

（2）理论研究要对应实践的操作性。也就是说现有的理论构念要能够解释实践的多样性。科尔奎特（Colquitt）和乔治（George）曾经举过一个例子，如创新文献通常将创新描述为资本密集型研发的结果。但是，这一构念无法解释资本密集度低、研发支出受到严重限制，但仍能创造价值的新兴创新，因此我们需要创造更具实践操作性的理论构念，以避免理论和实践的脱节。

（3）采用融入式学术（engaged scholarship）方法，鼓励管理学研究者和管理实践者共同创造知识。融入式学术是一种合作探究知识的模式，在这种模式下，研究者和实践者能够利用他们不同的视角与能力，针对一个充满不确定性的复杂的问题或现象，共同探索知识，相互提供见解[②]。融入式学术方法的一条路径是多方法研究，如在一个研究中融合定性和定量的研究方法，理论研究者对管理实践进行观察，对管理实践者进行访谈，同时再结合问卷调查和实验研究等多种方法，这样既能保证理论开发的科学性，还能提高实践研究的相关性，促进管理理论和管理实践的融合。

[①] 陈晓萍. 研究的起点：提问 [M]// 陈晓萍，徐淑英，樊景立. 组织与管理研究的实证方法. 2 版. 北京：北京大学出版社，2012：35-36.

[②] VEN A H V D, JOHNSON P E. 理论和实践的认识 [M]// 徐淑英，李绪红，贾良定，等. 负责任的管理研究：哲学与实践. 北京：北京大学出版社，2018：300-302.

【本章要点】

理论需要包含四个基本要素：什么，如何，为什么，谁、何处、何时。一个好的理论并非由于其更为真实，而是因为其有用。实践是认识的源泉和动力，是认识的目的和归宿，也是检验真理的唯一标准。当前管理学领域一个比较严重的问题是管理理论与管理实践的脱节。未来全球的商学院和学者，要秉持知行合一观，将学术研究成功地转变为负责任的科学研究，关注有关商业和社会的重要问题，创造有用且可靠的知识。

【关键概念】

理论；理论开发；实践第一性；知行合一；负责任的管理研究

【思考题】

1. 波普尔、库恩、拉卡托斯的科学哲学观，你更认同哪一种观点？分别举一个例子。
2. 理论与实践的辩证关系是什么样的？
3. 对于当前管理理论和管理实践脱节的现象，你有哪些思考和建议？

【案例分析】

负责任的商业与管理研究

2017年正式发布的"负责任的商业与管理研究：愿景2030"立场宣言受到广泛关注，这份立场宣言提出了负责任科学的七条原则。

原则1——服务社会：商业与管理研究旨在发展对当地到全球范围内的企业和社会都有益的知识，终极目标在于创造一个更加美好的世界。

原则2——同等重视基础贡献和应用贡献：商学院院长、期刊编辑、资助者、认证机构和其他利益相关者对理论研究及应用研究的贡献都能尊重与认可。

原则3——重视多元化和多学科协作：商学院院长、资深领导、期刊编辑、资助者和认证机构都重视研究主题、方法、研究方式、调查类型与跨学科合作上的多样性，以体现商业和社会问题的多元性与复杂性。

原则4——方法可靠：商业与管理研究践行可靠的科学方法和过程，无论是定性研究还是定量研究，是理论研究领域还是实证研究领域。

原则5——利益相关者参与：商业与管理研究重视在科学研究过程中不同阶段不同利益相关者的参与，他们可以在不影响研究独立性和自主性的同时发挥关键性的作用。

原则6——影响利益相关者：商学院和管理学院、资助者和认证机构承认与奖励那些对不同利益相关者产生影响力的研究，特别是那些能够改善企业和世界的研究。

原则7——广泛传播：商学院和管理学院重视各种形式的知识传播，以共同促进基础知识和实践的发展。

这份立场宣言还对当前商学院的研究生态系统作出深刻警醒，认为当今管理学研究领域出现了广泛可见的可靠性危机。这场危机表现为两方面。第一是诚信危机，在期刊上发表的知识的可靠度值得怀疑；第二是相关性（relevance）危机，这是过去二十多年来对商学院研究的一个主要抨击。这两者是相互关联的：如果没有可靠的研究结果作为保证，相关性的要求也就无关紧要了。

1. 诚信危机

从基金资助机构和立法者到普通公民，都在严厉批评科学组织的诚信。发表在《科学》期刊上的一项被广泛报道的研究报告称，在有争议的问题上，公众的观点可以被面对面的现场拉票改变。在几周内这篇文章不得不被撤回，因为其他调查人员发现数据是由其中一位作者捏造的。研究发表过程本身也产生了一些问题。一篇题为"为什么大多数已发表的研究结果都是错的"（Ioannidis, 2005）的文章描述了研究的标准如何产生偏差，导致产生那些夸大的、甚至常常是偶然式/性的研究发现。由于期刊倾向于发表那些有显著效应的结果，而不是复制或无显著效应的结论的文章，因此这些具有偶然性的研究发现一直能够被发表，而没有被筛出。开放科学合作组织（Open Science Collaboration, 2015）的一项研究重做了顶尖心理学杂志上发表的100篇文章的研究。研究结果显示，其中的大多数研究无法被复制。而其他研究人员声称复制本身也存在缺陷。鉴于这些争议，公众有理由质疑已发表的研究的可靠性。存在的这些问题对科学能够指导有关生命和死亡实践的那些领域尤其有害。

商学院的科学研究也因这些广泛存在的问题而受到批评。学者们已经记录了这些存在问题的研究普遍性，并且发现，已发表的文章中的许多结论是不可靠的。和医学一样，基于不良研究给出的药方弊大于利。值得庆幸的是，自然科学和社会科学以及商业学科的领域正在努力促进科学研究的可复制性，并重建科学研究发表过程的诚信。

2. 相关性危机

大学里的专业学院的使命是提供基于研究指引的教育。法律、医学、社会学、工程、教育和其他专业学院都基于并贡献于自然科学与社会科学的研究。举例来说，教育学院的学科需要依靠认知和发展心理学的研究来开发与评价教育实践。

作为大学的一部分，专业学院是科学和实践之间的桥梁。教育和社会工作学院的毕业生接受特定职业的培训，法学院和医学院则要求毕业生在就业前，具备足够的技能，通过严格的认证考试。商学院之所以与众不同，是因为它们的参与者广泛而分散，无数的人在没有受过专业培训的情况下经商。"商业"可以指小到一家小型零售店，大到一家跨国公司的任何业务，因此商学院可以研究和讲授的思想也相应地非常宽泛。商学院的毕业生既可以选择在有一定规模的企业工作，也可以创办自己的企业，还可以从事金融、咨询或者其他领域的工作，包括公共服务和非营利组织的工作。因此，商学院研究的"相关性"是一个难题。

在早些时候，学术界认为商学院的研究应用性太强，他们把商学院本质上视为职业培训中心。这导致了著名的、福特基金会资助的1959年发表的"Gordon和Howell报告"，该报告提出有必要提高商学院研究的科学严谨性。自此商学院开始雇用经济学家、心理学家和社会学家来提高其研究的科学严谨性。随后，对严谨性的关注逐渐超过了实践相关性。商学院学者被鼓励将他们的成果发表瞄准最科学严谨的期刊，尤其是那些被引用最多的期刊，这些期刊主要是同行评审的学术性的期刊。而且，大多数商业与管理研究人员并不依赖于与社会影响力紧密联系的研究资助，这就造成了过于强调引用次数这一评价指标，将其作为衡量研究质量的黄金标准。书籍、章节和报告，这些不太适用于这一指标的研究成果，其价值与A类科学期刊的文章相比常常被低估。过分强调引用次数和顶级期刊发表，强化了对于学术受众过于单一地关注，并助长了科学性的写作风格和对于深奥主题选择的趋势。这样的期刊文章常常无法被实践者理解，商界人士也常常发现商学院的研究太过晦涩，无法付诸实施。正如我们所指出的，商学院研究其实有潜力成为一个可靠的知识来源，它可以为我们这个时代迫切的商业或社会问题提供解决方案，并提供促进其繁荣发展的最佳实践指导。它可以占据"巴斯德象限"：基础研究的灵感来源于运用。

资料来源：Co-founders of RRBM. A vision for responsible research in business and management: striving for useful and credible knowledge[Z]. Position Paper，2017.

讨论题：

1. 有用且可靠分别是从理论视角和实践视角对管理学研究提出的要求，你认为"负责任的商业与管理研究：愿景 2030"立场宣言对管理的理论和实践分别会产生什么样的影响，有什么样的重要意义？

2. 你认为学术界目前有了哪些践行"负责任的商业与管理研究：愿景 2030"立场宣言的行动？

第6章 管理中的人性

【学习目标】

1. 了解经济人、社会人、自我实现人等西方人性理论。
2. 熟悉中西方人性理论的分歧及其未来的融合趋势。
3. 掌握中国传统文化中的性善论、性恶论、自然人性论等人性理论。

【能力目标】

1. 基于人性假设视角提升对管理思想、制度与行为的分析能力。
2. 提升对中西方文化差异及其造成的管理思想、制度与行为差异的判断能力。
3. 掌握基于符合实际的人性假设进行管理制度设计的思维能力。

【思政目标】

1. 认识西方人性理论及其思维方式的局限性。
2. 深入理解马克思人性观,树立人性化管理思想。

【思维导图】

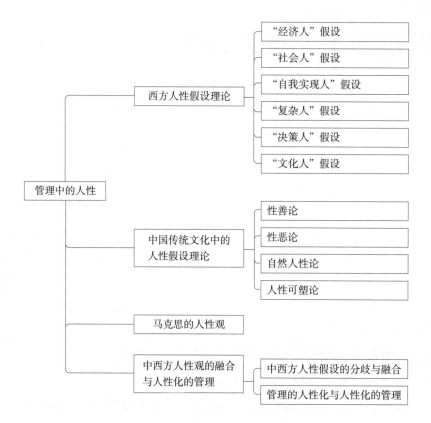

【开篇引例】

幸福企业方太

方太集团（以下简称"方太"）创建于1996年。方太将自己定义为一家以智能厨电为核心业务的幸福生活解决方案提供商，致力于为人们提供高品质的产品和服务，打造健康环保有品位有文化的生活方式，让千万家庭享受更加幸福安心的生活。

一个公司的蓬勃发展，一定离不开其独特的企业文化和高效合理的管理制度。方太以"人品、企品、产品三品合一"为核心价值观，以"为了亿万家庭的幸福"为使命，以"成为一家伟大的企业"为愿景，在使命、愿景、价值观的驱动下创造了一个人性化的管理模式，营造了一个宽松、开放的工作环境，充分给予员工幸福感、极大发挥了员工潜力。

首先，方太为员工提供了一个人性化的工作环境，包括：

（1）舒适的办公环境。聘请知名设计师和项目团队新建一座理想城，将现代化与古典相结合,提供舒适且优雅的办公环境;在企业文化的熏陶下,员工互帮互助、和谐友爱,新来的员工或者实习生,都有导师一带一帮助学习和开展工作,使员工更快适应。

(2)舒适的生活环境。公司提供免费公寓,邻近商场,生活便利,上下班有免费通勤班车。公寓有一厨一卫一阳台,宽敞舒适,有公司安保保障安全。

(3)有竞争力的薪酬福利。方太员工的薪酬在行业内具有竞争力。福利方面除了基本的五险一金外,还有补充医疗险和综合险,食堂饭菜便宜卫生,中医室提供免费针灸拔罐抓药等服务,工作2年及以上有股份分红、免息购房借款等福利。

其次,方太采取了以人为本的规章制度,包括:

(1)每日晨读。方太的员工每天早上上班的第一件事就是"读经"。基层员工读《弟子规》,中层读"四书""五经",高层读《传习录》,让传统文化深入人心。

(2)员工考核。方太员工的绩效考核并非完全根据KPI(关键绩效指标),KPI只占一部分。是否有效践行企业文化,怀有仁爱之心,从利他的角度出发关注用户的体验和感受,关心用户真正的需求,为企业的使命和愿景而努力,是考核的重要依据。

(3)福利制度。方太把员工当成家人,成就员工,给予员工高度的信任和关注,尊重并采纳他们的意见。

(4)惩罚制度。茅忠群先生常讲"有耻且格",指的是不要动不动就处罚员工,而是通过教育等方式让员工有羞耻之心,并自觉调整和规范自己的行为。

回顾人类思想史可以清楚地看到,几乎所有的人文社会科学理论均以一定的人性假设为前提。如英国哲学家休谟在《人性论》中所说:"显然,一切科学对于人性总是或多或少地有些关系,任何学科不论似乎与人性离得多远,它们总是会通过这样或那样的途径回到人性。即使数学、自然哲学和自然宗教,也都是在某种程度上依靠于人的科学:因为这些科学是在人类的认识范围之内,并且是根据他的能力和官能而被判断的。"

1957年,美国著名行为科学家和管理教育家道格拉斯·麦格雷戈(Douglas M. McGregor)在美国当年11月的《管理评论》杂志发表了《企业的人性方面》一文,正式提出了人性假设的概念:"所谓人性假设,是指人们对于人的本性和共有行为模式的基本认知与判断。"管理学家西斯克(Sisk)在《工业管理与组织》中认为:"每一种管理行为都是以一组有关工作性质和人类本性的含蓄假设为基础的。"因此，不论是在理论上还是在现实中，人性问题都是一个至关重要的基础问题，人性假设对管理行为具有重大意义。一切的制度安排、机制设计、管理规则、治国方略、法律规定、纪律规章等无不以一定的人性假设为前提。

人性假设是指每个管理者、每种管理模式在哲学和文化观念上所持有的、关于人的本质属性的一些不证自明的假定，是基于某种价值判断，而对大多数人在某一领域中所具有状态和资质的一种设定，表现了人在特定领域中的本质特征和行为逻辑。

6.1 西方人性假设理论

6.1.1 "经济人"假设

"经济人"的概念来自亚当·斯密《国富论》中的一段话："每天所需要的食物和饮料，不是出自屠户、酿酒家和面包师的恩惠，而是出于他们自利的打算。"之后，西尼尔（Senior）定量地确立了个人经济利益最大化公理，约翰·穆勒在此基础上总结出"经济人"假设，帕累托（Pareto）将"经济人"这个专有名词引入经济学。其后，"经济人"理论经过布坎南（Buchanan）、贝克尔（Becker）等人的扩展和发掘，成为西方经济学不言而喻的人性假设，也成为"经济学帝国主义"的开路先锋，产生了重大而深远的影响。

1. "经济人"假设的主要观点

"经济人"假设认为人的本性天生就是自私的、消极的、自利的，经济因素是驱使人们劳动的主要动力，人们工作的根本动机就是获得尽可能多的经济报酬。其主要包括以下观点。

（1）经济人的目标就是追求最大快乐或者等价追求最小痛苦，其本质动机就是获取自身最大经济利益，组织成员的行为举止都受经济利益影响和制约。

（2）人们的劳动都是在经济利益的刺激和驱使下完成的，因而要受到约束和控制。

（3）经济人的行为具有两大特征：①完全信息，即人能够完全了解并掌握外部的经济信息。②完全理性，即人能够列出全部备选方案，确定其中每一个方案的后果并进行评价，优选出最佳方案。后来的学者将这两点修正为不完全信息和有限理性。

（4）管理经济人的原则是以经济诱因引发工作动机，通过经济报酬和物质手段激励员工，通过控制、操纵其经济利益来控制员工行为；管理方式以任务管理为主，重点在于提高生产率。

基于这种人性假设，管理者采用科学方法分析人们的劳动方式，以提高劳动效率、进行技术革新、改善经营管理，以"经济人"假设为基础所建立的科学管理理论成为解决当时经济发展不足、劳动水平低下问题的有效工具。

2."经济人"假设的不足

"经济人"思想的出现有着深刻的历史原因。当人类处于经济社会发展的低级阶段时，生存是大多数人的第一要务，从自我出发最大限度地追求经济利益就成为人的必然选择，使得"经济人"理论有了极大的解释力。

但"经济人"假设也存在诸多问题，它具有先验性、教条性、片面性和肤浅性。"经济人"假设将自利看成人与生俱来的本性，而且认为人的自利性从古至今莫不如此，把人当作一种仅仅追求经济利益的经济动物。其实，人性是环境的产物，人的自利性并非天生，而是受到后天生存环境（其中包括自然环境和社会环境）的决定和影响，也会随着人类社会的发展而改变。人固然会自利，但也有利他的一面。并非所有人都追求经济利益最大化，现实中的确有许多"知足常乐"和"适可而止"的人。虽然在追求物质利益上人体现了动物性，但人毕竟不是动物，经济利益也并非人的唯一追求，人还会追求经济价值以外的其他价值。

美国工业心理学家麦格雷戈在他的《企业中的人性方面》（1960）一书中，提出了两种对立的管理理论：X理论和Y理论。麦格雷戈主张Y理论，反对X理论。而X理论就是对"经济人"假设的概括。X理论中的人生性懒惰，厌恶工作，逃避责任，没有雄心壮志，情愿被人领导，以自我为中心，不关心组织，反对改革，因而X理论指导下的管理大多是通过惩罚措施或单一的物质激励对工人进行强迫、控制和诱导。但这种压榨式的激励单一的管理方式不可能使员工内心产生爱岗敬业、无私奉献的精神，更不能激发出员工的主人翁意识。麦格雷戈指出，"经济人"假设完全颠倒了因果，是由于工业组织的性质、管理哲学、政策和措施使人们的需要得不到满足才导致了极端自私自利的行为，如果将这些行为和态度归结为人的本性就错了。

6.1.2 "社会人"假设

20世纪初,美国哈佛大学教授梅奥(Mayo)通过著名的"霍桑实验"提出了"社会人"假设,社会学家涂尔干也有类似的思想。

1. "社会人"假设的主要观点

"社会人"假设认为,人不仅是"经济人",更是"社会人",即生活在各种复杂的社会关系之中而且有各种社会需要,社会和心理因素从根本上影响工人的劳动积极性。其基本观点是:

(1)"社会人"的本质动机来自社会需要,人际关系才是形成人类自身身份感的主要因素。人不单追求金钱、收入,还有对友情、安全感、荣誉感、归属感等的心理欲望和社会需要。

(2)"社会人"的行为逻辑是试图在工作中获得经济利益之外的东西,如来自他人的情感和认可。

(3)"社会人"的工作效率受到工作氛围和人际关系的影响。满足员工的社会需求比满足员工的经济需求更能直接影响其工作效率,同事和上级对员工行为的影响超越了组织制度与组织经济诱因的影响。

(4)适合"社会人"的管理模式是参与管理,即重点在于满足人的社会需要,注意协调员工之间的关系,充分发挥其主动性和创造性。

"社会人"假设告诉管理者,在从事管理活动时要首先关心人本身,满足员工的社会需要,不能一味强调物质利益的激励,不仅要关心工作效率,更要关心人的心理和情感。管理者必须注重改善企业内部人际关系,提高企业的凝聚力和向心力,从社会心理等方面满足员工高层次的需要,才能从根本上提高劳动生产率。"社会人"假设在一定程度上使人得到了社会的重视和尊重,将管理从以物为中心转变到以人为中心。

2. "社会人"假设的不足

"社会人"假设也存在一些不足:①表面性。社会只是人性的存在空间和存在方式,社会性只是人性的形式而非内容,说人是"社会人"就如同说人是"复杂人"一样都是一种常识性的判断,并不能使我们对人性的理解达到深入的程度。②颠倒性。人在经济需要之外的确也有非经济需要,但由此认为非经济需要比经济需要更重要则颠倒了人性的基本特点,因为在多数情况下经济需要的确比非经济需要具有优先性。③片面性。人不仅具有社会属性，也具有自然属性，人是社会人与自然人的矛盾统一体，不能仅仅看到人的社会性。

6.1.3 "自我实现人"假设

20 世纪 50 年代，西方管理思想再次进入一个新的阶段，美国管理学家、心理学家马斯洛提出了"自我实现人"假设。马斯洛认为，在最基本的衣食住行和归属与爱的需求得到满足后，人们有自我实现的需求，这种需求是指人们需要不断地发展、提升和完善自己，实现自己的目标与理想。

1. "自我实现人"假设的主要观点

马斯洛提出了人的需要层次理论，将人的需要层次排成一个金字塔的形状，从低到高分成五个等级，即生理需要、安全需要、归属和爱的需要、尊重需要以及自我实现需要。据此提出的"自我实现人"假设包括以下观点。

（1）"自我实现"的需要是人最高层次的需要。当人们的基本需要得到满足时，便会追求更高层次的需要并希望得到满足。"自我实现人"的本质动机是成为自己所希望的那种人，能够充分发挥自己的潜力，实现自己的价值。

（2）"自我实现人"追求在工作上的成就，最大的报酬是通过实现组织目标而满足个人自我实现的需求。

（3）"自我实现人"不仅能够在工作过程中自我激励和自我控制，而且非常看重这种自治和独立；"自我实现人"在遇到困难问题时能够发挥较高想象力、聪明才智和创造性；"自我实现人"在组织中不仅会接受职责，而且还会谋求职责。

2. 麦格雷戈对"自我实现人"假设的发展

后来，麦格雷戈发展了马斯洛的"自我实现人"假设，提出了 Y 理论，对行为科学的进一步发展和完善作出了贡献。该理论强调：

（1）人并非生来就是懒惰的，要求工作是人的本能，就像游戏和休息一样自然，如果给予适当机会，人们喜欢工作，并渴望发挥其才能。在满足了基本需求后，员工会主动追求工作中的成就感。

（2）在适当的条件下，人们并不厌恶工作，且在工作中会主动承担责任。

（3）人们对待工作的激情取决于控制条件，相对于外部控制条件，人们更多地选择在内部控制和自我管理下工作。

（4）个人需要与组织需要并不矛盾，只要管理适当，可以把个人目标与组织目标统一起来。

（5）人们对自己参与的工作能进行自我指挥与自我控制，而且绝大多数人都具有解决组织问题的丰富想象力和创造力，个人对企业目标参与程度，同获得成就的报酬直接相关，而自我实现是最好的报酬。

基于"自我实现人"假设的管理方式之一是目标管理，即通过设定合适的目标激励员工，最终通过成就感的获得满足员工的自我实现需求。管理者的任务在于给人安排具有吸引力和富有意义的工作，使个人需要和组织目标尽可能结合在一起，以便充分发挥个人的智慧和能力。管理者应注重员工的参与度和创造力的发挥，应该用用信任代替监督，用"启发与诱导"代替"命令与服从"。

3. "自我实现人"假设的不足

"自我实现人"的人性假设仍然存在局限性。人既不天生懒惰，也非天生勤奋，在现实中不可避免地受到后天环境的影响，使得一部分人仅仅满足于基本的生理需要，无法达到自我实现的层次。马斯洛曾通过调查指出，自我实现的人具有 15 种特征，如有敏锐的观察力、思想高度集中、有创造性、不受环境偶然因素的影响、只跟少数志趣相投的人来往、喜欢独居等。但他也承认，由于社会环境的束缚，现实中的多数人不能达到"自我实现人"的水平。麦格雷戈对人性的认识又过于绝对和偏激。X 理论过低地估计了人的能动性，Y 理论则把人完全理性化，X 理论并非一无是处，Y 理论也未必普遍适用。

6.1.4 "复杂人"假设

20 世纪 60 年代末至 70 年代初，美国行为学家沙因（Schen）综合以上人性假设学说，提出了"复杂人"假设。

1. "复杂人"假设的主要观点

"复杂人"假设认为，人的工作动机是复杂且经常变动的，不能简单地归结为一两种动机，也不能把所有人都归纳为同一类人。其主要观点是：

（1）人是复杂的，人的需要也是多种多样的，使得人们满足需要的动机组成了一个复杂的模式，"复杂人"的动机是满足各种不同层次的需要，这些需要可以分成许多种类，并且会随着人类的发展以及人们生活环境的变化而变化。

（2）"复杂人"的行为受到其自身的动机构造及同组织间的关系、工作性质、本人的工作能力、动机强弱及同事间相处状况的影响。

（3）"复杂人"的行为特点是根据不同的环境和情境对不同的管理方式作出不同的反应。

"复杂人"假设认为，仅认为某个人是只重经济利益的"经济人"、有强烈归属需求的"社会人"或寻求工作成就感的"自我实现人"都过于简单。人同时存在多种不同的需求，且在不同的时间段还会发生变化，需求的多样性导致了错综复杂的动机模式。

2. "复杂人"假设的主要贡献

根据"复杂人"假设，没有一套适用于任何人、任何时代的万能管理方法。管理者应采取权变的管理方式，必须在不同层次上理解不同人的需要，根据组织所处的内外部条件随机而变，针对不同的具体条件，寻求适用的管理模式、方案或方法。

"复杂人"假设充分展现了人性的复杂，弥补了之前人性假设的不足，充分考虑到人不同层次的需要，是较为客观、全面的一种人性假设理论，是顺应时代发展的产物。同时，"复杂人"人性假设理论始终以系统科学的方法及其理论来逐一研究各种管理问题，一方面相信复杂的结构、科学的手段以及有效的控制等工具，另一方面又把人类、技术以及经济看成一个系统，并以理性化、科学化作为其主导目标。"复杂人"人性假设下的管理模式既侧重理性，也未抛弃人的社会需求，将组织目标与个人目标紧密结合，使管理模式合理考虑了人的种种因素，实现了管理史上的主客观统一。

6.1.5 "决策人"假设

巴纳德（Chester Irving Barnard，1886—1961）和西蒙从决策活动与行为选择的角度认识人性。巴纳德否认组织中的人是"机器般的附属物"，认为人具有选择决定的自由意志。美国的政治学家、社会学家、经济学家和心理学家西蒙继承了巴纳德的思想，提出了"决策人"假设，其主要观点是：

（1）每个人都是能够自主决策的主体，人在决策时只需达到或超过令人满意的程度就是成功的决策。

（2）决策包括收集情报、拟订计划、选定计划、方案评价等阶段，每个阶段都是一个复杂的过程。

（3）信息是决策的前提和基础，因而在决策中对信息的加工和分析尤为重要。

由于每个人掌握的信息都是有限的，组织计算能力也是有限的，因而人是有限理性的。

（4）组织不能代替个人做决策，但可通过提供信息和结果导向来影响个人的决策。

"决策人"假设把人看成为实现一定目的而合理地选择手段的决策者。基于这一假设的管理围绕着"决策"展开，管理者的工作就是以各种形式来影响员工的性格和价值选择，使员工的目标与组织一致，从而自动地按组织目标来决策。

6.1.6 "文化人"假设

"文化人"假设的创立者为德国哲学家、现代新康德主义代表人物卡西尔（Ernst Cassirer，1874—1945）。卡西尔在其名著《人论》上篇中这样写道："我们应当把人定义为符号的动物来取代把人定义为理性的动物。只有这样，我们才能指明人的独特之处，也才能理解对人开放的新路——通向文化之路。"这就是卡西尔的"符号人"思想，它针对的是"理性人"思想。而在《人论》下篇中，卡西尔以人与文化的关系为基点，考察了在"人性"周围展示的"语言、神话、宗教、艺术、科学、历史"等各个方面，得出了与其将人视为"政治的动物"，不如将人视为"文化的动物"的结论。这便是卡西尔的"文化人"思想，它所针对的是亚里士多德的"政治人"思想。

卡西尔认为文化是人的符号，因此"符号人"与"文化人"是一致的，"符号人"是"文化人"的表现，而"文化人"才是"符号人"的本质，所以卡西尔的人性论就是"文化人"。

管理学界也有"文化人"假设。20 世纪 80 年代，美国加利福尼亚大学教授威廉·大内（William Ouchi）发表了《Z 理论——美国企业界怎样迎接日本的挑战》这一企业文化理论的开山之作，提出了"文化人"假设。"文化人"假设认为，人是有情感、有文化、有意识的行为主体，人的行为与心理最终决定于人的价值观等文化因素，强调在实现组织目标的同时，要实现个体的全面发展。"文化人"假设认为，企业文化的塑造与培育是企业的根本任务，而企业文化与企业所在国家的民族文化密不可分。不同民族的人各有其不同的民族性格，不同地区的人也各有其不同的地域性格，这都体现了人类文化模式的差异。

"文化人"假设发现了文化性这一人性的深层特征，形成了以价值观为核心，以物质、行为和制度为基础的有机管理系统，强调以人为中心，适应了社会发展所引发的劳动手段的进步，是西方管理思想史上一次深刻的革命，至今依然在管理学界有着重要的影响，声势浩大的企业文化运动即肇端于此。

当然，"文化人"假设也有其片面性，认为人的行为与心理最终决定于人的价值观等文化因素是对的，但由此得出企业的根本任务是企业文化的塑造与培育这种结论则较为片面，因为企业毕竟不是文化机构。同时，"文化人"假设过多地强调了人的文化性和精神性，而忽视了人的自然性和客观性；过多地强调了人的个性，忽视了人的共性。另外，"文化人"理论往往将人的文化性看成与生俱来，实际并非如此，人的文化性可能是在社会化过程中逐渐产生的。

6.2　中国传统文化中的人性假设理论

在中国，对人性的认识和研究有悠久的历史。远在炎帝、黄帝时代，就有人试图回答"人是什么"的问题。《列子·黄帝》中写道："有七尺之骸，手足之异，戴发含齿，倚而趣者，谓之人。"从人的身高、手足分工、头发牙齿和行走的姿势等外在的自然属性上说明了人与动物的区别。春秋战国时期，对"人是什么"的认识发生了飞跃，孔子、孟子、荀子、老子、庄子和韩非等思想家都提出了对人本质的不同认识。

6.2.1　性善论

孟子的"性善论"是中国思想史上第一个较为系统的人性学说，是其伦理道德、仁政学说以及成人理论的基础。孟子认为，人皆有"四善端"："无恻隐之心，非人也；无羞恶之心，非人也；无辞让之心，非人也；无是非之心，非人也。恻隐之心，仁之端也；羞恶之心，义之端也；辞让之心，礼之端也；是非之心，智之端也。人之有四端也，犹其有四体也。"（《孟子·公孙丑上》），即恻隐之心、羞恶之心、辞让之心、是非之心是人所以为人的尺度，没有这"四心"就不是人。只不过这"四心"仅是善之"端"，即起始点，还未全部展开，"四心"扩而充之，就会成为仁、义、礼、智四德。

孟子认为，人的本性是善良的，"人性之善也，犹水之就下也。人无有不善，水无有不下……恻隐之心，人皆有之；羞恶之心，人皆有之；恭敬之心，人皆有之；是非之心，人皆有之"（《孟子·告子上》），即"四善端"就是人和动物的差别，是与生俱来的。以此为依据，孟子指出："以不忍人之心，行不忍人之政，治天下可运之掌上。"(《孟子·公孙丑上》)，即如果以同情的心，施行体恤下情的仁政，那么治理国家就非常容易了。他进而指出："以善服人者，未有能服人者也；以善养人，然后能服天下。"(《孟子·离娄下》)，认为企图拿仁义礼智之善来使人服从，是不可能做到的；只有拿仁义礼智之善来熏陶教养人，才能使天下的人真正服从。强权暴政从来都不会持久，存心养性乃至教人为善的德治仁政，是治理国家的根本之道。

孟子的"性善论"学说又为宋代著名理学家程颐、程颢以及明代的朱熹发扬光大。"二程"和朱熹从"理"与"气"的角度对"性善论"做了进一步的引申和发挥，建立了一套完整的伦理思想体系，对整个中华民族传统道德观念的建构产生了极其深远的影响。国人耳熟能详的"人之初，性本善"(《三字经》)，更让人性本善的观念家喻户晓。

6.2.2 性恶论

1. 儒家的性恶论

同为儒家的集大成者，荀子对人性的看法却与孟子截然相反，认为人性本恶。在他看来，人的自然本性都是好利多欲的："饥而欲食，寒而欲暖，劳而欲息，好利而恶害，是人之所生而有也，是无待而然者也，是禹、桀之所同也。"(《荀子·非相》)，"人生而有欲，欲而不得，则不能无求，求而无度量分界，则不能不争"，人性是人的生理欲望，人为一己之私利而相互争夺，所以，"人之性恶，其善者伪也"，即人所表现的善只不过是人为作用的结果，而不是人的本性。

由此，荀子指出："故古者圣人以人之性恶，以为偏险而不正，悖乱而不治，故为之立君上之势以临之，明礼义以化之，起法正以治之，重刑罚以禁之，使天下皆出于治，合于善也，是圣王之治而礼义之化也。"(《荀子·性恶》)，意为治国者应针对人性之恶，制定出各种规范制度、法纪法规，并以此对人的自然本性进行约束和教化，从而维护社会秩序。他还说："令行禁止，王者之事毕矣。"(《荀子·致士》)，其意为，如果能做到有令则行，有禁则止，那么管理者就成功了，这反映了荀子所主张的治国之道——"礼治"。

此外，荀子还指出人性中有社会性的一面。他认为人性之所以区别于动物之性，就在于人具有社会性，人是生活在以一定的道德关系联系起来的社会组织中，具有思想并能从事生产劳动的社会的人，这一点无疑具有一定的历史进步性。

2. 法家的性恶论

先秦时期的法家分为前、后两期，前期以商鞅为代表，后期以韩非为代表。不管是前期还是后期的法家都明确提出了"人性好利"的观点，认为"人无毛羽，不衣则不犯寒……以肠胃为根本，不食则不能活，是以不免于欲利之心"。商鞅说："民之性，饥而求食，劳而求佚，苦则索乐，辱则求荣，此民之情也。"（《商君书·算地》）。他认为由于这种强烈的生存欲望和物质需求，使得人性自然趋利去弊。商鞅还认为人的一生就是追名逐利："民之欲富贵也，共阖棺而后止。"（《商君书·赏刑》）。正是基于这样的人性认识，商鞅提出了"以法治国"思想，提倡"一断于法"（《商君书·说民》），强调上至国君，下至百姓，均需令行禁止、唯法是从。

前期法家观点被以韩非为代表的后期法家推向极端，"以法治国"的思想也更趋完备。在韩非看来，人的本性就是自私自利，人与人之间完全是赤裸裸的利害关系，故而他极力反对儒家仁政和礼治的理念，强调以严刑峻法来制约人趋利避害的本性，提出了"法、术、势"相结合的管理思想。韩非强调，在国家管理中必须"远仁义，去智能，服之以法"（《韩非·说疑》），"不务德而务法"（《韩非·显学》），"法者，王之本也"（《韩非·心度》），认为严明而健全的法制是国家治理的基础。

同时，韩非还倡导"执法均平"的法治原则，强调法治不庇护权贵、不歧视百姓，国家治理活动应以法律规范为唯一的尺度和准绳。若从管理哲学的视角审视，韩非所倡导的"法、术、势"相结合的管理理念就是管理技巧、管理制度和管理权威的综合运用与辩证施治。

3. 中国的"经济人"思想

"经济人"思想并非西方的专利。在比《国富论》早1000多年的我国史学大家司马迁的《史记·货殖列传》中，就出现了"经济人"思想的雏形。司马迁指出"富者，人之情性，所不学而俱欲者也"，认为求富求利是人不学而能的天生本性，表现为"耳目欲极声色之好，口欲穷刍豢之味，身安逸乐，而心夸矜势能之荣"。正是由于"经济人"的本性，所以才有"天下熙熙，皆为利来；天下攘攘，皆为利往"的人间气象。

司马迁进一步指出，求富避穷、趋利避害，不仅是穷人的本性，也是富人的本性："夫千乘之王，万家之侯，百室之君，尚犹患贫，而况匹夫编户之民乎？"司马迁还生动地描述了各色人等各式各样的致富途径。荀子的"性恶论"与韩非的"性私论"亦可看作"经济人"思想的中国渊源。

6.2.3 自然人性论

以老子和庄子为代表的道家思想，其人性论是"人性自然"。在老子看来，"人法地，地法天，天法道，道法自然"（《道德经》第二十五章），故而人作为宇宙的一分子，其本性与道相同，无知无欲，顺应自然。同样，庄子也认为人的本性是自然的，善恶是后天的"人为之治"所致。告子也持人性自然的观点，认为人性即人的生理本能，是人人都具有的生理需求，本无所谓善或恶，其或善或恶的分化完全取决于人的后天行为。他在与孟子的争论中，旗帜鲜明地提出"性无善无恶也"，并用比喻说明"性犹湍水也，决诸东方则东流，决诸西方则西流，人性之无分于善不善也，犹水之无分于东西也"。

基于人性自然的假设，道家强调"无为而治"的管理思想。老子认为，一切道德礼教、典章制度等违背自然的做法都是祸乱的根源，"夫礼者，忠信之薄而乱之首"（《道德经》第三十八章）。在庄子看来，儒家所倡导的仁义礼智只是统治者用来营私利己的工具，"为之仁义以矫之，则并与仁义而窃之"（《庄子·胠箧》）。因此，在治国之道上，他反对一切人为之治。"治，乱之率也"（《庄子·天地》），即一切"人为之治"都是社会动乱的真正根源。老子指出："圣人处无为之事，行不言之教。"（《道德经》第二章），意为圣人用"无为"的态度去处事，用"不言"的方式去教育人，强调领导者要身教重于言教，以自己的实际行动去影响下属，从而实现"无为而治"。庄子倡导的理想治理方式是："古之畜天下者，无欲而天下足，无为而万物化，渊静而百姓定。"（《庄子·天地》）。

6.2.4 人性可塑论

先秦儒家、程朱理学和阳明心学等儒家学派，乃至墨家和佛家的人性论都是"人性可塑"，即认为人性是可以塑造的，能够通过后天的心性修炼而改变和升华。这种人性论体现在管理思想上，就是"仁政礼治"。一方面，为顺应人性之"善"，主张"仁政"，即国家的管理者把道德领域中的"仁"引申到国家管理领域，通过自身道德人格榜样力量的引导使社会达到理想之境。另一方面，为矫正人性之"恶"，又主张"礼治"，即主张国家的管理者通过制礼作乐，建立必要的规章制度，来保证社会的安定有序。

1. 儒家"性相近，习相远"论

孔子最先提出人"性相近也，习相远也"(《论语·阳货》)。在孔子看来，人的本性是相近的，人性的差别是后天习得的结果，人性是可变、可塑的。这是儒家"德治"管理思想的理论来源，既然人性可引导塑造，那么管理者就应通过道德教化来进行管理，即"为政以德"。

儒家认为，人是一种感情动物，具有喜、怒、哀、乐等各种情绪，个体间的互动也与人的情绪关系密切。作为个体的"我"能否有效感受他者的情绪并以此为基础和他人进行互动呢？在儒家看来，这是完全可能的。因为"我"和他者虽然是不同的个体，但都是广义上的"人"，"性相近"使得我与他者间有着相似的心理结构和情绪反应机制。"我"如果没有到麻木不仁的程度，是能够通过"移情"或者换位思考等方式来感受他人的喜怒哀乐的。

以此为基础，儒家提出了"絜矩之道"："君子有絜矩之道也。所恶于上，毋以使下；所恶于下，毋以事上；所恶于前，毋以先后；所恶于后，毋以从前；所恶于右，毋以交于左；所恶于左，毋以交于右。此之谓絜矩之道。"(《大学》)。"絜矩之道"体现了人的移情能力，有了这种能力，就不会对他人的不幸麻木不仁，而会因为"心不安"而自觉践行"礼"与"仁"，正如孔子能够感受他人丧失亲人的痛苦而做到"子食于有丧者之侧，未尝饱也"(《论语·述而》)。因此，"性相近"在一定程度上保证了"礼"与"仁"等理论的现实可行性。

"絜矩之道"得以实行的另一个前提是"修身"，"自天子以至于庶人，壹是皆以修身为本"(《大学》)。通过"修身"，能够发扬光大人所秉承于天的"善端"，使人的心灵变得活泼而有生气，能够对外部事物有敏锐而恰当的反应，当喜则喜，当悲则悲，当怒则怒，一切都恰到好处，达到"中庸"。没有"修身"，心灵就会变得麻木不仁，作为个体的"我"在人际交往中将被自己的欲望所支配，使得"仁""礼"等理论失去现实的可实施性。

另外，在强调"修身""教化"的同时，儒家并没有否定法律以及刑罚的必要性。在儒家看来，法治虽不是最重要的，却是必不可少的，因而"礼法并举""德主刑辅"是儒家管理思想的重要特征。

2. 儒家有限理性论

儒家认为人心是经常受"遮蔽"的，这也就意味着在其看来人的理性是有限的。如荀子认为"凡人之患，蔽于一曲，而暗于大理"，即世界是复杂的，人们却往往关注某一个局部,因而常常以偏概全。孔子也持有类似的观点,"三人行,必有我师焉"(《论语·述而》),"敏而好学,不耻下问"(《论语·公冶长》)等观点,表面上是在强调在学习过程中谦虚的态度,实际上背后隐含对人有限理性的认识。

"性相近,习相远"的人性假设一方面使德治和民主决策具备可行性,另一方面也奠定了法治的必要性。而有限理性一方面使民主决策具有必要性,另一方面也在一定程度上使科学管理具备可行性,故而儒家管理一向反对独裁,主张决策时要"广开言路、虚心纳谏"。因此,儒家管理的每一个具体理论背后都有确立其必要性和可行性的人性认识,其对人性的认识是全面而丰富的。

3. 理学天理人欲论

宋明理学融合道家、释家(佛家)与儒家思想,以"气"(张载)、"理"("二程"、朱熹)、"心"(陆九渊、王阳明)等核心概念重建了儒学的本体论。张载认为人性是基于"天道之性",天道无所谓善恶,人性契合于天道,所以"志仁则无恶矣"。朱熹则以气与理立论,区分天和人的差别——性无善恶,气有清浊。他在"二程""灭私欲则天理明矣"的基础上讲"圣人千言万语只是教人存天理,灭人欲","饮食,天理也;山珍海味,人欲也。夫妻,天理也;三妻四妾,人欲也"(《朱子语类·卷十三》)。"理"在朱熹这里具有先天形而上的意涵:在物,是规律;在人,是人性;在伦理,则是道德准则。而"气"则是形而下的范畴,它在凝成万物之时也造就了事物间的差异。朱熹的理是"天地之性""天命之性""本然之性""义理之性",都是天赋而纯善无恶,这是对孟子人性本善论的继承;而气所涉及的"气质之性""气禀之性"则是人的自然生理本能,有善恶之别,这是朱熹试图调和荀子和杨雄在人性恶观点上的对立。

陆九渊则对人性抱有极大的乐观,反对将天理与人欲完全对立。他认为虽然凡人之心有善有恶,但通过心性修炼可以恢复人的道德本心。王阳明则更进一步,认为"心外无物""心即是理",需要"致良知"和"事上练",提出了著名的"四句教":"无善无恶心之体,有善有恶意之动,知善知恶是良知,为善去恶是格物。"王阳明认为:"意者心之发,本自有善而无恶。惟动于私欲而后有恶也,惟良知自知之。故学问之要曰致良知。"阳明的良知既是人心又是天理,把心与物、知与行统一起来,泯合了朱熹偏于外、陆九渊偏于内的片面性,影响巨大而深远。

4. 性三品说

董仲舒关于人性问题的论述主要集中在《春秋繁露》中的《深察名号》与《实性》两篇，其性三品说建立在对"性善论"和"性恶论"的批判继承基础之上，其观点主要体现在以下两点。

（1）人性未善。董仲舒在《深察名号》中以米、禾为具体实例，指出米是由禾加工而来的，但不能把禾说成就是米，进而将禾比作性，将米比作善，导出"善出性中，而性未可全为善也"的结论。

（2）教而后善。与"性未善"密切相关，董仲舒十分强调后天教化的作用。认为"万民之性待外教然后能善"，即人性中诚然有善质，但不能因此就说人性是善的，人性中的善质只是为成善提供了一种可能性，要想使这种可能性变为现实还要依靠外在的教化。

在此基础上，董仲舒提出了性三品说，即把人性分为"上品、中品和下品"。上品之性即"圣人之性"，不教而善，有善而无恶；中品之性即"中民之性"，待教而善；下品之性即"斗筲之性"，教而不善。

5. "流水人性论"与人性善恶混杂说

所谓"流水人性论"就是把人性比作流水一样，没有固定的形态，随着时间、地点、环境、条件的变化而变化。我国古代战国时期的学者世硕认为，人性有善有恶，亦善亦恶，全在于后天的培养，才使人变成善或恶，这是"流水人性论"的理论渊源。"流水人性论"认为，不同时期、不同对象的人，其人性有善有恶，即便同一个人，也往往既有好逸恶劳的一面，还有奋发工作的一面。

汉代的杨雄继承了世硕的思想，并将其发展成为人性善恶混杂说。他认为，"人之性也，善恶混。修其善则为善人，修其恶则为恶人"，并进一步将人性分为"视、听、言、貌、思"，这五个方面有正有邪，同时认为人性的善恶在于"学"和"修"，"学则正，否则邪"。出于这种人性假设，在管理中就强调外在控制与内在激励等各种方法的灵活运用。

6. 人性素丝论

墨子对人性的基本假设是"人性素丝论"或"人性所染论"，据《墨子·所染》记载："子墨子言见染丝者而叹，曰：染于苍则苍，染于黄则黄……故染不可不慎也。"他把人性比作"新丝"，"新丝"本来是白色的，经过染料的浸染就会被染成各种颜色，人性也如新丝一样，本来不分善恶，在后天环境的影响下才会形成善或者恶。同时，墨子也认为人性多欲，即人天生是趋利避害的，故而提出"墨子十论",要"兴利除害"。

7. 人性唯识论

人性唯识论是唯识学对人性的观点,在传统文化诸学派中独树一帜,对我们更加丰富和深刻地理解人性具有极高的参考价值。唯识学,又称法相唯识学,指公元18世纪盛行于印度的佛家大乘瑜伽行派学说,由无著、世亲兄弟所创立。大唐高僧玄奘从西域求学归来,带回唯识经典并翻译,与其弟子窥基共同开创了中国唯识学派。20世纪初,西学东渐引起东西文化碰撞,唯识学特殊的理论框架以及严密的逻辑论证引起大量学者的研究兴趣,如梁启超、章太炎、熊十力、韩清净、太虚、法舫等人,使唯识学重新焕发生机。

人性唯识论深刻研究了人的心理现象的本质,否定了把"我"等同于"精神"或"灵魂"的说法,认为所谓的"我"是因缘和合而生的,即由不同元素在特定条件和时空下组合而成,没有永恒不变的存在,而是永远处于变化之中,就像河水后浪逐前浪长流不息,又如林中跳跃的猴子,抓住这根树枝又放掉那根树枝,日夜消长,此起彼伏。

唯识学核心经典《入楞伽经》提出了"八识"说,即人的意识的八个维度或八个方面的功能。世亲之《百法明门论》将八识排序为:眼识、耳识、鼻识、舌识、身识、意识、末那识、阿赖耶识。同时,《百法明门论》把宇宙万有分为五类一百种,称为"五位百法",包括心法8种、心所法51种、色法11种、心不相应行法24种、无为法6种,这是基于"心物一元"本体论对世界的物质和精神现象进行的全面归纳[①],如图6-1所示。

人性唯识论认为,"心"并不是我们胸膛里的"肉团心",即心脏这个物质的器官,而是指我们的各种念头、思想和情绪。而这些思想和念头的产生,来自身心内外部各种环境要素的相互作用,所谓"因缘和合",即认为这个"心"是与环境要素集合互动而生的,不能片面单独升起,故而"集起为心"。因此,人性唯识论中的"心"具有"本体"意蕴,等同于阿赖耶识(又译为阿梨耶识、阿陀那识、异熟识)。以心理学来解读阿赖耶识,类似一种潜意识或无意识,它的功能作用处在一种潜伏状态而不显现,尽管该识是其他七识和一切心所法的本体,但它并不是实有,因为它仍是因缘和合而生。人性唯识论认为没有永恒不变的"心",

---

① 对"心物一元"本体论的讨论详见:贾旭东.中西文化的本体论比较与国学知识体系模型建构[M]//张耀南.自然国学评论:第三号.北京:北京航空航天大学出版社,2019:275-291.

故而否认有或善或恶的不变的人性,认为人的善恶是在与环境的互动中形成和表现出来的,即所谓"思想是环境的反映",当然也就能够改变。

同时,人性唯识论也讲"性",但这个"性"不是其他学派所谓的人性,而是

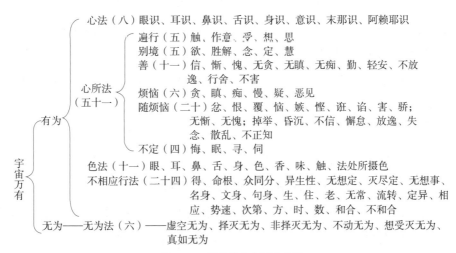

图 6-1　唯识学宇宙万有分类

资料来源:江雨. 佛家唯识宗的心灵哲学思想研究——以法舫法师唯识哲学为例 [D]. 华中师范大学,2012.

指生起"心"即各种思想意识的能量。人性唯识论常把"心"与"性"的关系比喻为"波"与"水",波是水的表象,水是波的实质,不一不异,意即:既不能说它们完全一致,又不能割裂其相互关系。唯识所讲的"性"无形无相,但能起种种作用,如电能,虽不能手触眼见,而一切照明、发动等都是它在起作用,认为人之所以能产生种种思想、生出各种念头,所谓对境生心,都是来自"性"的作用。佛家表达此意的名词很多,如自性、法性、佛性、真心、真如、如来藏、一真法界、大圆胜慧等。人性唯识论认为,性是体,心是用;性是理,心是事。因为有"性"的存在,故而人在"善缘",即利于激发善念的环境作用下,也易于产生向善之心乃至行善之举,反之亦然。

6.3　马克思的人性观

在马克思的德文版原著中,"人性"一词用 die humahitat 表示,意指与动物相比较而言人的属性,含有"仁爱""人道"的含义;"人的本质"一词用 das wesendes menchns 表示,意指人之为人的内在规定性或根本性质。在马克思的学说

中，人性即人的社会性和主体的能动性，人的本质即"一切社会关系的总和"。

在马克思的著作中，他不仅多次正面提及人性，还对人性作出了新的、独特的理解。在《摘自"德法年鉴"的书信》中，马克思指出："专制制度的唯一原则就是轻视人类，使人不成其为人。""专制制度必然具有兽性，并且和人性是不相容的。"这里在与"专制制度"和"兽性"相对立的意义上肯定性地提到了"人性"，将其视为人之为人的根据，作为批判专制制度的尺度。在《1844年经济学哲学手稿》中，马克思明确提出了"复归人性"的诉求："共产主义是私有财产即人的自我异化的积极的扬弃，因而是通过人并且为了人而对人的本质的真正占有；因此，它是人向自身、向社会的即合乎人性的人的复归。"马克思一再提到"合乎人性"或"适合人性"，表明他肯定人性的存在，而将"人性""天性"与"合乎""最适合于"等词连用，则表明他对人性持正面的、赞同的态度。

马克思和恩格斯在《德意志意识形态》中说："可以根据意识、宗教或随便别的什么来区别人和动物。一旦人开始生产自己的生活资料的时候，这一步是由他们的肉体组织所决定的，人本身就开始把自己和动物区别开来。"因此，虽然人是自然的存在物，但在社会实践过程中已经成为以社会生活方式存在的主体的人，在实践过程与自我意识中证明自己的存在并表现出社会性和能动性。因此，在马克思的哲学体系中，人性不是先验的，也不是人为设定的，而是在社会实践过程中历史地生成的。

从宏观上，马克思把人性的生成过程分为三个阶段。

第一阶段是人的依赖占主导地位的阶段。这个阶段对应于前资本主义社会的所有社会形态：原始社会、奴隶社会、封建社会。在这个阶段，自然经济占主导地位。人的生产能力只是在狭小的范围和某一方面发展，并且水平相当低下。人与人之间的联系也只是以自然血缘关系或统治服从关系为基础的地方性联系，人们要么依附于氏族、家庭这样的血缘共同体，要么依附于城邦、国家这样的地域共同体。在这种基于血缘关系或统治服从关系造成的人身依附关系中，"无论个人还是社会，都不能想象会有自由而充分的发展，因为这样的发展是同原始关系相矛盾的"（《马克思恩格斯全集》第30卷，第479页）。因此，人性不可能完全展示出来。

第二阶段是以物的依赖为基础的人的个性独立阶段。这个阶段对应于资本主义社会。在这个阶段，经济形态是商品经济。由于生产力水平的提高，生产由简单协作发展为机器大工业，生产社会化使人获得了在空间、居留地点和人身关系上的独立。但资本主义是一切以交换为目的的商品社会，人与人之间的关系被物的关系所左右，就产生了"物的依赖关系"。这种关系具有双重作用：一方面丰富了个人关系，使人形成了多方面的需求及全面的能力体系，人性得以全面地展示；另一方面又造成人本身和人与人关系的异化，人性并未获得充分而自由的发展。

第三阶段是人的个性自由阶段。这个阶段对应于共产主义社会。在这个阶段，经济形态是产品经济。此时，人们已将社会关系置于自己的共同控制之下，使它不再作为敌对的、异己的力量支配人。人们将在丰富、全面的社会关系中实现自由而全面的发展，使人的本质力量得到充分发挥，并充分体现人之为人的全部属性。

6.4 中西方人性观的融合与人性化的管理

由于文化历史背景的差异，中西方人性观有巨大的分歧，也有相同的假设。因此，有必要展开中西管理人性观的对话，既关切到西方的科学管理，又融入中国传统的人文管理，实现中西管理模式、管理文化、管理方法的统一，为中西方管理文化的对话和融合打下基础。

6.4.1 中西方人性假设的分歧与融合

中西方对人性的思考处于不同的层面，即便转换到管理视角，仍然难以对人性得出一致的结论。当然，用唯一尺度去衡量复杂的人性是徒劳的，但我们仍然需要一个标尺，将其作为设计管理制度、方略和手段的参照物。

1. 中西方人性理论的分歧

历史路径不同。中西方文明形态和社会组织形式上有诸多差异，如农耕文明、游牧文明和海洋文明的不同。中国传统的农耕社会养成了安土重迁的社会心理，形成了家天下的社会组织格局，也形成了中国人社会生活关系的长期稳定性，生成了费孝通先生所言的差序格局，从而更多地以宗法道德观念约束人的行为，以"人性善"为假设，靠血亲人伦、等级规范和宗法制度来维系运转。从国家层面看，尽管儒家的纲常人伦在一定程度上弥补了正式制度的缺失，但并不能完全满足社会运转的需要，因此，法家、道家的人性假设构成了对"人性善"的补充。希腊的海洋文明、欧洲国家的海上扩张和海外殖民、后期由移民建立的美国，都形成了相对短期和变动性大的人际模式，源于西方宗教的"原罪"思想，更是西方人性恶假设的根本来源，从而形成了用契约和法制去约束人性之恶的管理理念。

关注重点不同。中国古人从更宏观和一般的意义上看待人性，由此与治国方略交相呼应。以儒、法、道三家思想所推崇的治国方略、人性假设来看，人性善对应德治，人性恶对应法治，淳朴自然对应无为而治，而德治适用面最广。西方基于人性恶假设的主线，从哲学意义上的思辨，在人与自然、感性和理性二元论的基础上，制度设计的重点是对人性恶的斗争和压制，形成了包括法治与分权制衡在内的一系列方针和政策，在政治生活和社会生活中得到具体的体现。

冲突程度不同。源自先秦诸子时期有关人性的讨论，本身就是一部诸子百家思想的争鸣史和对抗史，当佛家思想传入中国后，又经过了一个与儒道等本土思想从长期冲突到相互融合的过程。在长期的历史发展中，容忍不同思想共存的过程，塑造了中国社会包容程度高、容忍模糊程度强的特征。而西方哲学从苏格拉底到柏拉图再到康德，在人性"理性"的维度上一脉相承，从犹太教到天主教再到基督新教，人性恶的假设一直延续，使得西方管理中人性理论演变的脉络是一个继承发扬的递进关系。这种冲突和继承的差别，使得中西方人性认识的差异性、复杂性和丰富性程度不同。

2. 中西方人性理论的融合

西方主流的人性观从理性和人性恶的主线出发，更多体现了一种二元对立的特点，如灵与肉、理性与感性、自然与社会等。在这些冲突中，人并不必然向善，故而从理性出发，必须依靠他律以完成人的升华。在这种紧张的对立及其调和之中，形成了西方对于人性的认识以及由此衍生的种种制度。

中国的人性观符合"心物一元"本体论的特征，强调一种整体性思维，讲求天人合一，即"部分与全体交融互摄"，不管是性善、性恶还是其他，无不是从一个整体的维度去把握人、人性、自然和社会，形成了中国思想注重事物间的联结而看似没有开端和结局的"生生不已"观念，进而使中国人更能够从整体和互动的视角去认识社会，更能够容忍和接受模糊性。

实际上，简单地用善恶这种明显带有价值判断和社会属性的概念去界定人的本质，是过于简化的。对善恶的判断随着社会发展和价值标准的变化而变化，一个人将要变成什么样的人总是受到他与所处环境间所不断进行的交流和互动的影响。正如人性唯识论指出的那样，人性中蕴涵善与恶、灵与肉、理性与感性等这些人为概念的种子，这些种子如何成长则取决于哪些种子得到了后天的灌溉。因此，我们可以用一个过程性的概念去定义人性，包含两个层面的含义：第一性（nature），人的天性，蕴涵这个物种基本的基因和可能性，其特征是不断发生的根本可塑性（radical changeability）倾向；第二性（second nature），后天习得之性，这是人之为人（becoming）的理由，就是社会希望他成为什么，这种选择包含价值判断。正是这个第二性，体现了管理的价值，也是管理的基本作用场：怎样过渡以及过渡到怎样的第二性。

中国传统人性观注重人的社会属性与伦理道德，西方人性观偏重人的社会价值与自我诉求，两者都没有涵盖人性观思想的全部。马克思主义哲学认为人是社会关系的总和，并结合古典哲学的辩证法思想内核对人性展开多维度的研究，用以构建人性的总体性形态。因此，将东西方人性观相结合，以马克思"总体性"人性观的思想为统领，能够构建一个内涵丰富的"总体性"人性观。

"总体性"人性观的核心宗旨是实现人的主体性回归，注重人的个性发展，实现真正的人与人、人与社会、人与自然的有机统一。人类的存在总是以完整的个体人的存在为前提，"总体性"人性观在理论诉求方面将逐渐调解管理者与被管理者的二元对立局面，强调人在管理中所具有的主体性作用。人不仅是自身的天然属性的主体，即生命主体、精神主体、道德主体，同时也应该是具有社会属性的决策主体与管理主体，虽然人在组织的层级系统中不可避免地有职位分工的差别，但每个人都具有独立、完整、平等的人格和个性。人不再是管理的手段和工具，人是管理的目的，管理理论与管理实践的最终指向是人类的全面发展。

"总体性"人性观是在反思中西方管理理论中各种人性观的基础上构建的，是在整体的层面对人性的全面把握，注重人的主体性地位，发挥人的主体性功能，促进人的总体性发展。"总体性"人性观对管理理论的发展具有重要的促进作用，将推进管理活动进入全新的阶段，真正实现人性化管理，以便更加适应当今的社会与文化背景。"总体性"人性观将在管理活动中丰富人的内涵，从而促进人的自由而全面发展。

6.4.2 管理的人性化与人性化的管理

对人性化概念的把握和理解是人性化管理的基础。普遍认可的人性化管理表达为 humanistic management，其中用 humanistic 一词来表达人性化管理中"人性化"的含义，这是几个世纪以来不断发展的结果。可以从三个层面认识 humanistic：首先，尊重人的个性、尊严及需求。其次，培育人的美德，超越种族、宗教信仰和社会地位局限，维持人的团结，关注人的潜能开发和素质提升。最后，关注人的全面发展，构建出有益于人发展的社会环境。

与"人性化"认识的演变相对应，对"人性化管理"的认识也经历了一个逐步深化的过程。根据"人性化"的含义，可以从"人的天性""人的全面发展""经济利益与道德伦理的均衡"三个角度理解人性化管理。

（1）在管理过程中尊重人的个性和尊严。人性化管理可以阐释为一种强调人的天性，顺应人天性的各种发展趋势，用各种方式、在最大程度上以发展人的天性为导向的管理方式，是基于人性的管理方式，是在任何经济背景下无条件地维护人的尊严，重视尊重任何人的人格，在肯定人的尊严和价值的基础上促进共同发展的管理行为。

（2）促进人的全面发展。人性化管理对人的认识并非是"机械式"的，而是从组织环境、社区环境、社会环境等方面切实关注人的全面发展，强调商业运作的目标是服务社会、提高居民的生活质量。人性化管理将人的全面发展作为商业运作的目标，要求企业从个体和整体两个方面关注人的全面发展，强调营造有益于人发展的社会环境和生活环境。

（3）强调经济利益与道德伦理的均衡。人性化管理并非单纯考虑道德伦理而忽视经济利益，人性化管理的存在和推行有坚实的经济与伦理论据。人性化管理旨在实现人的理想，强调人性化管理的实施、对人的尊重，不能仅仅考虑经济指标的达成，经济发展、经济指标的实现要为社会服务，要能提升人的生活质量，要用伦理道德标准来指导和反映经济活动。

【本章要点】

本章既全面介绍了经济人、社会人、自我实现人、复杂人、决策人、文化人等西方人性理论，也展示了中国传统文化中的性善论、性恶论、自然人性论、人性可塑论等人性理论，使读者能够明辨中西方人性理论的差异，进而深化对马克思的人性观的认识，深入理解中西方人性理论未来的融合趋势，牢固树立人性化管理思想。

【关键概念】

经济人；社会人；自我实现人；复杂人；决策人；文化人；性善论；性恶论；自然人性论；人性可塑论；马克思的人性观；人性化管理

【思考题】

1. 西方"经济人"假设的主要观点有哪些？如何评价其贡献与不足？
2. 西方"社会人"假设的主要观点有哪些？如何评价其贡献与不足？
3. 西方"自我实现人"假设的主要观点有哪些？如何评价其贡献与不足？
4. 西方"复杂人"假设的主要观点有哪些？如何评价其贡献与不足？
5. 西方"决策人"假设的主要观点有哪些？如何评价其贡献与不足？
6. 西方"文化人"假设的主要观点有哪些？如何评价其贡献与不足？
7. 中国传统文化中"性善论"的主要观点有哪些？如何评价其贡献与不足？
8. 中国传统文化中"性恶论"的主要观点有哪些？如何评价其贡献与不足？
9. 中国传统文化中"自然人性论"的主要观点有哪些？如何评价其贡献与不足？
10. 中国传统文化中"人性可塑论"的主要观点有哪些？如何评价其贡献与不足？
11. 马克思的人性论的主要观点有哪些？对管理实践有何启示？
12. 中西方人性论有何分歧？将来如何实现融合？
13. 人性化管理的主要观点有哪些？如何实现人性化管理？

【案例分析】

宁波华尔：一家学习中国文化的美资企业

美国华尔集团是一家有百年历史的家族企业，成立于1919年。今天的美国华尔集团已发展为一家集研发、制造、销售于一体的综合性美容美发护理工具制造商，是世界电推剪行业的"业内龙头"。1995年，美国华尔集团全资收购上海大中华刀剪厂奉化分厂，使其成为华尔集团中国地区子公司，这就是今天的宁波华尔。

钱模星于2009年应聘接任宁波华尔总经理。此时正是信息技术飞速发展的时期，尤其是我国东南沿海地区的企业正在迅速转型。但宁波华尔却仍然没有摆脱原来的劳动密集型生产模式，没有自主研发能力，效率低下，资源分配不均，人力物力浪费严重。钱模星觉得这个企业必须进行改革才能生存，他开始带着管理团队"摸着石头过河"：自己设定目标，自己进行变革，自己创新思考，而美国华尔总部没有提供任何支持和资源——总部已经准备放弃宁波华尔，开始为在印度建立新的"根据地"做准备了。于是,钱模星带领管理团队夜以继日地制订管理创新和变革方案。2009年开始,宁波华尔启动流程再造、核心工艺再造等一系列变革,改革的成效很快显现。

然而,正在钱模星推动公司改革和转型升级的关键时期,两次罢工事件的发生打乱了原定的工作计划,并造成了巨大的负面影响。罢工事件暴露了目前公司改革过程中忽视了的关键问题——员工。钱模星和管理层开始思考,如何让员工从改革中受益,如何加强与员工的有效沟通、化解矛盾,提高员工的归属感,从思想上让员工与企业保持一致。

2011年5月,一个传统文化论坛让钱模星和几位高管内心深处受到很大震动,他们开始在公司内引入国学相关课程进行员工培训。同时,管理层与员工一起学习传统文化读物,并举办一些交流活动。

钱模星一开始推广国学的方式是一种"高压模式",管理层和员工都按照他所制订的读书计划机械地学习,然而员工是被迫的,并没有发自内心地认同。钱模星意识到,作为领导要以身作则才能把传统文化推广下去。于是他开始身体力行,用自己的实际行动,把传统文化的理念,如"躬自厚而薄责于人""与人为善""厚德载物"等在日常工作中体现出来。管理团队上行下效,慢慢地,员工开始感受到,管理层是在真诚地学习传统文化、真诚地关心员工。很快,公司便有了积极的改变——员工与管理层的关系明显好转,员工开始主动关心企业,公司的人际关系和工作氛围越来越好……

随着传统文化学习给企业带来的变化越来越大,钱模星更加积极地引入更高层次的国学培训,带领管理层和员工学习《大学》《论语》《中庸》这些国学经典,定期或不定期安排干部员工外出学习交流。2012年,宁波华尔成立"华尔学院(于2016年升级为华尔大学,下文统称'华尔大学')",将其作为企业内部员工的学习教育和分享基地,打造成培养人才和促进全员提升的主要机构。2012年底,华尔大学"管理班"开班,通过传统文化经典和现代管理知识的学习,对宁波华尔各级管理者进行教育和培训。与成立华尔大学几乎同时,宁波华尔成立"弘毅书苑"——一个专门对员工家庭进行传统文化教育的公益机构,旨在促进员工子女的健康成长,践行"关注家庭"的企业文化,成为宁波华尔内部教育的一大特色。

在钱模星上任之初,宁波华尔的企业文化体系是由美国总部直接下达给各子公司执行的,那时宁波华尔的价值观表达为十四条准则,基本涵盖了美国华尔集团对公司运营管理各方面的要求，也能够很好地表达出美国华尔集团所崇尚的价值理念，但在宁波华尔内部却一直没有形成其应有的影响力。钱模星进行了分析调查，发现丰富、全面的特点恰恰是造成该价值体系未能得到员工广泛传播和认同的主要原因。

于是，以已有的价值观文本为基础，钱模星和高管们开始研究怎样形成一套适合宁波华尔自身特点的价值理念表述方式。2015年初，宁波华尔正式推出了自己的三大核心价值观：开心工作、快乐生活、共同发展；同时，清晰表述了五大企业行为准则：创新、合作、尊重、信任、关注家庭。

宁波华尔从2014年开始进行精益改善，钱模星也同时提出了服务型管理理念，认为企业要将员工放在第一位，管理层要将自己定位成服务人员，应时刻关注员工，关注员工的工作氛围，关注员工家庭，关注员工未来成长。在几年的转型升级过程中，以中国传统文化为核心的企业文化使员工的幸福感、积极性大幅提升，并且得到了社会各界的认可，公司的效率和效益日益提高，宁波华尔已经从一个几乎被华尔总部放弃的落后生产工厂转变成为美国华尔集团全球子公司学习的标杆和榜样。

近年来，国家相继出台推进传统文化继承发展的多项文件，都提到要加快文化改革发展，建设社会主义文化强国，提高文化自信，这为宁波华尔继续推进传统文化的学习提供了更好的外部环境。同时，市场部提供的一些数据已经让钱模星感受到全球电推剪行业的激烈竞争和未来的严峻挑战。如何从中华优秀传统文化中汲取更大的能量，让企业基业长青？在中华文明复兴的新时代，宁波华尔企业文化建设的经验是否可以给美国华尔集团乃至更多的企业贡献一分"中国智慧"？他仍然在探索……

资料来源：贾旭东，杨荣．宁波华尔——一家学习中国文化的美资企业．中国管理案例共享中心入库案例。

讨论题：

1. 根据案例材料，分析为什么作为美资企业的宁波华尔要引入中国传统文化的学习和宣贯？这解决了企业的什么问题？

2. 在宁波华尔的管理制度和行为中，体现了怎样的人性假设？为什么产生了良好的绩效？请运用人性假设理论进行分析。

第 7 章　后现代管理[①]

【学习目标】

1. 了解科学管理模式的弊病与后现代管理兴起的背景。
2. 熟悉现代管理与后现代管理的异同点。
3. 掌握后现代管理的核心观点与代表性理论。

【能力目标】

1. 从后现代管理视角提升对组织与管理理论的基础假设与基本逻辑的分析能力。
2. 提升对新科技革命下的管理挑战的认知能力和对未来管理演化趋势的判断能力。
3. 掌握有机性、整体性以及非线性的生物学范式的思维能力。

【思政目标】

1. 认知西方现代管理理论的深层次矛盾及其弊端。
2. 从马克思主义角度来分析人的自由发展与组织管理的关系。

---

① 本章知识主要根据胡国栋《管理范式的后现代审视与本土化研究》（中国人民大学出版社 2017 年版）一书相关内容改编而成，部分内容被收录到彭新武等著《西方管理思想史》（机械工业出版社 2018 年版）和高良谋主编《管理学高级教程》（机械工业出版社 2015 年版）。

第 7 章 后现代管理

【思维导图】

【开篇引例】

空 雨 衣

我永远都忘不了在明尼阿波利斯露天雕塑公园看到的一尊名为"无言"（Without Word）的雕塑，创作者是朱迪思·谢伊（Judith Shea）。这尊雕像的主体是一件笔直挺立的青铜雨衣，里头空无一物。对我而言，"空雨衣"正象征着当前人类直面的悖论。我们并非天生要当有名无实的"空雨衣"，薪水名册上的编号、某一特定角色、经济学或社会学研究中的"原始资料"，或者某份政府报告里的"统计数字"。如果这些是经济增长所必须付出的代价，那增长毫无意义。因为人生的意义，绝不仅仅是充当某部大机器的齿轮，终日疾转，不知目标何在。

那天上午，我参观了一家大型跨国公司的总部。穿行在一排又一排的桌子、一间又一间的办公室之间，我感到那里的人们正处于为了他们的角色而牺牲掉自己个性的危险之中，也许他们只是些无名的"角色扮演者"。我觉得是时候了，我要说，组织对社会的影响令我感到担忧。我认为，我们正生活在一个黑暗的森林里，为周遭的事情感到困惑。我们好像比从前更努力地工作，并且也变得更富裕，但却比以往更不快乐。生产力是提高了，但这通常意味着是更少的人在付出更多的劳动。对于那些不再被需要的人们来说，这并不是一件值得高兴的事情；而对于那些要比以往更加努力工作的人们来说，也经常不是什么好事。人类的寿命更长了，拥有的时间比以前更充裕了，但我们却不知道应该如何打发这些时间，特别是一旦组织不再需要我们工作，我们就会更加不知所措。这世界太让人困惑了。

资料来源：汉迪. 空雨衣 [M]. 杭州：浙江人民出版社，2012：中文版序 4-5.

7.1 后现代管理的兴起

7.1.1 后现代管理的发端与主旨

人类社会已经进入知识经济时代，随着经济的发展、技术的革新和价值观的变迁，管理不断发生重大变革，后现代管理思潮就是新时代背景下产生的批判传统科学管理模式的一场管理革命。在管理学领域，最早进行后现代主义研究的是彼得·德鲁克（Peter F. Drucker，1909—2005）。德鲁克在《已经发生的未来》一书中，把知识型社会的出现、经济发展和应对贫困日渐成为人类新的普遍愿景和目标、民族国家政府管理社会事务能力的日渐衰弱等视为转向后现代世界的重要标志。后现代管理对当代管理实践的深刻见解代表了对未来组织管理模式的理论趋势。

后现代管理的主旨是对组织与管理系统中深深植入的西方理性主义传统的批判。在后现代主义看来，现代管理的诸多弊病都根源于这种理性主义在组织与管理中的极端发展和片面彰显。理性主义预设在管理理论、模式与方法中的全面渗透导致以下诸多矛盾与弊端：以科学主义思维片面追求效率至上，人的情感等非理性因素在组织中被忽略，从而产生理性与非理性的矛盾；将人性中的伦理、审美等因素剥离，由此产生理性与人性的矛盾；片面追求一般化和标准化管理，忽视了差异性与不确定性因素，由此产生理性与差异化、多元化之间的矛盾；理性化内生地追求客观性、精确性和中心性，在管理中营造了一种基于主体性的统治性权威，由此产生理性（统治性控制）与主体间性（平等与自主）之间的矛盾。

后现代管理将批判的矛头对准理性主义及其组织化、制度化的深层逻辑，尝试化解以上诸多矛盾。

7.1.2 后现代管理的兴起背景

后现代管理思潮是后现代主义哲学在经济管理领域渗透的结果。后现代主义出现于20世纪70年代，主要代表人有德里达（Derrida）、利奥塔（Lyotard）、米歇尔·福柯（Michel Foucault）、加达默尔、罗蒂（Rorty）等，以批判现代社会的理性主义、普遍主义和中心主义等基本假设为特征。理性主义强调以理性控制一切，并试图驱逐人的非理性因素，泰勒的科学管理理论便是其进入现代管理中的典型代表。普遍主义是现代主义认识论的主导性逻辑，它所关注的是要素之间的普遍规律，在此基础上追求知识的确定性和统一性，并试图用普遍适用的真理认识、描述一切现象，基本特征是线性、确定性与可预测性，这也是后现代主义批判的要点所在。这种普遍主义渗透到现代管理中便形成了由统一化、一般化的管理理论设计的组织结构。后现代主义的另一重要阵地便是对中心主义的批判，中心主义主张把自我作为理论认知的中心，也将其作为一切人类活动的中心。现代管理中心主义的盛行在现代企业中构筑了等级控制链条，强调以管理者为中心的、自上而下的权力与话语体系，进而将员工边缘化与工具化，使之成为现代企业这一"庞大机器"中无差别的"齿轮"。

基于对现代管理中理性主义、普遍主义、中心主义盛行所带来的一系列问题，后现代理论在20世纪80年代中期进入组织及管理领域，至90年代中期，后现代管理思潮正式形成并产生强烈回响。后现代管理思潮是知识经济时代人们对现实的管理实践和人类自身进行反思的产物。人之身份的多样性与心理的复杂性，以及知识型员工、知识型企业的出现促使人类对自身和组织管理的重新思索并催生了后现代管理思潮。后现代管理思潮得益于科学技术革命和重大科学发现的推动。在新科技革命中，现代自然科学所揭示的现实事物的相对性、非确定性、不完全性破坏了旧管理理论确定性的世界观，同时使人们对社会组织演化过程的动力源泉、组织形式、过程途径有了比较科学的认识，为后现代管理思潮的思维方式的形成奠定了理论基础和技术支撑。后现代管理思潮是传统科学管理批判不断深化的结果，是管理学自身完善与发展的升华。对科学管理模式的批判主要集中在片面强调工人为效率服务；关注的是组织与管理的"局部性"问题，而缺乏考察组织整体的宏观视野；其理论前提是"理性经济人"假设，并不完全符合现实。

后现代管理的矛头直指现代管理学中的形式主义、实证主义和理性主义，关注西方企业组织现代化以后的弊端。具有后现代倾向的代表人物主要有美国的彼得·德鲁克、汤姆·彼得斯（Tom Peters）、迈克尔·哈默（Michael Hammer）、彼得·圣吉（Peter M.Senge），以及加拿大的亨利·明茨伯格、英国的查尔斯·汉迪（Charles Handy, 1932—）、日本的野中郁次郎（Ikujiro Nonaka）等人。从历史的眼光看，管理学不是静止的，而是不断演化发展的，所以管理学更像历史科学那样随着社会环境和管理实践的变迁而不断发展。拉康（Lacan）指出，今天的后现代环境与注重经济效率和生产力的现代时代不同，当前的管理应更为重视创造力、情感联系以及个人和工作生活的平衡。后现代管理思潮动摇了人们曾经深信不疑的作为现代管理学基石的理念，如理性观、人性假设、管理原则、管理目标和组织文化等，它既是对以泰勒为首的科学管理模式的深刻反思，又是对后工业社会对管理学发展要求的积极回应。

7.2 后现代管理的人性观：非理性解放

从根本上来说，后现代管理质疑科学管理的目的是还原被其束缚的人性自由。自启蒙运动以来，自由一直是启蒙理性所追求的核心价值，人们幻想通过科学技术的飞跃实现人类的自由与解放问题，但是理性主义的宏观叙事在工厂组织中构筑了工具理性的霸权话语，最终使其本身成为一种压抑人的自由和对社会实施控制的操纵系统。后现代管理企图通过非理性因素的解放在组织领域实现人性的高扬，以此尝试化解理性与人性之间的悖论。

7.2.1 现代管理的人性压迫

自工业革命开始，人在组织中逐渐被视为一种被开发的资源，实际上仍然是对企业员工的强制性压迫。社会主义运动的发展曾经使强有力的劳动工会对资方的控制和压迫形成一股制约力量，但泰勒制对管理的精巧设计事实上削弱了熟练而有组织的劳工力量。因而，以科学标榜的现代管理事实上使人的需求成为被控制的对象，人类善良、宽容、尊重的美德被"工具理性"所压迫，落实到企业实践中便是管理氛围与文化认同的冲突、企业文化与人之精神性需要的差异、自我存在感的丧失，其实，韦伯在确立合理化的官僚制模型的同时，也深刻认识到"工具理性对道德生活领域的侵蚀和压制"，但他认为这是人类社会不可避免的"宿命"。高度追求理性的管理模式使理性演化为控制人性以为企业提供经济效益的机制，企业运行越来越机械化，使管理丧失了对内（人事）与对外（市场）适时应变的灵活能力。

7.2.2 后现代管理的人性救赎

后现代主义者在关系中理解人的本质，以寻求人性的救赎之道。管理实践的决策工具和依据从数据到信息再到知识并向智慧决策为主导的多维化、复合化发展，贯穿对人性和人的价值认知的变化，因此发起于对现代管理之批判的后现代管理的主要阵地之一便是对长期被理性压制的人性的救赎。后现代主义者强调个人之间的内在关联性，哈贝马斯（Habermas）甚至建构一种系统的交往理论以试图实现人性的救赎。"强调内在联系、有机性和创造性是后现代社会思想的另一个总体特征，它力图克服致使现代社会机械化的方法"。后现代管理者延续了从关系中理解人的创造性本质的思维，他们反复告诫组织决策者"工人"不仅仅是"工人"，他们首先是"人"，需要从工作中获取某种满足感，需要创造性地参与到公司的决策程序之中。

后现代主义者进行人性救赎的一个重要途径是解放人性中的非理性力量，这方面的主要代表是法兰克福学派的领军人物之一马尔库塞（Herbert Marcuse）。马尔库塞对人性的救赎是通过情感解放与开拓人性的审美之维来实现的，在他看来，"生产性、攻击性的现代文明压抑了爱欲的、非攻击性的情愫，人的本能解放之路实质上是一条通往审美的道路"。审美及作为艺术活动的基本功能便是负载拯救人的感性之维的历史重任。"审美的调解就意味着加强感性并最终唤起感性使之摆脱理性的压抑性统治"。审美通过幻想和想象使人摆脱了压抑性的现实原则，超越了现实，把人导向自由的境界，从而实现人的解放。

7.2.3 后现代管理的人性解放之路

在管理中公开倡导重视人的非理性因素的典型代表是被《洛杉矶时报》称为"后现代企业之父"的汤姆·彼得斯。彼得斯认为，不管过去成功的秘密为何，未来都不适用，而答案就是创新。他大胆地将非理性思潮引入管理界，将对个人的尊崇提升至组织之上,并将个人的创造力在商业中的作用推向极致。与之相关的另一位后现代管理的代表性人物是英国伦敦商学院管理学教授查尔斯·汉迪。汉迪认为当下是一个充满"非理性"(unreason)和"不确定性"(uncertainty)的时代。"非连续性变化需要非连续性、颠覆性思维来应对",要想雕塑未来,就必须大胆地"想象那些原来看似不可能的事情,并做出一些原来看似缺乏理性的行为"。他指出,未来的管理需要树立"中国式合同"的思维理念,即一种建立在相互信任基础上的合同,合同的目的是双赢,谈判双方都能得到好处。

后现代管理试图在管理的理性控制系统之外,建构一种基于情感与价值的体验哲学(embodied philosophy)。体验的出发点是情感,同样体验的归宿也是情感。情感释放既是体验的依据也是体验的结果,体验通过情感发生并产生新的情感和意义。以体验哲学来考察组织的经济行为,未来的组织管理则会推动体验经济的产生。1999年,派因(Pine)与吉尔摩(Gilmore)在《体验经济:工作就是戏剧,每个生意都是一个舞台》中写道:"在购买体验产品时,消费者是在花费时间享受企业所提供的一系列值得记忆的事件或故事——就像在戏剧演出中那样身临其境。"以体验哲学来考察组织内部的工作内涵,工作的概念由谋生的手段转为自我消遣的生活方式。2003年,詹森(Rolf Jensen)在《梦想社会:为产品赋予情感价值》中对这种转变做了以下描述:"公司不再是一个法律经济实体,传统的会计方法将被抛弃,公司更像是一个部落,员工也不再是旧式合同之下的雇佣人员,而是平等的部落成员。"如果说为产品赋予情感价值的体验经济塑造了组织外部的审美生活,那么工作概念由谋生向消遣的根本转变,则塑造了组织内部的审美生活,从而使现代管理理念发生根本性变革。

从对自由的追求和对人类生存困境的忧虑的视角出发,后现代主义与现代主义两者并非表面上所宣称的那样彻底决裂。作为西方启蒙运动以来的社会演化过程中的基本追求,虽然其包括理性主义、普遍主义以及中心主义在内的基本主张是后现代主义批判的主要阵地,但是从出发点来看,现代主义期望以理性描述和控制一切来帮助人类摆脱环境条件的束缚以实现物质层面的自由发展,试图通过将一切标准化、合理化、程序化、可计算性及可控性的方式提高人类社会的运行效率。后现代主义对理性主义、主体性及人性本身的批判和解构,并非否定理性与主体本身,而是要确定理性的界限,还原人性的本来面目,真正实现人全方位的自由发展。当然,后现代主义人性观也存在种种不可回避的问题，某些学者在解构理性主义的同时陷入另一个非理性的弊端，在对理性进行批判的同时连带人类几千年的物质文明与制度文明等成果一概否定。我们必须肯定理性在塑造人类现代生活，增强人类认知与改造世界能力，提高管理运行效率方面所产生的巨大贡献。后现代主义者所宣扬的非压抑性文明不能纯粹是感性与欲望的解放，同样需要理性的节制与科学的力量，尤其是在管理这种功用性极强的实践领域。

7.3 后现代管理的权力观：主体间性与微观权力①

理性主义在组织中深化的另一结果是，管理者确立了主体性地位，被管理者处于被边缘化的地位而消极依附于权力占有者，导致了现实管理主客体间的恶性互动和双方主体性的扭曲和异化。这种主体性地位的确立及其压迫路径是通过基于经济与技术分析的权力设置实现的。权力是现代社会科学领域中的核心概念，权力分析也成为后现代主义者的代表米歇尔·福柯对现代组织的主体性批判的重要起点。以福柯为代表的后现代主义者试图发展一种微观权力观，从生物学角度揭示权力运作的真相，提倡开发微观权力作为一种自我技术的解放功能。

7.3.1 后现代主义的主体间性

人的主体性确立是现代主义思潮的核心内容之一，而对主体性的消解则构成后现代主义的重要内容。后现代主义者倡导在"主体离散"基础上的主体重建，他们并不非否定人和人的主体性，而是批判现代哲学中体现统治关系的占有性主体和以自我为中心的专横性主体，重建一种自由创造的非控制形式的多元化的"离散主体"，即"离心化主体"。福柯的"人的死亡"与德里达的"主体的终结"都是要消解中心性的主体及其构造的统治性关系，使主体向四周离散并成为一种无中心的无统一性的多元化存在，以此实现主体的真正自由与解放。

他们将这种"主体离心化"观念导入后现代社会的管理中，强调倾听现代管理学中的另类声音，关注被现代管理学边缘化的弱势群体的利益。他们认为，现

---

① 部分内容节选和改编自胡国栋. 微观权力：后现代语境中权力的生物学解读[J]. 武汉大学学报（哲学社会科学版），2015（3）：46–52.

代管理片面张扬工具理性使管理者成为占有性与中心性的主体,并构造了一种统治与控制关系,剥夺了职工、女性与少数民族等边缘化的弱势群体的主体地位,使之远离管理之外,成为与标准化的机器同等的被控制对象。由此,后现代管理者要求消除现代管理的中心主义与霸权主义,主张去中心化(de-centralizing)与去总体性(de-totalizing),实施自主性(autonomous)的尊重差异性与多元化的自主管理和参与管理。

7.3.2 后现代主义的微观权力及其解放功能

现代管理的主体性确立得益于统治性权力在组织中的实施与贯彻。面对统治性权力的宏观角度,福柯主张对权力进行非经济性解读。福柯从发生学①的视角发展出一种微观权力。微观权力具有以下几个鲜明的后现代主义特征。①权力微观而无形,广泛分布在组织、社会的每个领域。"权力的普遍存在并不是因为它包罗万象,而是因为它来自所有的地方"。福柯认为权力无处不在,存在于任何两个不同位势的主体之间。②权力具有生产性。福柯指出,微观权力"每时每刻地产生,或者说在点与点之间的每个关系上产生"。此外,权力是一种生产性的实践,可以生产现实,塑造或建构它的对象。也就是说权力在行动中塑造和改变个体。③权力具有关系性与流动性,不能够被占有或转让。如他所指出,"施加于肉体的权力不应被看作是一种所有权,而应被视为一种战略;它的支配效应不应被归因于'占有',而应归因于调度、计谋、策略、技术、运作;人们应该从中破译出一个永远处于紧张状态和活动之中的关系网络,而不是读解出人们可能拥有的特权"。微观权力不能被占有或转让是因为它具有流动性和无中心性,"各种力量是关系的,多形态的、流动的场(field)""除了不断地向别处扩散,快感和权力绝不可能在某个权力中心点、某个循环节点或连接点、某个场址中……凝结或驻留"。④权力没有主体,每个人既是权力的实施者又是权力实施的载体,同时也是权力生产或塑造的对象。权力主体的解构事实上使每个相关个体都成为权力的主体,从而将聚结或固定到某一主体的宏观权力化为由许多个体行使的分散化与多元化的微观

---

① 发生学方法最初主要用于探讨生物是发生发育及演化问题,如哈维(William Harvey)于1651年发表的《论动物的发生》中"万物皆来自卵"观点即由此方法得出,后被应用于哲学、历史等社会科学领域,经由瑞士哲学家皮亚杰(Piaget)的《发生认识论原理》被译介入中国。福柯对权力的研究之所以是发生学的,在于他考察权力的核心问题是权力如何发生和演化。详见:楼培敏.发生学方法[J].社会科学,1986(10):68-69;张乃和.发生学方法与历史研究[J].史学集刊,2007(5):43-50.

权力。

关系性、流动性、分散性及生产性使得微观权力更像是具有生命活力的"微型有机体"。福柯本人将这种权力分析称为"权力的微观物理学"或"权力的解剖学",对权力的生物学解读意味着将权力还原到人的生物本能,契合了马尔库塞等后现代主义者通过恢复人的生物本能或欲望以实现人的自由解放的终极目标。需要明确的是,微观权力尽管更能揭示权力的本质,但它并不是与宏观权力相对应的另一种存在物,而是观察权力的一种新视角或者权力存在的另一种形态。也就是说,微观权力与宏观权力考察的是同一种社会现象,只是观察问题的角度及目的不同。

微观权力的发生及其运行与知识密切相关。微观权力之所以具有以上特征就在于它本身是一种"权力—知识"体系。1991年,在伯切尔(Burchell)与福柯共同出版的《福柯效应:管制理性研究》一书中,福柯在审视人口管理技术时提出"管制理性"(governmentality)的概念,即"管辖、政治"(government)与"合理性"(rationality)两词的组合。"管制"是一种塑造、指导与影响人的行为的活动,"管制"天然地依赖于认知方式,可认知的才是可管制的。知识与权力相互交织,没有相关联的知识领域的建立,就没有权力关系,而任何知识都同时预设和构成权力关系,如福柯所言:"权力的实践生产知识,知识持续地产生权力效果,没有知识就没有权力实践,没有权力也没有知识。"在微观领域,任何不对称的信息与关系都能构成一种权力关系,因为这种信息与关系本身是一种知识。在现实中,具体的不确定性因素是权力的重要来源,"如果不确定性存在,那么能够控制不确定性的行动者,即使仅能对不确定性部分地加以控制,即可利用不确定性,将他们的意愿强加于那些依存于不确定性的人们。就要解决的问题而言,从行动者的观点看,不确定性意味着权力"。

微观权力通过"权力—知识体系"塑造人的认知来支配人的行为,其结果是形成了一种隐性的控制效应,使控制对象自然顺从,除了这种转变权力之控制功能的实现形式之外,微观权力蕴含对人的解放功能。福柯认为个体会因为自我知识而受到自身认同的束缚,自我知识,尤其是表现为道德意识的自我知识,在杜斯(Dews)看来,"是权力借以使个人将社会控制予以内化的策略以及这种内化的结果"。福柯晚年将微观权力的非对抗性压迫功能转向自我技术,从而使微观权力具有自由与解放的政治功能。福柯将自我技术定义为,"允许个人运用他自己的办法或借他人之帮助对自己的躯体、灵魂、思想、行为、存在方式施加某种影响，改变自我，以达到某种愉悦、纯洁、智慧或永恒状态"的实践。凯尔纳（Kellner）在《后现代理论：批判性的质疑》中指出，福柯赞成个体通过这种自我技术把自己塑造为一个自主的、自我控制的、乐意享有别具一格的新经验、快感和欲望的存在。自我技术可以使员工在工作过程中获得一种自由的体验和某种自我实现的愉悦。这种导向自由与解放的自我技术与伦理息息相关，在福柯看来自由是"伦理的本体论条件"，伦理是"自由所采取的审慎的形式"。导向自我技术的伦理规范更多的是一种私人伦理，它指向的问题是"个体应该怎样塑造他的生活去自我实现作为人的目标的问题"。在人力资源管理中，这种自我技术、伦理规范与员工个体分散的、多样化的具体目标紧密结合为一体。

总之，微观权力能够通过规训机制对员工进行控制，只不过这种控制不像现代管理那般直接和明显；同时，微观权力也可以通过伦理发展出一种自我技术，增长个体在组织中的自主能力，从而蕴含积极的解放功能。从微观权力视角观察，由于知识的变化与流动，员工的个体目标是分散的、具体的和多样的，并因时因地而变化，即员工在工作过程也有某种追求和满足，这种细微的追求与满足可能是更真实的、具体的目标。管理者在人力资源管理中不应以统治性的宏观权力建构将其忽略或抹杀。但这绝不说明我们就可以降低对组织目标的关注和重视，而是需要我们将关注的视角扩展到员工的具体目标、微观领域与具体行为这一层面。基于这一层面的人力资源管理可以同时使员工目标与组织目标两者共时性地兼顾与满足。要做到这点，管理者必须开发与强化员工的自我技术。

7.4　后现代管理的环境观：差异性与混沌管理[①]

后现代主义者认为，自 20 世纪末以来，随着信息技术的发展，社会环境出现动荡而非连续的变化，日益涌现的差异性与不确定性因素，使一般性的传统管理方法在处理复杂性的组织问题时捉襟见肘。基于此，他们批判现代管理研究中的普遍主义立场，转而发展一种多元话语分析方法，倡导对后现代企业实施更接近

[①] 部分内容节选和改编自胡国栋. 后现代管理的理论论域及价值评判[J]. 云南财经大学学报，2012（6）：123-128.

实践常识和应对多样性的混沌管理，以此尝试化解组织中的理性主义和普遍主义所造成的管理弊端。

7.4.1 差异性与多元话语分析

不同于古典管理理论所追求的普遍适用性，后现代管理者放弃了对管理统一性的追求，要求给管理中的不同意见者留有席位，以尊重差异性与多样性。后现代管理者强调企业环境的"混沌"特征。所谓"混沌"，实质是各要素之间相互影响、相互制约和相互依存的一类非线性反馈系统。混沌呈现的基本特征是非重复性、非线性、非确定性与非预测性，因此，应放弃对标准化的管理模式的追求，强调管理研究中的多样性。与复杂性科学的旨趣相似，1994年，霍伊（Hoy）同样指出，企业"需要将混沌当作一种既定条件，学会在混沌之中求生存"，"学会与偶然一起生活"。

在研究方法上，后现代管理倡导"多元话语分析"，即允许多种分析结果同时存在。那种通过某种固定的研究模式得到的结果未必是唯一正确的认知，多元化的视角要比单一的视角更容易获得关于研究对象的全面正确的认知，因此必须开放地看待新的理论和视角，这样才能为获得更加丰富而深刻的理论解释提供更多可能性。传统管理研究大多采用实证主义模式，即对过去的实践经验进行归纳，得出相对一般性的结论，进而推论这一结论具有普遍的适用性，后现代主义者批判那些理所当然地对任何问题都采取狭隘的实证主义方法的做法，主张直接深入地研究个体的认知和行动，即从自身的经验，而不是被动的旁观者的立场出发来解释这个世界。只有以这种方式去认识世界，我们才能够成为这个世界的一部分，通过与它产生联系而去适应并成为这个世界。这种后现代的方法注意到一个以变化、机会和差别为特征的世界中的短暂特性，促使人们以一个组织出现和生存的过程来替代组织的客观化，从而对组织中的管理现象产生诸多新洞察力。

7.4.2 混沌管理与后现代企业

在企业实践中，后现代主义者倡导建立在不确定性基础之上的混沌管理。彼得斯等人所推崇的混沌管理模式是针对现代企业的官僚制和流水线作业而言的，与这种僵化的组织与管理制度相比，后现代企业的确是灵活、多变甚至是"混乱"

的。彼得斯指出，美国企业的问题是过于注重管理工具，而且这些工具都过度偏向测量和分析，成本是可以衡量的，但是这些定量分析工具无法测量出某公司员工生产高质量产品的价值，或是某业务员为了一个普通顾客多跑一千米路所产生的价值。针对这种弊端，彼得斯主张建构一种混沌式组织。

在《超越混沌》一书中，彼得斯分析了当下组织存在的问题，指出已有"牛顿型组织"（Newton organization）必将为"混沌组织"（chaos organization）所取代，未来的管理将从控制走向混沌。"牛顿型组织"是一种体现了牛顿机械论世界观的组织，这种机械论世界观强调存在控制物质世界及人类社会的自然法则，并且通过人类的理性方法、机械逻辑可以完全认识和利用这些法则，这种世界观渗透到组织中则体现为专业化的分工、强制性的命令、严密的管理控制部门和组织层级架构等。而面对日益变化的内外部环境，彼得斯认为，命令和控制的时代将一去不复返，人类正在进入一个"好奇，创造力和发挥想象力的新时代"。因此，企业应把关注点放在资源的分配、知识的再配置和适宜文化的设计方面。

新的组织形式被彼得斯等人称为后现代企业，虽然它灵活、多变甚至"混乱"，但这种"混乱"其实是建立在团队高度协调基础之上的"高级秩序状态"，这一境界的实现必须以高超的领导艺术和企业文化为基石。汤姆·彼得斯通过大量的企业案例阐述了后现代企业的管理和领导模式。在彼得斯看来，管理者在难以把控的混沌环境中应该回到"实践常识"——贴近客户以实施"走动式管理"，即走出办公室，接近顾客、供应商、职工，与他们保持密切接触并给予及时的关心和激励，从而使公司处于优势地位。它的主要思想也可以理解为两个要点："接触"和"关注"，因而"走动管理法"又称为"接触+关注"管理模型。此外，彼得斯倡导的混沌管理还具有以下特点：推崇混乱，鼓励冒险精神；不要时钟和不要办公室，完全以绩效为导向；彻底解放员工，鼓励和释放创业活力；组织进行解体，让员工自己承担项目；摒弃垂直结构，走向网络联盟。彼得斯甚至主张将"组织""管理"这些现代性字眼摒弃不用，转而求助于关注、象征、远景与爱等领导要素。当然，领导也是一种可以激发创业精神的象征符号行为，深谙领导艺术的象征符号性质的企业，如麦当劳、迪士尼等公司，都避免使用"工人""雇员"等字眼，而喜欢使用"成员""合伙人"等词汇。在彼得斯看来，这是后现代管理成功的秘诀，也是对"实践常识"的一种贯彻。

7.5 后现代管理评价

后现代管理有时被视为一种管理"噪声",有时又被视为一场管理革命的"时尚",但更多时候,它更似一个"幽灵",踯躅于当代日益繁杂的管理理论丛林的边缘。作为一种基础性批判与重建的管理理论形态,后现代管理的认同需要时日,正如克莱格(Clegg)所指出的,旧有的现代组织与管理模式受到各大社会科学研究的"正当性"支撑,后现代管理的理论地位及实践应用性依然是其存在的一大公开难题。但这不能否认后现代管理的理论价值,只能说管理研究中的后现代工程任重而道远。

7.5.1 后现代管理的理论贡献

1."自由文化人"的人性假设

反思现代管理的人性假设,使管理活动更加符合人性是后现代管理理论重要理论诉求。后现代管理的人性假设可以追溯到德国哲学家卡西尔。卡西尔指出,除了在一切生物种属中都可以看到的感受器系统和效应器系统以外,在人那里还可以发现存在于这两个系统之间的第三个系统——"符号系统"(symbol system)。人类就不再生活在单纯的物理宇宙之中,而是生活在一个符号宇宙之中。这一符号宇宙即人类社会的各种文化现象,包括语言、神话、宗教、艺术和科学等。卡西尔指出:"对于理解人类文化生活形式的丰富性和多样性来说,理性是个很不充分的名称。但是,所有这些文化形式都是符号形式。因此,我们应当把人定义为符号的动物来取代把人定义为理性的动物"。卡西尔强调,作为一个整体的人类文化,可以称为人类不断自我解放的历程。人性逐步展示为"理性的动物""社会的动物"乃至"经济人""社会人""复杂的社会人"等。这些不同的人性面,构成了人类的共同本质——"文化人"。

后现代管理理论的人性基础就是从"文化人"假设展开,试图将人性导向其自由的本质,这一点与马克思主义有诸多契合之处。共产主义社会是"以每个人的全面而自由的发展为基本原则的社会形式","在那里,每个人的自由发展是一切人的自由发展的条件"。马克思所说的"自由人",是指行为者在特定的人、事和物共同组成的综合的组织人文地理环境情境中,可以自由地作出选择,但这种选择却是符合社会价值观的主导价值观和规则,即行为者作为社会成员（首先是组织成员）在其成长的阶段中，不断学习与内化社会的（首先是组织的）主导价值观和规则，进而逐渐使这些社会价值观和规则变成自己的价值观取向。这种"全面发展的自由文化人"是现代社会所强调的个人的自主性与社会的制约性两者统一的人，同样也是后现代管理所极力倡导和追寻的人性价值所在。"自由文化人"在价值层面超越了现代主流管理理论中的一切人性假设，它以导向人在管理领域的全面解放为目的，是对未来管理理论发展所作出的基础性贡献。

2. 生物学的理论研究范式

后现代管理对于现代管理的另一重要贡献是发展了一种组织与管理考察的新研究范式，集中表现是将组织隐喻由物理学范式转向生物学范式。隐喻是具有后现代倾向的管理学者进行组织批判的一种重要视角，在他们看来，泰勒和韦伯基于一种物理学的机械思维将组织与员工隐喻为机器和齿轮，人际关系学派则将组织隐喻为网络，社会系统学派将组织隐喻为有机体（organism），这些隐喻的逻辑结果是组织为实现效率必须牺牲参与者的个性，结果组织成为约束参与者的"心理囚室"（psychic prison）。

德鲁克认为后现代世界的第一个里程碑是基于生物学的世界观代替了基于机械学的笛卡尔世界观。"昨日的旧'现代'虽然继续充当表达思想的媒介、期望的标准及传达命令的工具，但已经不再行之有效地运作了；正在发展的'后现代'尚缺乏定义、表现方式和手段，但是它已经有效地控制了我们的行动及行动的后果。"在批判现代组织隐喻的基础上，后现代管理者倡导生物学的组织研究范式。巴纳德较早地在组织研究中提出道德因素的重要性，他将价值观和道德隐喻为组织的"血与肉"，在他看来，"组织表现或反映了人的习惯、文化模式、对于世界的沉默的假说、虔诚的信仰、无意识的信仰，而这些则使组织成为一种自律的道德制度"。罗珉从范式载体、管理思维、研究方法等维度比较了管理学研究中存在的两种世界观。他指出，后现代管理哲学认为管理学是一门关系思维下生成演化的科学，组织及其管理是复杂、异质的历史过程，组织及其管理事实的描述不可能独立于理论。因此，后现代管理倡导过程论、整体论、非线性论，管理思维是过程思维、整体思维、非线性思维。

后现代管理为管理研究贡献了一种生物学隐喻，认为组织是一种没有明显结构、自组织和自发演化的混沌系统。组织及其管理中的现象和事件是新奇的、或然的。因此，为发现组织中的管理真相，组织的研究者应该集中关注和解释组织中的管理者、员工的具体实践。后现代管理理论在研究范式上的突破说明管理学的范式之争并不完全是一个科学问题，管理思想的演化过程也不是已有管理知识在逻辑上的延伸，而应被视为基于不同信念和假设的学术共同体之间相互博弈的结果。正如福斯特（Foster）所指出的一样，研究者"选取何种范式，要由他的情感投入、教育及其体验来决定，而不能由理性的、中立的评价和选择来决定"。

7.5.2 后现代管理的理论弊端[①]

后现代管理不仅给现代管理学带来挑战和冲击，它在动摇现代管理学的根基的同时也有自身明确的理论主张，尽管这些主张缺乏统一性的内在逻辑和理论整合框架。但另一方面，必须清晰地认识到，后现代管理不可能成为现代管理的"替代物"，而只能是其"互补物"。凯尔纳认为，"后现代理论的视角过于倾向于文化主义"，对现代管理一般性的批判容易导致无具体主张的虚无性弊端。其对非线性思维及偶然性因素的强调也往往与管理实践不符，因为管理作为一种有组织的人类集体活动必然蕴含某种确定性秩序要求。此外，后现代管理多是一些思维性或概念性的探讨，没有形成结构化的理论和统一的宏伟纲领，甚至因缺乏逻辑的内在一致性而不能清晰地界定自身。后现代主义倾向的管理研究自身还具有很多矛盾之处而备受批评，哈贝马斯就曾指出这种研究取向存在"操作性矛盾"，即后现代主义一方面宣称抛弃理论的有效性与普遍性，另一方面又将自己的理论视为有效的并尽力推广。

因而，研究后现代管理，并不是要完全抛弃现代管理学而寻求一种与之截然不同的理论形态，而应该寻求现代管理与后现代管理两者之间的整合路径，克服各自的弊端而进行优势互补。作为一种基础性批判与重建的理论形态，后现代管理这种地位的获得不会一帆风顺，虽然后现代管理的理论地位及实践应用性正面临理论界与实践界的质疑，但作为对现代管理体系的"反叛者"与"重建者"，后现代管理具有巨大的启发与指导意义。作为一种深深影响企业实践的管理思潮，管理研究中的后现代工程任重道远。

---

① 部分内容节选和改编自胡国栋. 后现代管理的理论论域及价值评判 [J]. 云南财经大学学报，2011（11）：129-138.

7.5.3 后现代管理的理论启示

后现代管理是对现代管理理论的一次颠覆性批判，它在寻求与"后现代社会"相适应的管理思维方面，还是能够为未来的管理学研究提供一些有益的启示。毕竟，后现代管理折射了以西方话语为主导的现代管理学裂变的征兆，对于解决现代管理的诸多弊端有重要理论价值，可以促使现代管理进行深刻反省和自我修复，从而使现代管理在更高的层面回归自身。随着人类追求的提升及环境的变迁，组织与管理研究的后现代之路必将日渐开阔，后现代主义将会逐渐成为管理学研究、教育与实践的重要议题。

当然，管理模式的应用是和组织所处的内外环境密切关联的。从实践上看，等级仍然是企业管理的一大特点，很多组织仍然保持机械的官僚的组织结构，很多管理者仍然尊崇传统意义上的管理和计划的概念，线性的、理性计划仍然势力强大。在一些情况下，科学管理仍然不失为一种有效的管理模式，它为我们探索和理解管理理论提供了一个有价值的框架，因此不应该被完全否定和抛弃。毕竟，理性的计划模式就是管理标准化的一种反映。事实上，作为对现代管理的批判和解构，后现代主义并不是要否定理性与主体本身，而是要确定理性的界限，寻求理性与非理性的融合之道。

1996年，格法特（Gephart）在其所著的《后现代主义与管理学的未来史：作为科学的历史评论》中写道："要想祛除现代管理的弊端，我们需要将理性去中心化而非放弃理性，从而将理性与激情、爱、希望和直觉并举。"后现代管理"极力消解科学主义和人本主义对立的倾向，代表了科学主义和人本主义思潮合流的一般趋势"。因而，现代管理和后现代管理之间并不是一种简单的取代或被取代的关系，而是一种并存共融的关系。对于当下中国，在模仿、移植西方现代主流管理模式30多年之后，在中国本土组织中审慎地推动和发展后现代管理的最大的价值则是，"中国可以通过了解西方世界所做的措施，避免现代化带来的破坏性影响。这样做的话，中国实际上是'后现代化'了"。

【本章要点】

本章既全面介绍了后现代管理的核心观点与代表性理论，也展现了在批判权威主义、实证主义和理性主义的背后，后现代管理理论与现代管理理论的深层次逻辑关系，使读者能够从人性观、权力观以及环境观多个视角明晰后现代管理的理论价值，深入思考在后现代环境中未来管理变革的演化趋势。

【关键概念】

现代主义；后现代主义；人性救赎；体验哲学；主体间性；微观权力；多元话语分析；混沌管理；后现代企业；生物学隐喻

【思考题】

1. 现代管理理论与后现代管理理论真的如表面所示的对立和冲突吗？
2. 后现代管理为什么要进行人性救赎？
3. 微观权力与宏观权力的区别有哪些？
4. 联系实际思考混沌管理还可以有什么方式。
5. 后现代管理在实践应用性上的困难主要在哪些方面？
6. 后现代管理的理论弊端如何避免？

【案例分析】

科层制的终结

大企业通常包含几项主要业务，各自有一套对战略、客户和技术的看法。这种高度一体化的组织文化单一，公司容易受到非传统竞争对手冲击，而且看不到新发展机会。为避免这一风险，海尔将公司分为4 000多个小微（microenterprise，ME），其中多半有10~15名员工。当然从事生产制造的小微员工人数多一些，但即便是这样，业务决策依然由小微团队作出。

每个小微都有实现增长和转型的引领性目标。这个目标不是参照上一年绩效，而是"由外向内"推动制订。他们依据各个产品在世界各地的市场增长率数据为小微制订目标。面向市场的小微预计以4~10倍于行业平均水平的速度，实现收入和利润增长。在海尔相对落后的品类，因为还有充分的增长空间，所以要求也最高。在海尔已经领先的领域，目标没有那么高，但依然数倍于市场标准。

除此之外，每个面向市场的小微还应当实现转型，从出售产品和服务转为打造生态系统。这方面一个很好的例子是海尔社区洗。这个小微开发了智能手机应用，让全中国大学生可以在线预约使用宿舍的公用洗衣机并在线支付，同时，小微引入外部供应商，服务该应用的900多万名用户。如今社区洗平台上运营几十项其他业务，小微可以获得其收入分成。

许多组织中，相当一部分员工对市场规律一无所知。他们供职的部门本质上属于内部垄断，如人力资源、研发、生产制造、财务、信息技术和法务等。即使内部提供者不称职、效率低，也不会被所服务的部门解雇。海尔的每个小微都可以自主选择是否向其他小微购买服务，或拒绝继续购买。通常一个用户小微会与几十个节点小微签订协议。如果某个小微认为外部提供者更能满足需求，就可以跟外部服务商合作。高层管理人员从不干预内部协议的签订。

初创公司中的协调合作是自发的。一出现问题，人们自然地聚集起来设法解决。随着公司发展，内部团体各自成型，协调合作就越来越困难。一般解决方案会牵涉更多的层级、授权和公司层面的职能。

海尔用了不一样的方法，小微依托于平台。一些平台把同类产品（如洗衣机、视听）小微汇聚在一起，其他平台则专注发展新能力，如数字化营销、大规模定制等。一个行业平台通常包含50多个小微。平台主的职责是将小微团队整合起来，协助它们发现合作机会，如发展物联网方面的专业能力。最关键的是，平台主不是领导，没有下属员工。

内部协同的又一助力，来自海尔对用户共同负责的做法。例如，几个小微听说海尔的智能产品无法互通，于是聚集起来制定"大协议"，由馨厨为海尔的联网智能设备提供通用软件平台，其他小微提供用户调研和其他相关技术。共用生态系统——XCOOK如今有一亿终端用户和400个合作伙伴。

公司打算制造新的家用空调，就利用百度的社交媒体页面询问潜在用户的需求和喜好，迅速收到超过3 000万条回复。项目负责人雷永峰随后邀请了超过70万潜在用户，进一步了解他们的痛点和对详细产品特色的需求。出乎意料的是，用户最担心的问题是空调传染军团菌病。于是，降低这一风险成为当务之急，团队对空调风扇进行了彻底的重新思考。

海尔建立了由世界各地40万技术专业人士及机构组成的网络，协助解决1 000多个领域的难题。每年有超过200个问题发布在海尔开放式创新平台（Haier Open Partnership Ecosystem，HOPE）上。例如，雷永峰的团队在HOPE上求助，询问新空调叶片的设计问题，一周内获得了多个提案。最终胜出的设计方案，模拟喷气式飞机涡轮风扇，设计者是中国空气动力研究与发展中心的研究人员。

开创性地结合加湿和空气净化功能的空气魔方（air cube），在构思阶段有超过 80 万网友发表评论，样品制作完成后发布在一个颇有人气的众筹网站上，超过 7 500 位用户选择购买产前样机。他们的反馈帮助海尔在正式发布之前对空气魔方做了进一步完善。

海尔孵化新的小微有三种方法。第一种，最普遍的是，内部创业者在网上发布创意，邀请其他人协助完善商业计划雏形（日日顺乐家创始人张翼就是这样做的，当时他是一名售后服务经理）。第二种，平台主邀请内外部人士提出建议，开拓尚且空白的领域。第三种，潜在创业者在海尔的全国路演中展示创意。海尔每月举办路演，让本地创新者与平台主、海尔投资创新平台的成员接触。

一位风投者解释海尔的创业热情："小微就像侦缉队，审视战场，寻找最有发展前途的机会。它们就像一个巨大的检索部门。"海尔深知创新乃是数字博弈，要找到下一个价值 10 亿美元的机会，唯一的途径就是成立大批量创业公司，让每家初创公司都自由追求梦想。

在海尔，小微要自主管理，在三个方面拥有自主权：自主决定追求怎样的机会、安排工作重点、建立内外部合作关系；用人权：自主招聘、调整人员及其职责、界定工作关系；薪酬权：自主设置薪资和奖金。享有这些权力，也要承担相应责任。目标被分解为每季度、每月和每周的小目标，具体分配给小微团队的每位成员。这样很容易看清每个人的表现，薪酬与业务表现紧密联系。

资料来源：哈默，贾尼尼. 终结科层制——海尔为适应数字时代重塑管理 [J]. 哈佛商业评论，2018（12）.

讨论题：

1. 根据案例材料，从后现代管理视角来分析海尔的小微组织与科层组织的根本区别。

2. 老子在《道德经》中曾说"太上不知有之"，结合后现代管理理论，谈谈海尔人单合一模式下领导者与员工的角色定位以及组织的权力特征。

第 8 章 东西方智慧与管理的未来

🔍【学习目标】

1. 了解虚拟企业、商业生态系统、平台战略等数智时代的新型组织模式与管理理论。

2. 熟悉东方管理学、和谐管理、和合管理、道本管理等具有中华文化智慧的管理思想和理论。

3. 掌握以儒家、道家、释家、法家、墨家、兵家为代表的中华优秀传统文化中的管理思想和智慧。

🔍【能力目标】

1. 基于中西方文化的视角提升对管理思想、制度与行为的分析能力。
2. 提升在不同文化情境下的管理实践能力。
3. 掌握未来的中西方管理学发展趋势，提升管理思维能力。

🔍【思政目标】

1. 基于未来东西方管理智慧融合发展的趋势，理解研究中国问题、向世界讲好中国故事的重要意义。

2. 基于管理视角深入理解构建人类命运共同体的中国智慧。

【思维导图】

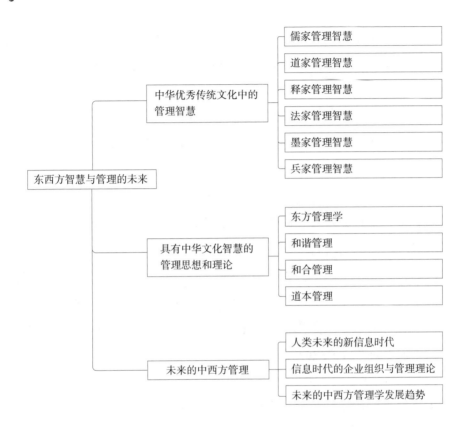

【开篇引例】

华为与任正非的"灰度管理"

1987年，年满43岁的任正非和5个同伴集资2.1万元在深圳成立华为技术有限公司（以下简称"华为"）。28年后，华为由默默无闻的小作坊成长为通信领域的全球领导者。2015年，华为实现全球销售收入3 950亿元，同比增长37%；净利润369亿元，同比增长33%，超过70%的收入来自海外，成为一家真正的全球化企业。在Interbrand全球品牌100强排行榜中，2013年中国品牌的上榜数量还是零，2014年仅有华为一家名列其中，位列第94名，2015年华为的排名已升至第88名。

华为的巨大成功和任正非的企业管理哲学有密切的关系，他本人认为华为崛起的秘密在于"灰度管理"，即像走钢丝一样把握平衡。不是按照既定的模式或套路，而是通过很多尝试和失败，在混沌、颤抖中把握节律和平衡。研究表明，任正非具有典型的"悖论整合式"思维模式，能够在两种矛盾或对立的因素中进行悖论式整合，从而形成统一的战略。

早在2000年前后，任正非在讲话中就明确提出"灰色"理念，在坚持原则和适度灵活间处理企业中的各种矛盾。任正非在《开放、妥协与灰度》中则更加明确地体现了"管理的灰度"这一范畴的重要性，他指出："一个领导人重要的素质是方向、节奏，他的水平就是合适的灰度"，"并不是非黑即白，非此即彼。合理地掌握合适的灰度，是使各种影响发展的要素，在一段时间的和谐，这种和谐的过程叫妥协，这种和谐的结果叫灰度"。

上下五千年的中华文明，孕育辉煌的文化，为中华民族乃至全人类留下了宝贵的历史遗产，中国古代的管理思想同样丰富灿烂。

从时间跨度来看，中国管理的历史悠长。在西方，把管理作为一门学科进行系统研究不过是最近100多年的事；而在中国，有史料可查的管理典籍可上溯到2000多年前的《尚书》《周礼》。虽然当时并没有形成一个符合现代西方科学标准的管理学，但史料中所记载的有关组织设计、制度构建、信息沟通、物流管理及工程建设等许多方面的实践都足以令现代人称奇。

从内容来看，中国管理内容丰富。中国管理除涵盖西方管理学科体系中的国家行政管理、企业管理、教育管理、工业管理、农业管理、科技管理、财政管理、城市管理等以外，还包括治家管理、身心管理等关乎人的生命存在质量的内容。

从目标来看，中国管理更注重实现人与自然、人与社会、人与人关系的和谐发展。西方管理长期强调企业利润最大化、股东利益最大化等目标，近几十年才开始意识到，即便组织的目标是好的，也有可能在一定程度上损害他人或社会的利益。

基于中国文化的视角，管理就是遵循事物发展的规律，合理地发挥人与其他物质资源的综合效率，以有效地实现人与自然、人与社会、人与人关系的和谐统一，达到逐步提高人的生命存在质量这一目标的过程。在当今时代，汲取中华优秀传统文化中的管理智慧，结合人类不断发展的新知识，对未来人类管理水平的提升具有重大意义。

8.1 中华优秀传统文化中的管理智慧

据考证，作为"管"和"理"合并使用的汉语"管理"一词最早出现在唐朝。此后，"管理"一词多次出现在我国各种古代文献中。儒家、道家、佛家、法家、墨家、兵家等中国文化学派中都有丰富的管理智慧，可资现代企业借鉴学习。

8.1.1 儒家管理智慧

从管理角度，历代帝王将相多以儒学作为执政管理的理论之基，宋朝宰相赵普曾有"半部论语治天下"之说，历代商人也研修儒学而致力于成为"儒商"。儒家管理思想主要体现在以下方面。

1. 治国先治己

儒家管理思想高度重视管理者个人能力的培养，强调治天下先治己，先修身、齐家，而后才能治国、平天下。曾参所著的儒家经典《大学》中讲："古之欲明明德于天下者，先治其国。欲治其国者，先齐其家。欲齐其家者，先修其身。欲修其身者，先正其心。欲正其心者，先诚其意。"即修身是治国之要，而修身的根本则是诚意，强调管理者个人品行和学识的修养。孔子讲君子"不患无位,患所以立"，意思是不要担心自己将来报国没有位置，而应考虑有无此种才能，有多大的管理才能，就会有多高的职位。

2. 以人为本

儒家认为在一切事物中人居于最重要的位置，甚至在人与自然的关系中将两者并列，"天生万物，唯人为贵""民为贵，社稷次之，君为轻"，体现了鲜明的人本主义导向。儒家强调人在管理中的主体地位，人是管理对象中最能动、最活跃、最根本的因素，因而管理的本质是"治人"，管理者通过专注于人的积极修为，实现对事、对物的管理，通过成己成物而致管理天下，体现了只有管好人，才能管好物、管好事的人性化管理思想。

3. 仁心德治

儒家把"仁"作为最高的道德原则、道德标准和道德境界，"仁"本指人与人之间的相互亲善关系，孔子把"仁"定义为"爱人"，并解释说："夫仁者，己欲立而立人，己欲达而达人"（《论语·雍也》），"己所不欲，勿施于人"（《论语·卫灵公》）。

儒家的仁爱思想讲求大仁、大善,即以爱天下人为己任。子贡在鲁国自己花钱为苦难奴隶赎身,孔子批评他"为小仁,不顾大道",意即要从根本上去改变社会才能解救他们的苦难。子路救人落水后接受别人礼谢,孔子赞赏此为大善,意在倡导一种助人于危难的社会风尚。故而儒家非常关心人心向背,主张管理者应换位思考,得人心者得天下。孟子说:"老吾老,以及人之老;幼吾幼,以及人之幼。天下可运于掌。"即只有把别人的老人小孩当作自己的一样去关爱,才能得天下民心。

受儒家思想的影响,中国古代的国家治理一直强调德治,主张"为政以德""德主刑辅",即使在施行法律的时候也不忘道德教化,始终强调人性关怀、伦理亲情的感化、劝谕功能,强调"诚""信""忠""恕"等品质的培养和塑造。

4. 正气正义

儒家特别强调管理者的示范作用,即管理者必须严格要求自己,言传身教、率先垂范,培养自身的一身正气,才有胆气和底气,才有号召力和执行力。《论语·颜渊篇》讲:季康子问政于孔子,孔子对曰:"政者,正也。子帅以正,孰敢不正?"孟子说"善养吾浩然之气",何为浩然之气?孟子说:"其为气也,至大至刚,以直养而无害,则塞于天地之间。"这种浩然之气就是正气、胆气、豪气。人有正气,处事就有胆气,做事就有豪气。管理者不仅要有超人的学识,而且要有宏大的气魄,既坚持正义、不畏权势,又不倚权骄人、盛气凌人。

"义"即正义,原指体现威仪、合符合宜的道德、行为或道理,要求管理者应坚持公平公正,做合理而符合道义的事。管仲最早提出了"义"(《管子·牧民第一》:"四维不张,国乃灭亡","何谓四维?一曰礼,二曰义,三曰廉,四曰耻"),孟子则进一步阐述了"义"的内涵,认为"信"和"果"都必须以"义"为基础(《孟子·离娄章句下》:"大人者,言不必信,行不必果,惟义所在"),"君子喻于义,小人喻于利","生,亦我所欲也,义,亦我所欲也,二者不可得兼,舍生而取义者也"(《孟子·告子上》)。

5. 诚信守诺

儒家高度强调管理者诚信做人、坚守承诺的品格。《论语》中有大量关于"信"的论述:"人而无信,不知其可也。"(《论语·为政篇》)"道千乘之国,敬事而信,节用而爱人,使民以时。""信近于义,言可复也。恭近于礼,远耻辱也。因不失其亲,亦可宗也"(《论语·学而篇》)。据《论语》记载,孔子在与子贡的讨论中将取信于民作为治国的最高政要,在不得已时,宁可不要兵、不要食,但民信却万不可丢。

因而在管理中，令无信不行，管理者言必信、行必果、信守道义和诺言，企业才能获得良好的口碑，得到利益相关者的信任和支持，获得可持续发展。

6. 中和礼制

"中和"即中庸和谐。中庸是儒家重要的管理思想，最早被孔子提出，后被孔子之孙子思系统化。子思著《中庸》指出："中也者，天下之大本也，和也者，天下之达道也；致中和，天地位焉，万物育焉。"他认为"中"是天下事理的本体，"和"是天下万物的通达之道，如果能够达到"中和"的境界，则天地各得其位，万物就会和谐生长。程颐认为："中者，天下之正道。""中"是无过无不及、恰到好处的"度"和"平衡点"，是古来历圣相传的治理之道。中庸并非平均主义，而是做任何事情都应该把握度，"执其两端而用其中"，恰到好处才最好，如果做得"过分"或"不及"，都不会达到预期目的，甚至"物极必反"。

"和"表示和顺、和谐、有序。《周易》"乾卦"说："乾道变化，各正性命，保合太和，乃利贞。"即天地万物只有始终保持整体最高程度的和谐，才具有光明的前景。和谐的境界是使矛盾双方共处于一个统一体中，在超越矛盾中解决矛盾。所以，儒家始终注重人与人、人与群体、群体与群体之间的和谐，崇尚"和为贵"。在管理中，"和"是一种团结一致、共同奋斗的精神。孟子提出"天时不如地利，地利不如人和"，《孙膑兵法》列举用兵得胜的五个条件，其中"得众，胜；左右和，胜"，把取得兵将支持和兵将团结和睦列入"胜"的必要条件。管理心理学研究也已经表明，员工在温馨友爱的集体环境里，相互尊重、理解和宽容，会产生愉快、兴奋和上进的心情，工作热情和效率就会大大提高。

儒家同时认为，和谐需要礼制来保证。孔子的学生有子曾说："知和而和，不以礼节之，亦不可行也。"意即：为和谐而和谐，而不以礼来节制，也是不可行的。儒家的"礼"是指规矩，即行为规则与道德规范。孔子主张"道之以德，齐之以礼"（《论语·为政》），认为不仁则无礼。孟子把礼与仁、义、智结合，作为社会的根本道德规范。荀子更著有《礼论》，在理论上系统地发展了"礼"并形成思想体系。对企业来说，礼就是规则，任何组织都有其工作秩序，都需要管理制度来规范。和谐并非无原则的调和、"和稀泥""为和而和"，而是通过规章制度、道德伦理的约束，实现有原则的协调统一。同时，再好的制度也有可能与个人利益发生冲突，如何解决呢？儒家提倡"克己复礼"，即每个人通过对自我心智的修炼，找到自己与他人利益和组织目标的平衡。

总体而言，儒家管理是强调自我责任、注重和谐、注重整体利益的管理，反映到现代企业管理中，就是要求管理者在领导行为、企业文化、人际沟通、激励方式上提升柔性管理的艺术。

8.1.2 道家管理智慧

道家非常注重对事物运动变化规律的认识和把握，认为管理必须遵循客观规律才能取得良好的效果。道家管理思想非常丰富，如静观待变、守弱用柔、知盈处虚、居上谦下、不争之争、欲取先予、以曲求全、藏而不露等，主要体现在以下方面。

1. 无为而治

道家最核心的管理思想就是"无为而治"。老子讲："以正治国，以奇用兵，以无事取天下"，"我无为而民自化，我好静而民自正，我无事而民自富，我无欲而民自朴"，主张治国者不要无事扰民，管理者应"悠兮""贵言"，不要轻易发号施令，随心所欲地扰乱民生和社会秩序，管理者要以"无为"之态让人的才智得到充分发挥。

无为不是没有作为、无所事事，而是要顺其自然。一切事物的变化都是"道"在起作用，"道"即宇宙的法则、自然的规律，任何人想要人为干预事物的发展变化，让客观事物按照自己的主观意愿发展是不可能的，所以要顺应"道"来进行管理。但无为中含有有为，无为是为了有为，所谓"无为无不为"。

道家"无为而治，道法自然"的思想体现出一种自然主义、弹性柔化的管理模式，要求管理者应按照客观规律办事，实事求是地制定管理策略，适时采取行动且坚定不移地实施。

2. 阴阳五行

阴阳是中国传统哲学的基本思维范式，阴阳代表事物的两个相互对立和矛盾的方面，如运动、外向、上升、明亮、兴奋、刚强等特性属于阳，静止、内敛、下降、晦暗、阴柔等特性属于阴。阴阳是一个整体中的两种要素或特性，同时阴中有阳，阳中有阴，二者相互依赖，相互转化，对立统一，动态平衡。

在阴阳思想的基础上演化出的五行原理，是中国人在世界观和方法论上的一大进步与深化。五行就是通过类比、归纳的方法，把物质现象分为五类，分别以木火土金水来代表，进而以阴阳五行的盛衰变化和生克关系为依据，解释自然、社会、人事发生的种种变化。

五行中的每一要素都具有不同属性，《尚书·洪范》说："水曰润下，火曰炎上，木曰曲直，金曰从革，土爱稼穑。"五行间主要有两种基本关系：①五行相生。五行间按照一定顺序具有资生、助长和促进的关系，即金生水，水生木，木生火，火生土，土生金。②五行相克。五行间按照一定顺序具有克制和制约的关系，金克木，木克土，土克水，水克火，火克金。由以上基本关系衍生出其他关系，如过克、反克、生中有克等。正是由于五行相生相克的循环，强盛者受到抑制、掣肘，柔弱者得到扶助、资生；过剩的输出，不足的索取；这种相敬相爱又管制有序，使得系统和谐美满，富有效率。

阴阳五行原理为管理者提供了一种全面系统、动态柔性的思维方式。根据该原理，企业要在内外部环境间、不同工作与职能间保持动态平衡。木火土金水五种要素是平等的，只有属性与职能的不同，相当于公司不同部门间的平行关系。部门间既相互促进与服务，又互相监督与制衡，形成生克制化的循环系统，在动态平衡中保持组织的可持续发展。同时，管理者在制定制度或措施时，也要考虑到制衡力量的影响。

3. 研几权变

"研几"一词源于《周易》，是指研判隐微、关注细节。研即研判、探究，几是隐微之意，包含未显现的趋势和已显现的细微苗头两方面。《周易·系辞上》说："夫《易》，圣人之所以极深而研几也。唯深也，故能通天下之志；唯几也，故能成天下之务。"《周易·系辞下》说："知几其神乎？君子上交不谄，下交不渎，其知几乎！几者，动之微，吉之先见者也。君子见几而作，不俟终日。"清朝思想家、政治家曾国藩说："研几工夫最要紧。"孙中山曾书对联："穷理于事物始生之处；研几于心意初动之时。"研几就是见微知著，防微杜渐，以小见大，以近知远，研几是洞察力、分析力、判断力的综合，是高度智慧的表现。

所谓权变，一般解释为"通权达变"，就是权衡轻重缓急、利弊得失而采取变化、变通的对策，灵活应对，随机应变。根据五行学说，智与水通，权与智合，故权变的实质是智谋，所谓"权者智也"（《礼记》）。没有智谋、智慧，就难以做到通权达变，而不能研几就无法把握权变的时机和程度。所以古人认为"唯圣人能知权"、权"非圣贤不能行"，实则告诉管理者，管理的手段和方法要根据情境而动态变化，没有一定之规，而何时采取何种管理方式是妥当的，要靠研几工夫。

从道家管理思想中，可以看出对科学管理的崇尚、对个人的尊重及对管理绩效的追求。道家注重自然规律、实现内心和谐的自然主义取向，为现代企业管理者提供了一种行之有效、弹性柔化的管理策略。

8.1.3 释家管理智慧

释家即佛家，到公元 13 世纪，佛家在中国得到了迅速发展，同时还影响到日本、朝鲜、越南等东南亚国家，形成了一个"中华佛家文化圈"。如同道家思想的一部分发展成了道教一样，中国佛家思想虽然一部分发展成为佛教，但其哲学思想的积极作用却影响了整个中华文明，也对现代管理有着重要启示。佛家思想的管理智慧体现在以下思想中。

1. 缘起

缘起论是佛家的理论基础，即认为世界上的一切事物都是相互联系和依存的，并且在互为原因、条件中聚合而产生，一切物质和精神现象都有其赖以产生的内外部条件，故而以"因缘和合"诠释世界万物的运行机理。

"因缘"是指任何事物形成所依赖的原因与条件，亲者、强力者为因，疏者、弱力者为缘，因为原因，是能生，果为结果，是所生，"此有故彼有，此生故彼生"，此是彼的缘，彼依此而生起。"和合"是指"众缘聚会"，世界万物都由因缘和合而起，即具备各种必要条件后才会产生某种结果或显现某种现象。缘起论与科学研究异曲同工，都是在探索事物和现象背后的原因、条件及其产生机理。对管理者而言，就是要探索与发现管理现象背后的原因和条件，掌握管理现象背后的规律，以实现高效的管理。

缘起论所产生的必然推论，就是世间一切现象都有其原因和条件，所谓有因必有果，善因生善果，恶因生恶果。延伸到社会生活中，如果欺骗或伤害他人，最终一定会伤害到自己，佛家将这种循环称为"报应"。当然，这种循环是一个过程，会有一个时间周期，所以短期看企业可能会因损害他人利益、骗人或造假而获得丰厚的利润，但最终一定会导致经营失败，所谓"善有善报，恶有恶报；不是不报，时候未到；时候一到，一切都报"。

佛家的因果报应思想不是迷信，而是一种长期主义的生活哲学，对企业管理坚持伦理底线具有重要的启示。即"若要人不知，除非己莫为"，利他必利己，害人反害己，做企业和做人一样，要讲伦理、讲信誉，才能获得可持续发展。

2. 性空

"空"是广为人知却常被误解的佛家概念,"空"并非什么都没有,而是指任何现象都无法永恒存在,没有永远不变的实体,"空"的真正含义就是"变",也就是现在人们常说的,唯一不变的只有变化,任何事物都处在永远的动态变化之中,这才是佛家"空"的本义。

"空"来自"缘起",因为"缘起"所以"性空"。既然所有现象、事物都有其发生的原因和条件,那么当这些原因和条件消失或不具备的时候,原来的现象和事物也就会发生变化,故而没有任何一个永远不变的现象或事物存在,这一认识完全符合现代科学对世界的认识。

佛家"空"的思想对管理有何借鉴呢?首先,企业要积极努力开展经营管理。任何企业的成功都是靠艰苦奋斗而得来的,努力一定有回报。当成功的因缘,也就是成功的条件具备时,企业就一定会获得成功。其次,企业要培育动态的竞争力。既然一切为"空",即一切都处于变化之中,那么企业的竞争优势也一样,如果企业不能够积极学习与创新,多么强大的优势都有可能丧失。最后,为社会、为员工要"舍得"。"舍"是付出,"得"是得到,有舍必有得,欲得必先舍。如果企业不愿承担必要的社会责任,那么就不会有良好的声誉和向心力。

3. 禅

禅,是中华优秀传统文化中的心性修养工夫,是中国古代管理哲学的精髓。如果说易学重在强调阴阳一体、刚柔相济、动静相间的"无为""变易"与"革新"思想,禅学体现的就是一种智慧和超越的境界,即通过开发每个人本具的智慧来实现阴阳转换并超越阴阳二元的对立。

关于禅的智慧在管理中的运用,管理哲学家成中英先生曾在《C理论:中国管理哲学》一书中指出:"禅有五种作用,其中包括向上超越、向下切入、对外透视、对内净化及左右逢源。以禅的向上超越作用为例,企业追求利益的企图心,只要是在合理又合人性的手段下进入,就值得肯定,毕竟这也是一种展现生命之道,但企图心若不善加制约,也会变成一种贪欲,流于自私,这种状况下,禅即可发挥解脱超越作用。禅除了可以让人超脱,也有再生、恢复自我与信心、重新开始的作用,如果能将其精神体现于管理中,便能发挥无比的创造力,赋予管理者收放自如、刚柔并济的风格,提升管理的意境。理想的管理,不是机械性或物性的操作,外力充斥,而是一种具有化解力、启发力与自发性的,这也就是禅的管理境界。

除了上述几种特性，禅的管理还具备自然、自由、协调、机动等特质，这些都是现代企业组织内非常重要的内涵。至于禅的精神应如何体现于管理中，过去常有人把禅与行销（营销）结合起来运用，禅的洒脱、当机立断、把握时机、适时切入，正合于变化多端的市场行销（营销），因此运用禅的精神，确实能对行销（营销）发挥很大助益，这也是近年来禅宗会大行其道的原因之一。除行销（营销）外，禅对决策、领导、研发创新亦极具启发作用：就决策而言，禅重视整体，不忽略细节，永远保持活泼灵动的特质，正是决策的最高境界。禅与管理功能的结合运用，可以说是将形而上哲学，以形而下的实务加以体现。"

从实践层面而言，佛家的禅实际上就是一种高深的心性修养工夫，这种工夫不仅佛家有，儒家、道家也都有，只不过没有用禅这个概念来表达而已。禅修是通过特定的心智训练方法，让一个人混乱的思绪平静下来，逐渐进入浑然忘我的境界，从而得到精神的升华，开发出每个人本性中的智慧与潜能。禅修有助于提升管理者的心性修养，使其在经营管理活动中始终保持冷静清醒的头脑，作出正确的决策并果断有效地执行。

8.1.4 法家管理智慧

法家的管理思想以"法""术""势"为核心，首先提出"法""术""势"相结合的人是法家代表韩非。各种规章制度被称为"法"，管理技巧被称为"术"，管理者拥有的权力被称为"势"，注重"法""术""势"即将管理制度、管理权威与管理技巧完美结合。

1. 以"法"为"天下之程式"

法家认为天下要有序，必须立法，以法作为约束国人言行的标准。否则，天下必乱，难以治理。《明法》说："民以法与吏相距，下以法与上从事。故诈伪之人不得欺其主；嫉妒之人不得用其贼心；谗谀之人不得施其巧，千里之外，不敢擅为非。"《管子·明法解》说："法者，天下之程式也，万事之仪表也。"

2. 以"术"为驭臣之具

法家认为驾驭臣下，必须用"术"。韩非说："人主之大物，非法则术也"，"君无术则蔽于上，臣无法则乱于下，此不可一无，皆帝王之具也"。管仲也很重视术，《管子·明法解》说："明主者，有术数而不可欺也。"

法家认为赏罚权是管理者重要的权力之一，公正、公开地正确运用赏罚权，是重要的管理手段，可以达到匡正祛邪、教育大众的目的。《韩非·二柄篇》说："明主之所导制其臣者，二柄而已矣。二柄者，刑德也。何谓刑德？杀戮之谓刑；庆赏之谓德。"韩非还说："赏罚者，利器也，君操之以制臣，臣得之以拥主。"

值得注意的是，现代管理者要从法家学习的"术"不是诡诈的"权术"，而是一种领导艺术，要建立一种与权力相对等的和谐上下级关系。

3. 以"势"为管理至要

《韩非》阐述的另一个重要管理思想就是"势"，即现代管理所讲的职位权力，强调管理者必须拥有威权，认为这是国君治理天下的根本。《扬权》篇认为："有道之君，不贵其臣；富之贵之，彼将代之。"韩非还讲："爱臣太亲，必危其身；人臣太贵，必易主位。"

现代管理者不可效帝王之术，但要知道权力是领导力的基础和来源，职位权力是必不可少的，同时更要培养个人权力，真正的威信要靠管理才能和人格魅力来建立。

4. 以"利"为"安民之本"

法家治国强调以利安民，重视经济发展和民生需求。《管子·法国篇》说："凡治国之道，必先富民，民富则易治也。民贫则难治也。"富则安，穷则乱。民富国强的道理同样适用于现代管理之中。员工富则事业兴，人们就会将自己的前途系于一体，与企业同呼吸、共命运。

法家推崇"法治"而反对"人治"，主张时时事事都必须严格遵循既定的法令、规则，而绝对不能只依赖管理者的主观判断或个人好恶。认为管理者应该善用自身的权力去制定规章制度并以身作则地遵守才能令行禁止。企业管理中，制定明确的部门分工、岗位职责、员工行为规范等规章制度，赋予每一位管理者和工作人员相应的责任和权力，实现职、责、权、利相统一，就是为了确保管理者有法可依，这一整套制度体系正是对法家学说"法""术""势"三者的结合和应用。

8.1.5 墨家管理智慧

墨子的核心思想是"兼相爱，交相利"，认为"义"与"利"是同一事物不可分割的两个方面。同时，墨子提出"尚同一义"的思想，即组织成员应该具有相同的价值观念。对现代企业而言就是要做好企业文化建设，让学历、职位、思想、习惯都不同的员工都明白和认同企业的目标并一起努力。

在用人选才方面,墨家强调要"唯贤",认为"为政之本"应当"不辨贫富、贵贱、远迩、亲疏,贤者举而尚之,不肖者抑而废之""良剑期乎利,不期乎莫邪""有能则举之,无能则下之"。用于企业管理,就是要重视人力资源管理,不论出身,只要有能力就有合适的职位。同时还要注意"听其言,迹其行,察其所能"。墨子还提出,"爵位不高,则民不敬也;蓄禄不厚,则民不信也;政令不断,则民不畏也"。

墨家的"节用节葬"思想对现代企业管理也有重要启示。墨子认为,国家的君主应该关心生产,使国家的物质财富有效增长,而不能将大量财富用到个人享受和丧葬中。对企业而言,应去除一些不必要的开支,将资金投向能够创造更多价值的项目,实现资金价值最大化。

8.1.6 兵家管理智慧

兵家是中国战略管理思想的开创者,主要代表人物、撰写《孙子兵法》的孙武被称为古代拥有战略思维的第一人。《孙子兵法》13篇,不足6 000字,提出了很多后人耳熟能详的重要战略思想,如"知己知彼,百战不殆""上兵伐谋""以奇制胜""攻其无备,出其不意""制人而不制于人"等。

在中国古代众多的思想流派中,兵家是最早倡导分级管理、分层管理的。孙武在《孙子兵法》中第一次提出了"治众如治寡,分数是也",即管理大部队与管理小分队原理是一样的,只要做好分级、分部门管理,就一样能管好。这种分级分层管理模式就是现代组织中常用的科层制。

兵家思想是以兵战为核心,其管理思想主要运用在战争方面,包括以下六个方面,企业管理可从中获得借鉴。

(1)安危论。兵家主张居安思危,谨慎对待战争。对管理者而言,就要谨慎决策、居安思危,有忧患意识,把握时机。

(2)谋攻论。兵家主张战争应有谋略,从全局出发,多方考量,周密谋划。在企业管理中,管理者就要考虑周全,多谋善断,避免内耗和用强力,用"四两拨千斤"获取最大收益。

(3)胜战论。兵家认为不可打消耗战,要立于不败之地而战,力求歼敌,从而获取资源、鼓舞士气和支持战略实现。在企业竞争中,管理者要做充分的准备,严谨务实,注意效果,以增加获胜的概率。

(4)速决论。兵贵神速,速度是产生力量和把握先机的关键。只有先人一步,才能占据主动地位、以逸待劳；只有速战速决，才能避免久而生变、减少消耗。在企业中，管理者要对外界变化快速反应，力争在最短时间内解决问题、获得效果。

（5）虚实论。兵家重视审时度势、讲究虚实，主张因敌而变，奇正结合，集中兵力，攻其不备。管理者要根据情势的变化，随机应变，因势利导，出奇制胜，虚实结合，分清主次矛盾。

（6）情报论。兵家重视情报，强调知己知彼方能百战百胜，认为情报是胜战的关键因素。对企业管理者而言，要高度重视战略情报的收集和分析，渠道要顺畅，情报要准确，才能在决策前做到心中有数，有的放矢。

8.2 具有中华文化智慧的管理思想和理论

西方科学哲学为当代管理者提供了科学思维和方法论。中华优秀传统文化为当代管理者提供了无数先人的深邃思考和无尽的治国理政智慧，是现代管理者的智慧之源、思维之范，现代管理者可以借鉴它们解决现实的问题，古为今用。国内学术界已经提出了东方管理学、和谐管理、和合管理、道本管理等具有中华文化智慧的管理思想和理论。这些管理思想和理论将为未来东西方管理智慧融合发展，为研究中国问题、向世界讲好中国故事，为解决人类共同面临的复杂挑战和构建人类命运共同体的顶层设计贡献中国智慧、思路和方案。

8.2.1 东方管理学

已故复旦大学苏东水教授自1976年起研究中华优秀传统文化与管理的关系，于20世纪90年代初提出并阐述东方管理"以人为本，以德为先"思想及"人为为人"核心理念，提出了东方管理文化"三、六、九"构成理论和"十五要素说"，为东方管理学奠定了宽广和坚实的理论基础；后带领研究团队写成《东方管理》一书，于2003年正式出版。上海交通大学管理学院颜世富教授于2000年出版专著《东方管理学》。浙江工商大学杭州商学院原院长胡祖光教授于1994年出版《管理金论——东方管理学》，1998年出版《东方管理学导论》，2002年出版《东方管理学十三篇》。

苏东水等的东方管理学说，是以儒家、释家、法家、兵家、墨家等为主的东方文化为基点，以"三为"理念为核心形成的完整理论体系，其精髓与宗旨是"以人为本，以德为先，人为为人"。

（1）以人为本。东方管理学高度重视人在管理系统中的作用，强调"以人为本"的本质是把人作为管理活动的目的而非工具，包含两层含义：①将人视为管理的首要因素，一切管理工作都围绕着如何调动人的积极性、主动性和创造性来展开。②通过给人们提供充分施展才华的空间，努力实现摆脱自然束缚的自由发展，提高人的生命存在质量，这是"以人为本"的深层内涵。东方管理学提出了"主体人"假设。认为人不仅是其自身的生命主体、道德主体、精神主体，也是管理主体。人不再是管理的工具和手段，人和人之间也不再是管理与被管理的关系，而是为了实现组织目标所形成的互相协同、互相支持、互相服务、互相配合的平等关系。

（2）以德为先，即强调道德伦理在管理中的作用。高水平的道德修养是管理者的必备条件之一。管理者要通过"修己"树立道德之威，在无形中影响被管理者，被管理者也要通过"修己"实施自我管理，遵守职业道德，以求更好地胜任本职工作。

（3）人为为人，是指"每个人首先要注重自身的行为修养，'正人必先正己'，然后从'为人'的角度出发，来从事、控制和调整自身的行为，创造一种良好的人际关系和激励环境，使人们能够持久地处于激发状态下工作，主观能动性得到充分发挥。""人为"是一种自我导向的个体心理行为，"为人"则是一种他人导向的服务行为，是个体对外部对象的心理激励行为。"人为为人"强调个体心理行为与外部对象心理激励的互动性，"人为"与"为人"互相联系且互相转化。

东方管理学的理论体系包括"学""为""治""行""和"五条主线。"学"是指中国管理、西方管理、华商管理等"三学"。在这三大理论与实践的基础上，东方管理学提炼出了"道、变、人、威、实、和、器、法、信、筹、谋、术、效、勤、圆"15个哲学要素，萃取出"以人为本、以德为先、人为为人"的"三为"原理，形成了治国、治生、治家和治身的"四治"体系，构建了以人本论、人德论、人为论为核心，包括人道、人心、人缘、人谋、人才的"五行"管理理论，并提出东方管理学的管理目标是构建和谐社会的和贵、中和与和合。

8.2.2 和谐管理

在对我国大型建设工程的决策制定问题进行研究时，为更好地理解大型组织内部由"人的因素"所带来的不确定性以及管理决策过程中的内部损耗，西安交通大学席酉民教授运用系统工程的理论思想与方法论、结合中国的整体论和实践智慧，于 20 世纪 80 年代提出了和谐管理的基本理论内容和初步概念。经过 30 余年的发展，和谐管理理论已经形成了一套以和谐主题（hexie theme，HT）、和则（he principles，HP）、谐则（xie principles，XP）、和谐耦合（hexie coupling，HC）、和谐心智、和谐领导力等概念为主要内容的理论体系。

和谐管理理论认为，当代组织所面临市场环境的不确定性进一步增加。和谐管理用四个关键词来概括这种环境的特点：不确定性（uncertainty）、模糊性（ambiguity）、复杂性（complexity）和快变性（changeability），取其首字母而简称为 UACC。在 UACC 环境下如何开展管理？和谐管理理论给出的解决思路是：企业或组织首先要综合考虑内外部环境、未来趋势及自身资源来确立发展的愿景与使命。愿景与使命能够在较长时期内指导企业的发展方向，因而也较为稳定。但在一个较短时期内，为使企业发展趋近于使命与愿景，考虑到一定时期内企业内外部环境及自身实际，企业要辨识在这个较短时期内需要完成的核心任务及需要解决的关键问题，和谐管理理论将此问题称为"和谐主题"。基于不确定性的视角，构成和谐主题的约束条件包括外部环境、内部环境及相关目标。

为达成企业发展不同阶段的和谐主题，企业需要采取不同的手段。在这些手段与措施中，和则代表为解决具有高度不确定性的管理问题而采取的"能动致变"的措施，通常表现为员工激励机制和构建特定的企业文化等，其核心是通过"人的能动作用"来应对管理活动中的不确定性。谐则代表通过理性设计与优化来提升组织架构的有效性、工作流程与制度，其核心是通过"优化设计"使得系统要素更为协调、匹配，以此来应对由"物"的要素所引致的不确定性。"人的能动作用"与"优化设计"对应的工具和方法分别称为"和则工具库"与"谐则工具库"。

和谐耦合是指在实现和谐主题的过程中，和则与谐则之间通过动态调整及适配来共同应对复杂管理问题。和谐耦合是在和谐主题下对和则、谐则关系的调节。借鉴脑科学和人工智能研究的成果，和谐耦合有以下思路：①和谐主题辨识时的策略性思维，指当管理任务能够被事先充分认识并被优化设计时，主要适用谐则实现和谐主题。②谐则分析时的程序及步骤思维，是在理性设计的指导下，对当前条件下能够确定和优化的工作，规定具体的行为路线及测量评价的方法和标准。③和则分析时的文化及人际思维，指针对任务中难以理性设计的部分，考虑通过创造文化氛围等环境手段，鼓励人与人之间的密切沟通和配合及其对组织的承诺，自主地寻找解决方案。④利用和则与谐则实现和谐主题时的系统性思维。系统性思维将程序及步骤思维和文化及人际思维有机耦合，决定有利于实现和谐主题的行动方案并付诸实施。

和谐管理理论认为，组织中的人是由其经济属性、社会属性、文化属性和智能属性共同构成的智能体。"人的能动作用"主要来自学习、创新、快速反应等蕴藏在大脑中的智能属性。为应对 UACC 世界的管理挑战，组织成员需要进行一场心智升级，即从适应相对稳定世界的"简单心智"升级到能够在复杂多变环境下生存及发展的"和谐心智"。"和谐心智"的主要内涵是：①愿景使命导向的系统观和动态演化。管理者要系统地、动态地看待事物及其环境和发展，捕捉有意义的变化、有价值的趋势，形成愿景和使命。②和谐主题思维导向下的方向感。在 UACC 时代，往往需要通过一系列和谐主题的引导演化实现愿景和使命，在这一过程中，围绕愿景和使命的和谐主题思维会确保路线和方向正确。③谐则与和则互动式的共生系统构建。网络时代的逻辑是共享和共生，发展途径是营造可以促进共生的生态系统，从而整合资源，刺激创新和创造价值，再通过网络分享价值。④支撑和谐耦合的融合力与平衡力。管理者要保持战略的清晰（愿景使命导向）、工作重心的聚焦（和谐主题思维）、对趋势的洞见和对突变或转向的敏锐（和谐主题的调整和漂移）、共生系统的营造（根据和谐主题对和则与谐则体系的恰当运用），以及上述几个方面有机耦合的共生生态的维护。⑤突破现状、升级和谐的边缘创新力。生态系统的和谐永远是相对的，随环境变化与发展阶段需要不断升级，因此孕育、保护和促进边缘或颠覆性创新（edge or disruptive innovation）的能力，适时促进生态系统不断升级将成为持续发展的最高智慧。

在和谐管理理论中，领导者在复杂问题解决过程中充当重要角色，企业使命愿景的确定、和谐主题的确定都离不开领导者的管理才能与知识，而且领导者也是和谐耦合过程的践行者。和谐管理进而提出了该理论应用的八项原则：①在脑海里勾勒一幅大图。②有独特的问题意识。③广泛学习，探索可行－可能的路径。④沉浸于"在场性"。⑤养成自反性思考的习惯。⑥不断提升、完善自己的认知能力和心智水平。⑦敬畏"不确定性"。⑧反复迭代－试错。

和谐管理理论将西方严谨的科学哲学思维与东方的传统管理智慧进行了有机结合，为应对未来的管理挑战提供了新的应对策略，该理论已在组织与战略管理、人力资源管理、领导力、国家创新体系及医疗、农村建设、大型工程项目、高校管理等具体领域得到广泛应用。近年来，随着商业生态系统、复杂系统研究的兴起，和谐管理开始倡导网络化/生态化组织和复杂系统的生态管理，并越来越强调和谐领导力在和谐耦合过程中的重要性，正在向着建构一个贯通"愿景/使命—战略—组织—领导"的和谐管理理论体系而努力。

8.2.3 和合管理

"和合管理"的思想由中国社会科学院黄如金教授首先提出，他认为中国传统管理的核心与真谛在于"和合"，中国管理思想中"和"与"合"的哲学思维和理念，有利于处理人们相互之间的利益冲突和矛盾。

易学是儒家与道家学说的本源，《周易》认为无论是世界万事万物的生成、生长，社会道德的完美构成，社会的发展繁荣，人们的安居乐业、健康长寿等，都是由于阴阳和合，即相互矛盾的事物在矛盾调和时的中间状态。在《周易》基础上发展起来的阴阳五行、天人合一思想，把和合观点以及与人为善、坚守德善之道发挥到了极致。《吕氏春秋》也将和合概念用于研究自然界和人类的起源与构成，认为天地阴阳之和合，是万物生成、生长的根本原因。

孟子认为"天时不如地利，地利不如人和"。管子、墨子、荀子皆认为和合是处理人与社会关系的根本原则。《管子》中将和合并举，认为"和合故能谐"，意思是只有和合才能达成和谐关系。墨子认为天下不安定的原因是"内之父子兄弟作怨仇，皆有离散之心，不能相和合"。荀子也使用了同样的概念，认为："故人之欢欣和合之时，则夫忠臣孝子亦悁诡而有所至矣。"

儒家是和合思想的集大成者，主张和睦相处与合作，并在其大力提倡的"仁政"中有充分的表现。儒家的"仁政"，是一种以"仁爱"为内涵、以礼仪为外在表现、以和合为基本方式方法的管理模式。孔子说为政之要在于"近者悦，远者来"，即认为管理的核心是对内部人的凝聚力和对外部人的吸引力；其弟子有子曾说：推行礼仪，贵在和合，认为治理国家必须实行礼仪制度，而推行礼仪制度则必须以和合作为价值标准。

8.2.4 道本管理

"道本管理"是南开大学齐善鸿教授提出的管理思想。道本思想来源于中西管理哲学的融合，即以道为本的管理，强调更多运用文化的力量，使管理成为一种如水之性、"润物有声"的滋养以促进人的发展。在道本管理模式下，人是主体，也是目的，管理只是一种服务，管理者更应是教练而不仅仅是裁判。

道本管理模式具有以下特征：在宏观层面，用理想和文明的目标引导管理思想与行为，以经济的发展促进人的发展，让物质的成果服务于人的不断完善。在中观层面，促使人与人之间相互帮助，管理者与被管理者间的关系被调试到一种合理的状态，传统"管理者与被管理者"关系转变为"管理伙伴"关系。在微观层面，人通过自省与修行而改变心智模式，具体表现为批评与自我批评、促膝恳谈等。

道本管理以道为核心与基础，提出三个基本命题。

（1）道本管理的社会系统建构认知命题。这一命题认为，人不能让自己超越于客观的、整个自然界的规律之上。因而企业要在与社会的关系中谋发展，企业承担社会责任和普及文明思想的社会属性与创造财富的经济属性结为一体，共同致力于人、经济、社会（自然）三者利益的和谐系统构建。

（2）道本管理的内在动力系统认知命题。人是企业的目的，不是企业的手段，企业管理要尊重人性的规律，以谋求人的全面发展为目的，以人的发展保障经济的发展，以经济的发展服务于人的发展，要将人的发展指标纳入对企业的评价之中。

（3）道本管理的主体价值认知命题。道本管理倡导启发和调动每个人内心的力量，促进每个人管理自我的自觉行动，人们必须学会管理自己和发展自己。

在上述基本命题的基础上，道本管理理论提出了精神制导论、管理主体论、自我管理论、管理服务论、价值理性论、文化软实力论和系统和谐论等内容模块并建构起操作化模式。

8.3 未来的中西方管理

以互联网、物联网、大数据、人工智能为特征的后工业文明时代表现出较强的动态变化性、不可预测性、复杂非线性以及人性的巨大释放等特征，未来将形成一个以互联网为连接渠道，社会高度数字化及人工智能全面介入的新的社会形态，可以将其称为人类未来的新信息时代或智能网络时代，这一时代将深刻改变传统的社会形态，进而对管理提出新的问题和挑战。

8.3.1 人类未来的新信息时代

遍布人类社会的信息网络加速了人类物质调度、生产经营、社会生活、思维交换等活动的效率，拓展了人类的生存空间和范围，促进了新的社会组织形态和扁平的社会结构的形成，体验经济、共享经济、社群经济等新的经济现象层出不穷。大数据技术是网络形成人与人之间的广泛连接后，在内容方面数字化所形成的结果，人类还将构建人与物之间乃至物与物之间（物联网）更为广泛的联系，数据规模也将进一步迅速增长，因而必然发展出通过机器来进行数据处理的能力，即人工智能。随着机器运算能力的增强，机器开始在人的训练下发展出模式识别（图像和语音）、逻辑运算、逻辑推理等能力。未来的人工智能是否会发展成为类似人类一样的自主智慧体，目前依然不能断言，但一个基本的判断是，人类必然会在社会行为和决策中越来越依赖机器的作用。

网络使得科层制的传统社会向非中心、非科层的网络型社会结构转换。网络打破了传统社会中自下而上和自上而下两种垂直单一的信息渠道，形成了任何节点间均可进行直接互动沟通的结构和关系，因而远比传统社会森严的等级结构更为平等。这种社会结构的改变，必将促进传统管理体系的分解和网络化，也赋予了传统管理体系更为强大的整合能力和资源调度能力。

大数据使人类社会具备较为精准的跨时空重建场景的能力。大数据是万事万物的数字化，是人类对真实世界的数字重建过程。大数据技术使管理主体具有在远距离、长时间跨度下对遥远事物的精准重建能力，改变了原先必须严格依赖逐级管理来传递信息的体系架构；精准的数据追溯性改变了管理监督的状态，使事后追溯更为便捷，减轻和减少了行政监督的强度与密度；使各种资源都具有更强的匹配与适应能力。

人工智能将可能产生新的人类社会主体。人工智能本质上是一种自适应和自我判断的复杂数学函数，对信息输入进行响应并自主做出符合或模仿人类行为的输出。人工智能对人类社会将产生三方面的重大影响：①人类将可能拥有无尽的劳动力资源和智力资源，改变人类以劳动的复杂度、时间和知识稀缺性为根本标准的价值衡量体系。②当人工智能深刻地嵌入社会后，人类将发现一种普遍的人机耦合或普适职能阶段的到来。③机器可能成为一种新的社会主体，扮演绝大部分人类扮演的角色。这将产生三个亟须回答的问题：人的绝大部分工作是否会被更高效率的机器替代？人工智能体到底是完全的机器还是如同其他生物一样，其权利是否需要得到人类的尊重？人对人工智能的利用，是否会产生人对机器的高度依赖特别是对脑力劳动的依赖，最终导致人本身的退化，形成人客观被奴役的状态？

8.3.2 信息时代的企业组织与管理理论

信息技术的高速发展对人类的生活方式产生巨大影响，市场需求的个性化对企业的快速响应能力要求越来越高，企业组织模式与战略思维也随之发生各种变化，产生新型的组织模式、商业模式和新的管理理论。

1. 虚拟企业

20世纪90年代以来，随着全球经济信息化、一体化和网络化的不断推进，市场环境迅速发生变化，市场需求趋于多样化和个性化，对产品的质量、价格和交货期的要求也越来越高，传统的大规模、大批量、少品种的刚性生产方式已无法适应，必须采用新的企业组织模式。同时，信息技术的快速发展为企业间更深层次的信息沟通与共享提供了技术保障，消除了不同地域间的企业合作障碍，为虚拟企业的产生创造了技术条件。

1991年，美国国防部委托里海大学的艾柯卡研究所组成了以13家大公司为核心、100多家公司参加的联合研究团队，对美国在改变世界工业格局中的作用和角色进行研究，最终提出了一份名为"21世纪制造企业研究：一个工业主导的观点"的研究报告，该报告首次提出了虚拟企业（virtual enterprises，VE）的概念。自此，虚拟企业引起了理论界和实业界的普遍重视并逐渐成为一种运用越来越广泛的、"21世纪的主流企业模式"。

学术界对虚拟企业进行了多角度的研究，并分别从组织结构、运行机制和信息技术的不同视角界定虚拟企业的概念，一个能够综合现有观点的定义是：虚拟企业是指在供应链不同环节上分别具有核心能力的独立厂商，为更好地满足市场需求，以契约合作方式，通过信息化网络平台进行职能分工，以统一的品牌向市场提供产品或服务而形成的动态企业联合体。

虚拟企业实质上是一个动态的企业联盟，其中掌握品牌的核心企业称为盟主，而在供应链各环节与盟主进行合作的企业被称为盟员。盟员在盟主的组织下，围绕同一核心品牌进行专业化分工，各自贡献出自己的核心竞争力，合作完成产品从研发到销售的整个流程。例如，戴尔是典型的虚拟企业，它集中其资源和能力于产品设计、组装和销售领域，将生产环节全部外包，建立了一个快速反应的全球供应链。在中国企业中，美特斯·邦威、恒源祥都是典型的虚拟企业。

2. 商业生态系统

生态系统（ecosystem）是指在一定的空间内，生物及其非生物环境通过物质循环和能量流动相互作用、相互依存而构成的具有动态性以及自我调节能力的统一整体。生态系统是生态学上的一个主要结构和功能单位，属于生态学研究的最高层次。

1993年，美国麻省剑桥大学的詹姆斯 F. 穆尔（James F. Moore）在《哈佛商业评论》上发表文章《掠食者与猎物：新的竞争生态》，首次提出了"商业生态系统"的概念，将商业生态系统（business ecosystem）定义为以组织和个人（商业世界中的有机体）的相互作用为基础的经济联合体，是客户、供应商、主要生产厂家以及其他有关人员相互配合以生产商品和服务组成的群体。那些向企业提供资金的人、行业协会及标准组织、工会、政府和半政府组织以及其他有关主体也包括在商业生态系统中。

穆尔在其后的研究中进一步运用生态学理论解释商业运作，用系统观点反思竞争，主张跳出"把自己看作是单个主体"的竞争思维定式，认为企业必须同其他相关者共同进化，通过构建顾客、市场、产品或服务、经营过程、组织、利益相关者、社会价值和政府政策七个维度的系统，塑造一个开放、抵抗力强的商业生态系统。

商业生态系统是一种复杂的适应性系统，其基本特性表现在涌现性、协同进化、适应性、自组织四个方面。涌现性是指商业生态系统作为由众多系统成员组成的整体，可以发挥比部分之和更大的作用；协同进化是指商业生态系统中核心企业的发展依赖于系统内其他相关企业及环境的发展，随着系统相关产品及服务数量的增多、技术创新的积累，系统也更易获得发展；适应性是指系统成员主动地适应外部环境变化，使系统整体绩效不断提升；自组织是指在没有系统外部指导和帮助的情况下，仅仅通过系统内部成员的互相协作，也能促使系统不断自我更新、向前发展。

大数据背景下，商业生态系统内模糊的企业与行业边界几乎融合，企业通过互联网平台选择合作伙伴的范围更广，因而系统成员具有动态性。大数据使生态系统内企业能更加便利地获取资源、技术和客户信息，实现联合库存和敏捷制造，促进系统内的协同合作，提升整个生态系统的竞争力。大数据环境下，市场竞争已经成为商业生态系统间的竞争，企业必须从整体共赢的角度制定战略，在商业生态系统的动态平衡中寻求协同发展。传统竞争战略的基本目的是建立可持续的竞争优势，而商业生态系统理论则强调系统内企业的合作、竞争及共同进化。传统竞争战略的基本假设是，公司能够通过内部拥有的资源与能力来获得成功，而商业生态系统则更看重系统成员间建立合作关系并通过开放的环境吸引成员，以"做大蛋糕"来避免"分蛋糕"式竞争。

3. 平台战略

双边市场里联结不同用户群的产品和服务称为"平台"，如电脑操作系统、门户网站等。这些平台都是把两个不同的用户群体联系起来，形成一个完整的网络，并建立了有助于促进双方交易的基础架构和规则。与传统的组织形式不同，平台市场通常是双边市场，因为平台的提供者必须协调用户和供应商之间的关系。在平台市场中，用户间的互动会受到网络效应的影响。

平台市场构成了全球经济中份额较大、增长较快的部分，如集装箱海运、信用卡、购物中心、交易市场、网络搜索服务等。随着技术的发展，近年来双边网络平台市场发展迅速，人们不仅创建了一些全新的平台（如把广告主与网络搜索用户联结起来的 Google），而且把一些传统的业务改造成了平台，如传统的输配电业务正在演变为把消费者与特定发电厂商相匹配的电力零售市场平台。

网络效应是平台优势的重要来源，这种网络效应产生自平台的消费者需求和服务提供者需求之间的相互依赖。平台的服务提供范围广，则会产生更多的消费者需求，反之亦然。一些学者认为，因为网络效应的存在，平台能够通过吸引越来越多的消费者和服务提供者而增强竞争力，进而随着时间的积累而完全占领市场。

越来越多的企业采用平台战略，并有效促进了创新绩效。按照市值排序，在世界100家最大的企业中，至少有60%的企业超过一半的收益来自平台市场。平台的发展具有动态性，随着产品互补性、功能多样性及兼容互通性不断增强，平台也在不断演化和升级。互联网企业更加容易采用平台型模式，中国企业如京东、天猫等是这种模式的代表。传统制造业企业也开始思考平台和商业生态对企业转型升级的影响，如传统制造业企业海尔集团正在实施平台战略，将原有业务单元为单位组成的自主经营体作为平台主体，一边连接供应商资源，一边连接用户资源，通过开放式资源整合创造用户价值。

4. 学习型组织

学习型组织理论诞生于20世纪80年代中期，由著名管理学家彼得·圣吉在《第五项修炼》一书中提出，经过30多年的发展已经形成了核心理论，要点是：

（1）以"学习人假设"为人性论基础。彼得·圣吉认为："每个人都是天生的学习者"，"学习不仅是人类的天性，也是生命趣味盎然的源泉"。但工业时代的组织和教育没有保护和利用好人的这一本能，导致了平庸和应付的心态。"学习人假设"使建设学习型组织不仅成为顺应人天性的道德之举，也是帮助人提升生命意义与价值的重要途径。

（2）强调正确的价值观与生活意义。彼得·圣吉一贯强调可持续发展、整体系统、求真务实、真诚、合作、实践、保护生态、适时改变、持续创新等价值观，倡导人们不仅要关注个人，更要关注组织；不仅要关注投入、产出与利润等本部门眼前的事情，更应该关注人类的危机、生态的破坏和未来的发展，要反思和纠正工业文明的消极影响。他强调，人只有在为这些崇高价值奋斗的过程中才能更好地体现生活的意义，学习型组织不仅是一种组织改革技术，而且是一种建立在生态文明和可持续发展等先进价值观基础上的新文化。

（3）彼得·圣吉提出了"自我超越、改善心智模式、共同愿景、团队学习和系统思考"这"五项修炼"，并断言："精熟这几项'修炼'是创造学习型组织、挥别传统威权控制型组织的先决条件。"经过不断检验与完善，彼得·圣吉总结道："五项修炼实质是五条路线（理论与方法），用来开发三种核心学习能力：激发热望（aspiration），开展反思性交流（reflective conversation），理解复杂事物（complexity）"，他将这三种能力比喻为团队核心学习能力这个板凳上的"三条腿"，一个也不能少。

在"五项修炼"中，彼得·圣吉特别强调系统思考的作用，认为系统思考是"五项修炼"的核心。他强调，人们看不清问题的复杂性、看不到事物间的相互联系、组织决策的"近视病""创可贴"式解决问题等现象都是人们不会系统思考的结果。彼得·圣吉认为，建设学习型组织，对个人来说不只是技能的掌握，更根本的是心灵的转换，要活得更加有意义；而对于组织来说，不仅是结构形式的转变，更根本的是组织文化的转变，是新的组织精神和组织文化的培育。

学习型组织的理念和实践可以简要地表述为：学习型组织是以积极人性观为

假设,以系统思考、组织学习为制度性手段,努力改善心智模式,不断自我超越,将个人梦想变成组织愿景,在复杂环境中开拓创新、提升效能、实现持续进步的组织生存与发展状态。

5. 量子管理

随着量子力学的发展,不确定性、波粒二象性及量子纠缠等量子力学理论更深刻地揭示了宇宙的本质,《量子领导者》一书的作者丹娜·左哈尔(Danah Zohar)博士基于量子科学的视角,提出了量子管理理论,认为量子世界观下的组织是由量子个体所组成的以关系为基础的量子系统,因而企业管理方式应发生以下五个方面的变化。

(1)从关注个体到关注整体。量子物理认为微观物质具备波粒二象性,物质的表现形式是能量球,能量球之间存在内在的动态关联,没有一个企业会脱离社会的生态系统而独立存在。因此,企业领导、员工及其他利益相关者都是像鱼和水一样的整体关系。领导者应建立量子式整体思维,要重视直觉。基于整体和合的量子管理范式使企业向着基于网络的生命共同体进化,以利他精神实现企业组织与客户、员工(伙伴)、行业和社会的有效连接。

(2)非此即彼到兼容并包。量子管理认为事物是混沌灰度、多样兼容的,要求管理者以开放、包容、柔和的心胸去接纳多样性和复杂性,鼓励和采纳来自多方的不同意见并探索多样性的解决办法。量子领导者鼓励提问和试验,允许或鼓励试错甚至失败,将不确定性和模糊性视为探索新领域的起点,建立基于试错的创新机制,不断迭代与创新。在战略决策中,要转变非此即彼、非黑即白的对立思维,在混沌、灰度中把握平衡,迎接更多的可能性。

(3)从重视权威到激活个体。量子物理表明,宇宙是万物互相参与的整体,主体与客体沟通、交互而聚集能量。这给管理的启示是,每个员工都有着无穷的潜能,管理者更应看重员工内在的潜力、悟性和学习力等素质,珍视每个员工个体的智慧与心声。领导者要让员工参与决策,激发员工的主人翁精神,而领导者应转变为服务者、支持者、资源提供者、教导者、布施者。同时,组织也需要寻找自己存在的意义,从更深的愿景中汲取能量,专注于更长远的价值观,听从于使命感的召唤,在实现公司目标的同时也实现个人的梦想。

(4)从强调秩序、稳态到面对动态性和复杂性。"失衡—均衡—再失衡"是企业从无序走向有序的基本规律,不稳定性往往加强了免疫系统的灵活性、适应性、因而量子组织要面对动态复杂性,将控制让位于创新潜力以及敏感的直觉,学会在"模糊性"中成长学习,构建动态有序并敏捷应变的聚变式成长组织,以引导混沌和激发更大的创造力。

(5)从他组织到自组织。量子哲学认为,生命之所以会从低级到高级进化而不会衰亡,是因为生命是一个自组织的活系统。企业也要成为自组织系统,其必要条件是具有开放性,有强烈的包容心,愿意接受和面对不确定性,并通过"打破组织界限"的方式与外界进行互动,从而修复组织的缺陷,以此来使企业充满生机和活力。

8.3.3　未来的中西方管理学发展趋势

回顾中西方管理学的发展历程,梳理管理学发展的内在逻辑,分析当今管理学发展的现状可以看出,中西方管理学未来的发展将呈现以下趋势。

1. 通过扎根管理实践获得创新与发展

管理学以解决实践问题为首要任务,具有明显的实践性特征。经济学家成思危认为:管理科学的理论和方法均来自实践,管理科学的理论和方法在运用时必须考虑客观实际情况,管理科学的理论和方法正确与否要以实践为检验标准,管理科学的理论和方法要随实践而发展。因此,扎根于管理实践开展管理理论研究,随着实践不断地创新和发展管理理论与方法,必然成为未来管理学的发展趋势。

2. 通过研究社会现实问题服务于社会进步

管理学研究离不开对社会、人性等问题的思考和关注,这体现了科学的精神与伦理,这是做好管理研究的根本,否则管理学就失去了存在的土壤。科学研究者如果对人类的苦难没有悲悯、对生命没有敬畏,没有对真、善、美的不懈追求,就不可能得出对社会有价值的成果,甚至可能走向人类文明的反面。管理学的发展能够推动管理实践的进步,而管理实践的进步又会带动社会文明水平的提升。因此,管理科学要成为兴国之道,就必须服务于社会,关注和研究社会现实问题。

3. 借助现代科学工具对复杂性科学的研究将继续发展

20 世纪 80 年代产生的复杂性科学(complexity sciences)是系统科学发展的新阶段,它主张学科交叉、研究方法交叉,形成新的理论框架和范式,在方法论上主张非线性、不确定性、自组织性等。管理学未来的发展,要适应信息、知识和复杂环境的特点，开展创新性的研究，复杂系统和非线性思维如模糊性、随机性、不确定性、不可逆性与混沌现象等将成为管理科学研究的重要思维，信息技术的快速发展也将不断革新管理学的研究手段。

4. 对中国传统文化中管理思想和哲学的研究将继续深入

中华民族有光辉灿烂的历史与文化，其中也包括许多至今仍有实践指导意义的管理思想和经验。我们应在继承和发扬中华优秀传统文化的基础上，对这些管理思想和经验进行深入研究，找到文化与技术的契合点，将传统管理思想与当前的实际情况结合起来，将批判继承与创新发展结合起来，取其精华，去其糟粕，在前人的基础上不断推进管理学理论创新与管理实践创新。同时，深入挖掘中国传统文化中的管理思想，找到与西方文化相融、相通的文明因子，也有助于深化对跨文化管理的研究。

5. 中国管理哲学与西方管理科学将呈现融合趋势

在管理学发展历程中，不同国家基于自己的文化基础，形成了具有自身特色的管理哲学或管理科学并影响管理实践，未来不同国家的管理思想相互借鉴、融合必将成为一种趋势。

中国管理哲学在世界文明中的地位显而易见，也已引起世界一流管理学者的关注，美国管理大师彼得·圣吉、量子管理理论创始人丹娜·左哈尔等都在积极学习中国传统文化，这为未来中国管理哲学与西方管理科学的交流和融合留下了巨大的空间。

21 世纪人类的管理学应实现中国管理哲学与西方管理科学的整合。加强管理哲学的研究，既可以解决管理学研究存在的问题，强化对管理学已有成果的反思，又可以强化对管理学基础理论的研究，为管理学创新奠定坚实的理论基础。未来的东西方管理学将更加兼容，西方以制度为基础的控制式管理遇到的挑战，将通过借鉴东方"心物一元"[①]"天人合一"的管理哲学找到答案。

综合以上，未来的中国管理学研究要做好六个结合：理论与实践相结合；定性研究与定量研究相结合；微观分析与宏观综合相结合；还原论与整体论相结合；科学推理与哲学思辨相结合；中国管理哲学与西方管理科学相结合。

---

① 对"心物一元"本体论的讨论详见：贾旭东. 中西文化的本体论比较与国学知识体系模型建构 [M]// 张耀南. 自然国学评论：第三号. 北京：北京航空航天大学出版社，2019：275–291.

【本章要点】

本章既全面介绍了儒家、道家、释家、法家、墨家、兵家等中华优秀传统文化中的管理思想和智慧，以及东方管理学、和谐管理、和合管理、道本管理等具有中华文化智慧的管理思想和理论，也介绍了虚拟企业、商业生态系统、平台战略、学习型组织、量子管理等数智时代的新型组织模式与管理理论，以期读者能够全面了解在中西方文化背景中所产生的不同管理模式、思想和理论，融合东西方文化之精华，洞察未来东西方管理智慧的融合发展趋势。

【关键概念】

中和礼制；无为而治；缘起性空；法术势；东方管理学；和合管理；道本管理；虚拟企业；商业生态系统；平台战略；学习型组织；量子管理

【思考题】

1. 儒家管理智慧体现在哪些方面？在实践中如何运用？
2. 道家管理智慧体现在哪些方面？在实践中如何运用？
3. 释家管理智慧体现在哪些方面？在实践中如何运用？
4. 法家管理智慧体现在哪些方面？在实践中如何运用？
5. 墨家管理智慧体现在哪些方面？在实践中如何运用？
6. 兵家管理智慧体现在哪些方面？在实践中如何运用？
7. 当前中国有哪几种源于传统文化的管理思想和理论？在管理实践中如何运用？
8. 信息时代出现了哪些新型的企业组织模式和新的管理理论？
9. 未来的中西方管理学发展趋势是怎样的？

【案例分析】

小米的"铁人三项"

为了促进企业资源整合，获得综合竞争力，众多企业纷纷建立自己的商业生态系统。小米用了近10年的时间，将自己打造成差异化商业生态系统的代表，其"铁人三项"商业模式独具一格。小米的"铁人三项"不是传统的体育赛事，而是小米独特的硬件、新零售、物联网三大事业部及其生态系统。

小米智能硬件生态链事业部的独特性体现在，针对刚加入生态链的初创企业而言，它们仅需付出人员成本就可进行核心技术的研发，办公场地由小米负担，从供应链渠道背书、产品定义辅助、设计、品控、营销等一系列辅助职能都由小米提供，最终产品也可以在小米电商渠道进行销售。在小米提供品牌和电商销售渠道后，创业企业产品销量快速提高的同时也降低了销售成本。为了稳固彼此的利益关系，小米还以成本价向生态链企业采购成品，完成销售后利润进行五五分成，在这样的收益分配机制下保证了小米智能硬件产品不断上线，有助于小米低成本、低风险、高质量地布局智能硬件领域。同时，在小米生态系统内各产品相互引流，既维持了小米智能硬件品牌的热度，又扩大用户群、帮助获得用户数据，在这样的机制下不断循环，使得小米的生态系统更加完善。这种利润分成机制保障了小米会为了最大化自身收益而重视产品营销，从而带来大量稳定的纯利现金流，支持初创团队完善自身产业链并发展自有品牌。所以后期初创企业的自有品牌发展起来以后，又可以通过上市或被收购的方式获得股权收益，正是在这样几乎零成本高收益的情况下，很多初创企业愿意一搏来"帮助"小米发展生态系统。

这种模式也有风险。从小米的角度讲，主要的风险是生态链企业连续出现质量问题，同时生态链企业可能会急于发展自有品牌，而忽略小米品牌产品这些非自有品牌，造成商品改进和后续服务跟不上，这会给小米品牌带来难以恢复的损害。除此之外，小米也担心投资生态链企业失利，投资初期签订的2年排他性协议使得小米不能进行同类竞品投资，这可能导致初创企业没达到预期时小米错过市场时机。虽然小米通过高于市场要求2~3倍的严苛标准要求初创企业品控，还通过控制渠道端销售能力来对初创企业行为进行控制来减小风险，也通过以占初创企业收入超过8成的小米品牌产品的销售渠道威胁，使初创企业投入必要精力以保障产品退货率、销售增长情况在一定范围内，但上述风险仍然是悬在小米头上的达摩克利斯之剑。

小米智能硬件生态链对小米的价值体现在投资成本、时间成本和风险的降低上。小米把投入大量时间精力和资金所积累的产品设计、供应链管理、品控、营销渠道、用户群、品牌等经营性资源能力提供给创业企业，这是商业生态系统主导者繁育和稳定生态的必要条件；同时，也为把这些成本转化为收益提供了基础；另外，还避免了小米自身研发智能硬件产品的不确定性和沉没成本。而对生态链创业团队的价值是大幅减少了投资成本和风险。初创企业以自身的核心技术，通过交易共享小米积累的关键经营性资源能力，省去在品牌打造、用户获取、供应链管理等方面的大量时间精力，可以减少投资、降低经营成本，从而提高创业成功率。

小米之家是小米公司在线下布局的官方连锁零售体验店，主要布局在城市核心商圈，在面向中高端消费者群体的商场中提供科技体验、产品展示、产品销售、增值服务等，既满足了消费者在消费升级、智能物流等方面的新需求，也帮助衍生出智能科技平台。在发展初期，小米之家主要定位于产品售后以及产品形象展示，所以布局主要集中于居民小区。而随着生态系统的构建，小米之家开始转型，逐步从售后服务门店转变成产品零售店，逐渐出现在商场、购物中心，并在实体门店中展示全系产品，让消费者可以在店面内进行体验，从而获取最新的小米产品体验效果。小米之家的特点是用极简的装修，通过色温、亮度、布局创造具有强科技感和家庭柔和感的空间来吸引消费者的注意，同时通过在社群内获得的消费者购物数据，进行产品口碑与评价筛选，制定相应的展览策略。

小米新零售的商业生态系统是以消费者为生态的核心，不断向外拓展，通过新零售的小米网、小米之家等，建立了店面终端到消费者终端的连接。在这一过程中，产品、技术、营销渠道间建立起广泛的联系，通过"硬件＋新零售＋物联网"的模式形成了能够及时结合互联网技术和大数据技术对消费者市场进行挖掘、在产品生态链中基于消费者和市场需求变化进行产品研发、基于消费者体验打造新零售门店的商业生态系统，并在运作中不断实现动态平衡。

这种新零售的模式也是在践行对初创企业的承诺，将初创企业生产完成后的产品依托自身渠道或其他分销渠道开展销售。如此就可以将商业生态系统中的生态链企业生产的产品与小米开展交易的模式分为两种，一种是打造米家小米品牌产品；另一种是生态链企业自有品牌产品。签订相应协议后，就可以保证小米生态链产品以米家品牌或是小米品牌为主；为了保障小米公司的口碑，小米还与不同生态位的企业进行不同的交易模式：对生态位较高、合作稳定的采取采购模式，通过用户在社群内对产品的浏览量和浏览时间等对销售结果进行预测来进行采购与存货，通过线上线下平台进行全渠道销售；而生态位较低的企业则采取寄售模式，生态链企业的产品可以在有品商城出售，产品的所有权也属于生态链企业，但需独自承担风险，小米则收取平台雇佣金；最后就是自由渠道的对外销售，生态链企业基于第三方渠道开展销售，具有更强的自主权，同时也丧失了小米的销售渠道。

小米与生态链企业形成了一个共生共存、共同演化的万物智慧互联生态系统。生态系统采取中心化的模式，小米处于绝对的领导地位。"手机＋AI＋LoT（物联网)"是小米的核心战略,从细分的角度,"手机+智能设备"充当了生态内硬件层面的核心型角色,小米的 MIUI 操作系统和 LoT 开放平台成了软件和支持体系的核心型角色,小米将企业的核心资源部署到核心型产品上,在生态系统中发挥强有力的作用,是整个物联网生态系统的基石。

小米的 MIUI 系统鼓励技术爱好者帮助测试软件版本,并提供改进的想法,这些意见和反馈最终被整合到每周的免费软件更新中。这种与最终用户共同创造的过程是前所未有的,用户在这个过程中不仅获得了他们帮助创建的免费软件,还拥有一种"归属感",使他们觉得自己的想法很重要。这种在线社区的方式帮助形成了用户体验感极佳的软件和品牌,而这些人也成为小米智能手机的早期用户。

智能设备等生态内的硬件使小米开始将投资围绕耳机、移动电源等手机周边,利用供应链的优势生产优质产品;孵化电饭煲、电视、路由器等智能硬件,进一步实现物与人的交互。在消费红利的刺激下,生活耗材的需求渐增,通过小米有品 App 推出毛巾、电动牙刷等生活用品,增加客户对小米生态的黏性。生态链与小米的核心产品——手机相关联,生态链企业共享小米的客户群体和销售渠道,小米也能通过生态链企业发展新技术,使企业保持长久的生机与活力。

资料来源:

[1] 李晓霞.零售业商业生态系统的动态平衡分析[J].商业经济研究,2018,(22):23-25.

[2] 谭智佳,魏炜,朱武祥.商业生态系统的构建与价值创造——小米智能硬件生态链案例分析[J].管理评论,2019,31(7):172-185.

[3] 王国弘,宋彦锟.物联网商业生态系统演化路径与策略——小米物联网生态案例分析[J].创新科技,2020,20(10):24-33.

讨论题:

1. 收集资料并结合案例,以图示的方式展示小米商业生态系统。
2. 小米生态链的核心竞争力是什么?
3. 小米商业生态系统的构建体现了哪些管理发展的新趋势?

参 考 文 献

[1] 杜萨. QCA方法从入门到精通：基于R语言[M]. 杜运周, 等译. 北京：机械工业出版社, 2021.

[2] 费埃德伯格. 权力与规则——组织行动的动力[M]. 张月, 译. 上海：上海人民出版社, 2005.

[3] 德鲁克. 已经发生的未来[M]. 许志强, 译. 北京：东方出版社, 2009.

[4] 蔡丹芸. 传统文化在企业管理中的应用[J]. 中国盐业, 2016(11)：46-49.

[5] 汉迪. 工作与生活的未来[M]. 方海萍, 译. 北京：中国人民大学出版社, 2006.

[6] 汉迪. 觉醒的年代[M]. 周旭华, 译. 北京：中国人民大学出版社, 2007.

[7] 陈鼓应. 老子注释及评介[M]. 北京：中华书局, 1984.

[8] 陈劲, 尹西明. 范式跃迁视角下第四代管理学的兴起、特征与使命[J]. 管理学报, 2019, 16(1)：1-8.

[9] 陈向明. 质的研究方法与社会科学研究[M]. 北京：教育科学出版社, 2000.

[10] 陈晓萍. 研究的起点：提问[M]//陈晓萍, 徐淑英, 樊景立. 组织与管理研究的实证方法. 2版. 北京：北京大学出版社, 2012.

[11] 陈佑清. 体验及其生成[J]. 教育研究与实验, 2002(2)：11-16.

[12] 陈昭全, 张志学. 管理研究中的理论建构[M]//陈晓萍, 徐淑英, 樊景立. 组织与管理研究的实证方法. 2版. 北京：北京大学出版社, 2012.

[13] 格里芬. 后现代精神[M]. 王成兵, 译. 北京：中央编译出版社, 1998.

[14] 格里芬. 后现代科学[M]. 马季方, 译. 北京：中央编译出版社, 1995.

[15] 雷恩. 管理思想的演变[M]. 孔令济, 译. 2版. 北京：中国社会科学出版社, 2000.

[16] 邓中华, 闫敏. 中国管理研究的关键时刻——专访徐淑英教授[J]. 管理学家, 2011(11)：32-42.

[17] 杜运周, 贾良定. 组态视角与定性比较分析（QCA）——管理学研究的一条新道路[J]. 管理世界, 2017(6)：155-167.

[18] 杜运周, 李佳馨, 刘秋辰, 等. 复杂动态视角下的组态理论与QCA方法——研究进展与未来方向[J]. 管理世界, 2021, 37(3)：180-197.

[19] 范保群, 王毅. 战略管理新趋势——基于商业生态系统的竞争战略[J]. 商业经济与管理, 2006(3)：3-10.

[20] 费孝通. 江村经济 [M]. 南京：江苏人民出版社，1986.

[21] 冯友兰. 中国哲学简史 [M]. 上海：生活·读书·新知三联书店，2013.

[22] 高华斌. 彼得斯的走动管理法 [J]. 管理现代化，1994（1）：35.

[23] 谷方. 韩非与中国文化 [M]. 贵阳：贵州人民出版社，1996.

[24] 韩廷杰. 成唯识论校释 [M]. 玄奘，译. 北京：中华书局，1998.

[25] 韩巍，席酉民. 再论和谐管理理论及其对实践与学术的启发 [J]. 西安交通大学学报（社会科学版），2021，41（1）：39-50.

[26] 何伟强. 人性论：管理思想体系的逻辑前提 [J]. 浙江教育学院学报，2006（5）：28-33.

[27] 何哲. 面向未来的公共管理体系：基于智能网络时代的探析 [J]. 中国行政管理，2017（11）：100-106.

[28] 洪汉鼎. 诠释学从现象学到实践哲学的发展 [M]. 上海：上海译文出版社，1995.

[29] 洪新敏. 国学思想与现代企业管理的深度融合 [J]. 企业改革与管理，2020（3）：185-187.

[30] 胡祖光，朱明伟. 东方管理学导论 [M]. 上海：上海三联书店，1998.

[31] 黄如金. 中国式管理的灵魂 [J]. 经济管理，2008（18）：60-68.

[32] 黄兴. 浅析中国传统文化在企业管理中的应用 [J]. 财富时代，2020（1）：42.

[33] 黄宗智，高原. 社会科学和法学应该模仿自然科学吗？[J]. 开放时代，2015（2）：7，158-179.

[34] 贾旭东，何光远. 基于供应链视角的虚拟企业模型构建 [J]. 管理学报，2019，16（7）：957-967.

[35] 贾旭东. 中西文化的本体论比较与国学知识体系模型建构 [M]// 张耀南. 自然国学评论：第3号. 北京：北京航空航天大学出版社，2019.

[36] 江雨. 佛家唯识宗的心灵哲学思想研究——以法舫法师唯识哲学为例 [D]. 武汉：华中师范大学，2012.

[37] 卡西尔. 人论 [M]. 甘阳，译. 上海：上海译文出版社，1985.

[38] 孔宪铎. 基因与人格——生命科学与社会学理论的分析 [J]. 文史哲，2004（4）：6-14.

[39] 希尔贝克，吉列尔. 西方哲学史——从古希腊到当下 [M]. 童世骏，郁振华，刘进，译. 上海：上海译文出版社，2018.

[40] 黎红雷. 儒家管理哲学 [M]. 2版. 广州：广东高等教育出版社，1997.

[41] 李进. 国学中的管理思想研究 [J]. 科技信息，2009（36）：299-300.

[42] 刘光照. 中国传统文化在企业管理中的应用 [J]. 中国招标，2009（33）：48-51.

[43] 刘玉玲. 浅析中国传统文化与管理的关系 [J]. 商场现代化，2015（27）：115-116.

[44] 卢盛忠. 管理心理学 [M]. 杭州：浙江教育出版社，1998.

[45] 卢正惠. 中国传统文化中的现代管理原理研究——基于阴阳五行理论 [J]. 中国商论，2016（35）：162-163.

[46] 卢志民. 老子之"道"与"人性自然论"假设 [J]. 新疆社会科学，2009（1）：11-15.

[47] 维特根斯坦. 逻辑哲学 [M]. 杜世洪，注释. 上海：上海译文出版社，2019.

[48] 詹森. 梦想社会——为产品赋予情感价值 [M]. 大连：东北财经大学出版社，2003.

[49] 罗珉. 西方后现代管理的研究特点 [J]. 南开管理评论，2002（5）：39-42.

[50] 罗珉. 管理学范式理论的发展 [M]. 成都：西南财经大学出版社，2005.

[51] 罗珉. 后现代管理理论辨析 [J]. 管理科学，2005（2）：8-13.

[52] 罗运鹏. 论国学的两种管理价值 [J]. 学术界，2014（6）：184-193，311.

[53] 吕福新. 东方管理学的建树、创新和发展——对东方管理学研究的追溯、综述和管见 [J]. 商业经济与管理，2003（12）：33-36.

[54] 马尔库塞. 爱欲与文明——对弗洛伊德思想的哲学探讨 [M]. 黄勇，薛民，译. 上海：上海译文出版社，2005.

[55] 马尔库塞. 审美之维 [M]. 李小兵，译. 桂林：广西师范大学出版社，2001.

[56] 马克思，恩格斯. 马克思恩格斯选集：第 1 卷 [M]. 中央编译局，译. 2 版. 北京：人民出版社，1995.

[57] 韦伯. 新教伦理与资本主义精神 [M]. 于晓，陈维纲，等译. 北京：三联书店，1987.

[58] 马克思，恩格斯. 马克思恩格斯选集：第 1 卷 [M]. 中央编译局，译. 3 版. 北京：人民出版社，2012.

[59] 马涛. 传统的创新：东方管理学引论 [M]. 石家庄：河北人民出版社，2001.

[60] 毛泽东. 毛泽东文集：第 8 卷 [M]. 北京：人民出版社，1999.

[61] 毛泽东. 毛泽东选集：第 1 卷 [M]. 北京：人民出版社，1991.

[62] 福柯. 规训与惩罚 [M]. 北京：生活·读书·新知三联书店，2003.

[63] 福柯. 性史 [M]. 上海：上海文化出版社，1988.

[64] 潘承烈，虞祖尧. 中国古代管理思想之今论 [M]. 北京：中国人民大学出版社，2001.

[65] 彭贺，苏宗伟. 东方管理学的创建与发展——渊源、精髓与框架 [J]. 管理学报，2006（1）：12-18.

[66] 齐善鸿，曹振杰. 道本管理论——中西方管理哲学融和的视角 [J]. 管理学报，2009，6（10）：1279-1284，1290.

[67] 齐善鸿，程江，焦彦. 道本管理四主体论：对管理主体与方式的系统反思——管理从控制到服务的转变 [J]. 管理学报，2011，8（9）：1298-1305.

[68] 齐善鸿，邢宝学，周桂荣. 管理科学发展的内在逻辑与未来趋势 [J]. 科学学与科学技术管理，2011，32（3）：21-29.

[69] 齐善鸿，永胜，乔日升. 管理科学的后现代转向与"道本信仰型"企业文化 [J]. 未来与发展，2019，43（12）：66-71.

[70] 奥卡沙. 科学哲学 [M]. 韩广忠，译. 南京：译林出版社，2013.

[71] 盛昭瀚，于景元. 复杂系统管理——一个具有中国特色的管理学新领域 [J]. 管理世界，2021，37（6）：2，36-50.

[72] 舒斯特曼. 实用主义美学——生活之美，艺术之思 [M]. 北京：商务印书馆，2002.

[73] 宋培林. 基于不同人性假设的管理理论演进 [J]. 经济管理，2006（11）：19-24.

[74] 苏东水. 管理心理学 [M]. 上海：复旦大学出版社，1992.

[75] 孙劲松. 唯识学本体论问题辨析 [J]. 哲学研究，2015（10）：37-44，129.

[76] 孙淑艳. 国学思想精髓及其对现代化企业管理的启示 [J]. 中外企业家，2016（6）：163.

[77] 孙文浩. 论墨子的管理哲学 [D]. 哈尔滨：黑龙江大学，2017.

[78] 彼得斯. 重启思维 [M]. 北京：中信出版社，2007.

[79] 王登峰，崔红. 中西方人格结构差异的文化意义 [R]. 2004：24-26.

[80] 王举颖，赵全超. 大数据环境下商业生态系统协同演化研究 [J]. 山东大学学报（哲学社会科学版），2014（5）：132-138.

[81] 王铭铭. 文化格局与人的表述 [M]. 天津：天津人民出版社，1997.

[82] 王前. 互联网时代的中国智慧探析 [J]. 自然辩证法通讯，2016，38（5）：121-127.

[83] 王伟光. 新大众哲学：上卷 [M]. 北京：中国社会科学文献出版社，2014.

[84] 王伟光. 新大众哲学：下卷 [M]. 北京：中国社会科学文献出版社，2014.

[85] 王泽民. 韩非管理思想述略 [J]. 西北民族大学学报（哲学社会科学版），2010（1）：110-115.

[86] 魏宏森. 系统论 [M]. 北京：世界图书出版公司，2009.

[87] 温恒福，张萍. 学习型组织的实质、特征与建设策略 [J]. 学习与探索，2014（2）：53-58.

[88] 习近平. 辩证唯物主义是中国共产党人的世界观和方法论 [J]. 求是，2019（1）：4-8.

[89] 席酉民，肖宏文，王洪涛. 和谐管理理论的提出及其原理的新发展 [J]. 管理学报，2005（1）：23-32.

[90] 席酉民，熊畅，刘鹏. 和谐管理理论及其应用述评 [J]. 管理世界，2020，36（2）：195-210.

[91] 谢立中. 走向多元话语分析——后现代思潮的社会学意蕴 [M]. 北京：中国人民大学出版社，2009.

[92] 谢佩洪. 基于中国传统文化与智慧的本土管理研究探析 [J]. 管理学报，2016，13（8）：1115-1124.

[93] 谢永珍. 量子新科学与组织管理——挑战与思维创新 [J]. 互联网经济，2019（8）：86-91.

[94] 辛杰，谢永珍，屠云峰. 从原子管理到量子管理的范式变迁 [J]. 管理学报，2020，17（1）：12-19，104.

[95] 徐复观. 中国人性史论先秦篇 [M]. 上海：三联书店，2001.

[96] 徐淑英，欧怡. 科学过程与研究设计 [M]// 陈晓萍，徐淑英，樊景立. 组织与管理研究的实证方法. 2版. 北京：北京大学出版社，2012.

[97] 徐淑英，任兵，吕力. 管理理论构建论文集 [M]. 北京：北京大学出版社，2016.

[98] 斯密. 国民财富的性质与原因研究：下 [M]. 郭大力，王亚南，译. 北京：商务印书馆，1979.

[99] 颜爱民，张夏然. 道家"无为而治"思想及其在现代企业人力资源管理中的应用研究 [J]. 管理学报，2011，8（7）：954.

[100] 颜爱民. 人力资源管理 [M]. 北京：北京大学出版社，2007.

[101] 杨河. 马克思主义简明读本 [M]. 北京：人民出版社，2018.

[102] 叶秀山. 思·史·诗——现象学和存在哲学研究 [M]. 北京：人民出版社，1988；转引自陈向明. 质的研究方法与社会科学研究 [M]. 北京：教育科学出版社，2000.

[103] 于馨然. 如何将传统文化应用于现代企业管理 [J]. 文化产业，2019（11）：26-27.

[104] 范本特姆. 逻辑、认识论和方法论 [M]. 郭佳宏，刘奋荣，译. 北京：科学出版社，2013.

[105] 穆勒. 逻辑体系 [M]. 郭武军，杨航，译. 上海：上海交通大学出版社，2014.

[106] 张小宁. 平台战略研究评述及展望 [J]. 经济管理，2014，36（3）：190-199.

[107] 张绪佑，张梅. 试论传统文化与现代管理 [J]. 九江职业技术学院学报，2011（2）：82-85，88.

[108] 张增强，张超逸. 传统文化与中国现代管理理论 [J]. 河北经贸大学学报，2014，35（6）：49-54.

[109] 赵德志. 文化·人论与管理 [J]. 辽宁大学学报，1997（3）：10-14.

[110] 赵文明，黄成儒. 百年管理思想精要 [M]. 北京：中华工商联合出版社，2003.

[111] 钟耕深，崔祯珍. 商业生态系统理论及其发展方向 [J]. 东岳论丛，2009，30（6）：27-33.

[112] 卡麦兹. 建构扎根理论——质性研究实践指南 [M]. 重庆：重庆大学出版社，2009.

[113] 加达默尔. 哲学解释学 [M]. 上海：上海译文出版社，1994；转引自陈向明. 质的研究方法与社会科学研究 [M]. 北京：教育科学出版社，2000.

[114] GHOSHAL S. 不良管理理论正在摧毁好的管理实践 [M]// 徐淑英，李绪红，贾良定，等. 负责任的管理研究——哲学与实践. 北京：北京大学出版社，2018.

[115] 库恩. 科学革命的结构 [M]. 金吾伦，胡新和，译. 4版. 北京：北京大学出版社，2012.

[116] 拉卡托斯. 科学研究纲领方法论 [M]. 兰征，译. 上海：上海译文出版社，2016.

[117] 迈尔斯. 管理与组织研究必读的40个理论 [M]. 徐世勇，李超平，等译. 北京：北京大学出版社，2017.

[118] 明茨伯格. 开发关于理论开发的理论 [M]// 史密斯，希特. 管理学中的伟大思想——经典理论的开发历程. 徐飞，路琳，译. 北京：北京大学出版社，2010.

[119] 波普尔. 科学发现的逻辑 [M]. 查汝强，邱仁宗，万木春，译. 北京：中国美术学院出版社，2008.

[120] 史密斯，希特. 管理学中的伟大思想——经典理论的开发历程 [M]. 徐飞，路琳，译. 北京：北京大学出版社，2010.

[121] 泰勒. 科学管理原理 [M]. 北京：中国社会科学出版社，1984.

[122] 曾荣光. 管理研究哲学 [M]. 任兵，袁庆宏，译. 北京：北京大学出版社，2020.

[123] VEN A H V D, JOHNSON P E. 理论和实践的认识 [M]// 徐淑英，李绪红，贾良定，等. 负责任的管理研究——哲学与实践. 北京：北京大学出版社，2018.

[124] ALVESSON M, KARREMAN D. Varieties of discourse：on the study of organizations through discourse analysis[J]. Human relations，2000，53（9）：1125-1149.

[125] BARNARD C I. Elementary conditions of business morals[J]. California management review, 1958, 1(1): 14-21.

[126] BECHTEL W. Philosophy of science[M]. Hillsdale, NJ: Erlbaum, 1988.

[127] BEST S, KELLNER D. Postmodern theory: critical interrogations[M]. New York: The Guilford Press, 1991.

[128] BONDAROUK T V, RUEL H J M. Discourse analysis: making complex methodology simple[C]// Proceedings of the 13th European Conference on Information Systems, The European IS Profession in the Global Networking Environment, ECIS 2004, Turku, Finland, June 14-16, 2004. DBLP, 2004.

[129] BURCHEL G, FOUCAULT M, GORDON C, et al. The foucault effect: studies in governmentality[M]. London: Harvester Wheatsheaf, 1991: 73-86.

[130] CLEGG S R, ROULEAU L. Postmodernism and postmodernity in organization analysis[J]. Journal of organizational change management, 1992(5): 8-25.

[131] CLEGG S R. Postmodern management?[J]. Journal of organizational change management, 1992, 5(2): 31-49.

[132] COLQUITT J A, GEORGE G. From the editors publishing in AMJ part 1: topic choice[J]. Academy of Management Journal, 2011, 54(3): 432-435.

[133] COOK T D, CAMPBELL D T. Quasi-experimentation: design and analysis issues for field settings[M]. Boston: Houghton Mifflin Company, 1979.

[134] DEWS P. Logics of disintegration[M]. London: Verso, 1987: 65-66.

[135] VAN DIJK TA. TEUN A. Discourse as structure and process[J]. Sage, 1997.

[136] VAN DIJK TA. TEUN A. Introduction: discourse analysis as a new cross-discipline[M]//VAN DIJK TA. Handbook of Discourse Analysis. New York: Academic Press, 1985.

[137] DRUCKER P F. Landmark of tomorrow: a report on the new "Post-Modern"[M]. New York: Harper & Row, 1959.

[138] ELLIOT R. Discourse analysis: exploring action, function and conflict in social texts[J]. Marketing intelligence & planning, 1996, 14(6): 65-68.

[139] FOSTER W P. Paradigm and promises: re-viewing administrative theories[M]//CAPPER C A. Educational administration in a pluralistic society: a multi-paradigm approach. New York: Prometheus Books, 1993.

[140] FOUCAULT M. Technologies of the Self[M]//MARTIN H, GUTMAN H, HUTTON P H. Technologies of the self. London: Tavistock, 1988.

[141] FOUCAULT M. The history of sexuality[M]. New York: Vintage Books, 1980.

[142] FOUCAULT M. Power/knowledge: selected interviews and other writings by Michel Foucault, 1972-1977[M]. Brighton: Harvester, 1980.

[143] GADAMER H G. Responses to "theory and practice"[J]. Philosophy & social criticism,

1975, 2（4）: 357.

[144] GEPHART R P. Postmodernism and the future history of management: comments on history as science[J]. Journal of management history, 1996, 2（3）: 90-96.

[145] GLASER B, STRAUSS A. The discovery of grounded theory: strategies of qualitative research[M]. London: Wiedenfeld and Nicholson, 1967.

[146] GODFREY-SMITH P. Theory and reality: an introduction to the philosophy of science[M]. Chicago: The University of Chicago Press, 2003.

[147] HABERMAS J. The theory of communicative action: life world and system: a critique of functionalist reason[M]. Boston: Beacon Press, 1978.

[148] HAMBRICK D C. What if the academy actually mattered?[J]. Academy of management review, 1994, 19（1）: 11-16.

[149] HARDY C. Researching organizational discourse[J]. International studies of management & organization, 2011, 31（3）: 25-47.

[150] HAYEK F A. The facts of the social sciences[M]//Individualism and social order. Chicago: The University of Chicago Press, 1980[1948].

[151] HOY D, CARTHY T. Critical theory[M]. Cambridge: Blackwell Publishers, 1994.

[152] KELLNER D, BEST S. Postmodern theory: critical interrogations[M]. New York: Macmillan, 1991.

[153] KUHN T S. The structure of scientific revolutions[M]. 3rd ed. Chicago: The University of Chicago Press, 1996.

[154] LACAN A. Think tank: meaningful management in a postmodern society[J]. Global business and organizational excellence, 2019, 38（3）: 6-10.

[155] LEWIN K. Psychology and the process of group living[J]. Journal of social psychology, 1943, 17（1）: 113-131.

[156] MACKIE J L. Causes and conditions[J]. American philosophical quarterly, 1965, 2（4）: 245-264.

[157] MALINOWSKI B. A diary in the strict sense of the Tern[M]. London: Routledge & Kegan Paul, 1967.

[158] MALINOWSKI B. Argonauts of the western pacific[M]. New York: Dutton, 1922.

[159] FOUCAULT M. The ethic of care for the self as a practice of freedom[M]//BERNAUER J, RASMUSSEN D. The final foucault. Cambridge: MIT Press, 1988.

[160] MOORE J F. Predators and prey: a new ecology of competition[J]. Harvard business review, 1993, 71（3）: 75-86.

[161] PEACOCK J L. The anthropological lens: harsh light, soft focus[M]. Cambridge: Cambridge University Press, 1986.

[162] PETERS T J, WATERMAN R H. In search of excellence: lessons from America's best run

companies[M]. New York: Harper & Row, 1982.

[163] PETERS T J. Thriving on Chaos: handbook for management revolutions[M]. New York: Alfred P. Knopf, 1988.

[164] PINE B J, GILMORE J H. The experience economy: work is theater and every business a stage[M]. Boston: Harvard Business School Press, 1999.

[165] PLOYHART R E, BARTUNEK J M. Editors' comments: there is nothing so theoretical as good practice—a call for phenomenal theory[J]. Academy of management review, 2019, 44(3): 493-497.

[166] PREISS K, GOLDMAN S L, NAGEL R N. 21st century manufacturing enterprises strategy: an industry-led view[M]. Palestine: Diane Press, 1991.

[167] QUINE W V O. Two dogmas of empiricism[J]. The philosophical review, 1951, 60(1): 20-43.

[168] RISJORD M. Philosophy of social science: a contemporary introduction[M]. London: Routledge, 2014.

[169] SANDBERG J, TSOUKAS H. Grasping the logic of practice: theorizing through practical rationality[J]. Academy of management review, 2011, 36(2): 338-360.

[170] SIMON H A. The sciences of the Artificial [M]. Cambridge: MIT Press, 1996.

[171] TSUI A S. 2012 presidential address-on compassion in scholarship: why should we care?[J]. Academy of Management review, 2013, 38(2): 167-180.

[172] MAX W, RUNCIMAN W G, MATTHEWS E. Max Weber: the nature of social action[M]. Cambridge : Cambridge University Press, 1991.